本专辑受华东政法大学『文化产业管理学科建设』项目资助出版

华东政法大学

Cultural Industries Observation

主编／黄虚峰

文化产业观察

（第二辑）

知识产权出版社

全国百佳图书出版单位

图书在版编目（CIP）数据

文化产业观察 . 第二辑／黄虚峰主编 . —北京：知识产权出版社，2016.3

ISBN 978－7－5130－4074－7

Ⅰ . ①文… Ⅱ . ①黄… Ⅲ . ①文化产业—研究—中国 Ⅳ . ①G124

中国版本图书馆 CIP 数据核字（2016）第 038682 号

责任编辑：齐梓伊   责任出版：刘译文

封面设计：刘 伟

文化产业观察（第二辑）

黄虚峰 主编

出版发行：**知识产权出版社** 有限责任公司	网 址：http：//www. ipph. cn
社 址：北京市海淀区西外太平庄 55 号	邮 编：100081
责编电话：010－82000860 转 8176	责 编 邮 箱：qiziyi2004@ qq. com
发行电话：010－82000860 转 8101/8102	发 行 传 真：010－82000893/82005070/82000270
印 刷：北京科信印刷有限公司	经 销：各大网上书店、新华书店及相关专业书店
开 本：787mm×1092mm 1/16	印 张：20.5
版 次：2016 年 3 月第 1 版	印 次：2016 年 3 月第 1 次印刷
字 数：274 千字	定 价：52.00 元
ISBN 978－7－5130－4074－7	

编者的话

本辑《文化产业观察》的主题是"文化产业与法律法规"。

长期以来，由于文化领域的意识形态属性，我国在文化法制工作方面一贯坚持政策调控、立法谨慎的原则，对于文化产业而言，到底是政策驱动为主还是法律保障为主还时有争论。但是，当前文化产业发展的国内外环境已将文化产业法制建设逼上日程。

从国际环境看，美、日、韩等国文化产业的发达离不开国家对文化法律建设的重视。美国倡导"政策无为而立法先行"。为促进本国的文化产业发展，日本有《关于促进创造、保护及应用文化产业的法律案》，韩国有《文化产业振兴基本法》，专门法的制定为日韩两国文化产业的顺利发展提供了法律依据和保证。加入WTO为我国文化产业加入全球化、重塑世界文化产业发展版图提供了机遇，却也对我国留有计划经济时代痕迹的文化法律法规体系提出了挑战。

从国内形势看，文化产业进一步发展需要更多具有竞争力的市场主体加入；而现有文化法制的基本功能受制于计划经济体制模式的管理要求，无法为市场主体提供一个公平透明、稳定长效的文化法制体系保证。同时，社会主义民主与法制建设需要文化领域改变当前大量行政法规和部门规章填补法律空白的现状，现行的三部法律《著作权法》《文物保护法》和《非物质文化遗产法》也亟待适时修改，并且要加强执法的力度。

回应当前文化产业领域法制建设的呼唤，法律界和学术界启动了文化产业法制建设领域的调研，并取得不少成果。本书旨在参与其中，为我国文化产业法制建设研究尽微薄之力。

本书共采撷24篇论文，主要来自我们华东政法大学文化产业管理学科的师生，特别是硕士生们。研究不免略显稚嫩，但尽显新意和探索精神，希望广大读者批评指正。

目　录

媒介·法制

行业门类·法制

文化遗产·保护

理论·探讨
…… ……

文化产业发展与法制建设[①]

钱　伟[②]

【内容提要】 如果把文化产业视为过渡时期的过渡现象，其重要性即在促进社会创新。本文从物质工具与社会工具共同演进的角度说明这种促进作用既是技术发展的要求，也是人类自身的需要。处在技术工具与社会工具结合点的文化产业成为两者互动发展的焦点，在实践领域表现为文化产业与法律制度的博弈。在目前产业结构调整阶段，动用法律工具"助推"文化产业发展，以期间接推动社会发展并非当务之急；保证正常的经济环境、商业伦理、契约关系才是当下发展文化产业的关键。

【关键词】 文化产业发展　法制建设

谈到文化产业发展与法制建设，往往聚焦于法律制度建设对文化产业发展的保障与促进作用，忽略甚至无视文化产业发展对法律制度的反作用。这种认知上的偏颇在理论与实践上都会带来危害。本文指出，文化产业发展与法律制度的关系并非始终完全一致互相促进，其中有冲突、有合作。文化产业发展既可以促进法律制度的发展与完善，法制也可以墨守成规，无视包括文化产业在内新兴领域的实际发展，阻碍甚至扼杀创新，延缓社会发展步伐。社会制度的作用就在为两者的博弈找到一个共赢的解。故此，本文不赞同当

①　本文为华东政法大学文化产业管理学科建设项目成果（A‒3101‒15‒121）。
②　钱伟，华东政法大学人文学院文化产业管理专业副教授。

下为文化产业立法的呼吁。在现阶段，在对社会"重要性"尚未达成共识的前提下，立法只会限制文化产业进一步发展，限制文化产业丰富可能性的更多尝试。

一、文化产业是一种社会现象

文化产业首先是一种现代社会现象。目前对文化产业的理解基本上是依据国家统计局颁布的《文化及相关产业分类（2012）》标准，按行业分类将文化产业界定为"文化产业的生产"与"文化相关产品的生产"，这种文化产业门类界定基于产业所依赖的资源对行业进行划分，进而将适用于一般工业产品的理论应用在文化产品（服务）的生产和消费过程。而伴随文化产业的快速发展，世界经济呈现出的一大特点便是：产业界限逐渐模糊乃至消失，经济资源高度分散，最终使"传统经济资源和创意经济资源的劳力分割方式也开始消失"。[①] 因此，这种基于行业门类的理解不仅无法体现文化产业与传统产业的差别，也不符合当今世界经济发展中资源高度分散又充分整合的特点。用这种文化产业理念指导实践，就使文化产业在实际发展中出现了一系列与传统行业相似的问题：有些文化产品和服务的技术含量提高了，但文化含量并没有随着技术含量的提高而提升；[②] 文化产业区域发展不平衡；政府主导投资局面未根本改变，民间资本进入效应不够充分等。为推动文化产业的进一步发展和社会整体的提升，本文认为，应当把文化产业视为一种社会现

---

① Joseph Lampel、Jamal Shamsie："无法掌握的全球化：文化产业的未来发展进化方向"，见李天铎编《文化创意产业读本：创意管理与文化经济》，远流出版公司2012年版，第170页。
② 中国经济网："高书生：文化产业是块金字招牌"，http://www.ce.cn/culture/gd/201505/08/t20150508_5317595.shtml，访问时间：2015年5月8日。

象，一种社会发展过程中过渡时期的过渡现象，这样才能更好地理解文化产业。

作为一种现代社会现象，文化产业既是技术发展的产物，也是资本逐利、应对危机方式的自然结果。19 世纪下半叶开始的一系列新技术的应用使文化产品的复制与获取成为可能，从摄影技术到无线电技术的发展使艺术复制品、通俗音乐等快速成为可供大量消费的大众消费品。20 世纪 60 年代末 70 年代初，随着制造业势头衰落，西方发达国家步入长期衰退（long downturn），为了弥补制造业利润率下降，资本需要寻找到新的能带来高额利润的替代品。[①] 此期迅猛发展的音乐、电影等娱乐产业故而成为资本青睐的对象。20 世纪 90 年代英国工党政府更选择利用"创意产业"一词代替"文化产业"作为政府提振国民经济的利器，并使之成为全球接纳的经济发展神器。[②] 但其取代制造业成为国民经济支柱的可能性则十分可疑，因为服务行业的生产率增加速度远远不如制造业。我们之所以认为服务业对制造业带来了巨大冲击，一个原因在于统计学带来的错觉，原先属于制造业范畴的份额被转移到服务业；另一原因在于随着技术的快速发展，制造业生产率极大增长，导致制造业产品价格的下降，而服务业与科技的融合则相对较难，成本趋于长期稳定。[③]

近年来提出的无论是"制造业 2.0"还是"第四次工业革命"，都指明了目前社会的过渡性质。20 世纪 50、60 年代经济高速增长实际上是前一次工业革命的顶点，接下来需要新的技术革命才能超越。而 40 年代出现的计算机技术以及之后的网络技术虽已对我们的社会生活产生了广泛影响，但其最终影响目前尚未及见。按雷·

---

① Robert Brenner, *The economics of global turbulence：the advanced capitalist economies from long boom to long downturn*, 1945 – 2005. Verso, 2006.

② David Hesmondhalgh, *The cultural industries* (3nd edition). SagePublications Ltd, 2012.

③ 张夏准：《资本主义的真相：自由市场经济学家的 23 个秘密》，孙建中译，新华出版社 2011 年版，第 85 ~ 97 页。

库兹韦尔（Ray Kurzweil）的推测，目前正在进行的三重革命（基因技术、纳米技术以及机器人技术）将在加速回归定律下，导致"奇点"（Singularity）在 2045 年来临。[①]

　　文化产业实际上是此一过渡时代的过渡现象。如果继续把文化产业看成"文化＋产业"和"产业＋文化"，实际上低估了文化产业的价值。文化产业的本质不在它所涵盖的那些行业，而在于它带来的溢出效应。文化产业有别于传统产业的最重要之处在于它通过消费行为动员了消费者，使消费者成为潜在的生产者、潜在的创新者，使更多的人参与到人类物质技术与社会技术的生产中来，最终促成社会变革的发生。

二、物质工具与社会工具的共同演进

　　文化产业的效果或功能当然不仅仅局限于利润，更是对这一过渡时代的应对：促进社会工具的创新。社会经济发展建立在物质工具（physical technologies）与社会工具（social technologies）两个因素的基础上。物质工具使人们能够创造值得交换的产品和服务，社会工具则保证了人们在没有亲缘关系的人群中创造和交换那些产品和服务能够顺利进行。[②] 社会工具发达的社会由于能够保证信息交流的渠道更加高效，经济发展也因此更加迅速。

　　文化产业对社会工具创新的促进作用，既是技术发展的要求，也是人类自身的需要。物质工具与社会工具不是同步发展的，而是相互促进、相互制约。一般来说，物质工具的更新按幂律发展，而

---

　　① 雷·库兹韦尔：《奇点临近》，李庆诚、董振华、田源译，机械工业出版社 2011年版。

　　② Eric D. Beinhocker, *The origin of wealth: Evolution, complexity, and the radical remaking of economics.* Random House, 2007. p. 243.

社会工具呈线性发展，使得社会工具的发展经常（甚至远远）滞后于物质工具的更新。技术的发展要求有相应的社会组织方式，当物质工具发展到一定阶段，就会受到原有社会工具的制约，要求并促使社会组织方式的变革。资本主义发展历史中"有限公司"制度的出现就是一例。随着经济增长方式的改变，经济组织方式和机构也作出相应的改变，这又进一步要求经济组织方式和技术的回应，最终促使经济结构的变革。① 因此，社会工具和物质工具两个因素的互动最终形成 S 曲线发展样态。我们目前的处境是物质工具在前一阶段的飞速发展之后正在等待突破，这一突破既是技术上的，更是社会工具意义上的。另一方面，人们在现代性处境中对意义的需求成为社会工具创新的另一个动力来源。文化产业的发展通过消费文化产品与文化服务的方式普遍提高社会文明整体水平，自我意识提升导致对意义需求的激增，这需要有一定的社会机制来纾解，结果将孕育新的社会组织方式。

　　具体来说，技术的发展首先大大降低了传统行业的门槛，导致行业边界日益模糊。从阿里巴巴进入金融领域，推出"余额宝"引发的巨大冲击，就可以看到熊彼特所说的"创造性破坏"（creative destruction）带来的巨大影响。这影响不仅反映在商业结构上，社会结构、知识结构、价值结构也都将随之改变。罗纳德·英格尔哈特（Ronald Inglehart）早在 1971 年便提出了一个假设："发达工业社会的政治文化可能正在经历一场转型。它似乎正在改变特定几代人的优先价值观，因为条件的变化影响着他们的基本社会化过程。"之后经过几十年的大规模调查，"后物质主义价值观"以及价值观代际转型的理论已被普遍接受。即使在发展中国家，我们也能看到社会正从强调经济和人身安全的"物质主义"价值观转向更多强调自主和自我表现的"后物质主义价值观"。② 当下中国社会中很多社

---

　　① Brian Arthur, *Complexity and the Economy*, Oxford University Press, 2014. p. 21.
　　② 罗纳德·英格尔哈特：《发达工业社会的文化转型》，社会科学文献出版社 2013 年版。

会冲突实际上就是不同年龄阶层不同价值观的冲突。① 而在这些冲突与变革的背后，我们都能看到文化产业的身影。

三、文化产业与法律制度的博弈

处在技术工具与社会工具结合点的文化产业成为两者互动发展的焦点，在实践领域就表现为文化产业与法律制度的博弈。

文化产业在 20 世纪下半叶的飞速发展主要依赖于以计算机、互联网为代表的信息革命。经过这场革命的洗礼，产生了两个结果：一是文化的信息化，除了文字，声音、影像甚至个人的选择偏好、历史行迹等都可以被记录；这带来了第二个结果，信息的可获得性，使信息不再被某些群体或个人所垄断，而可以被最广泛的人群获取。正像有研究者所说，从汶川地震到随手拍，"在中国历史上第一次，我们的交流工具为群体对话与群体行动联结。凡有互联网的地方，你都能看见人们一起彼此分享，互通有无，或是参与某种公益行动"。② 而信息获取的便利性又带来对信息更多的渴求。

在某种程度上，文化产业既是现代性的产物，又是克服现代性的途径。"不满"是现代性的本质，③ 而互联网技术放大了这种不满。至少在信息的可获得性上，互联网使社会更趋于平等。这种平等使期望与现实之间的鸿沟更为明显。但社会显然需要这种往往落实在心理上的期望与现实间的差距，以刺激永不停歇的欲求。通过技术，20 世纪下半叶发达国家在"消费社会"的意义上有了量的飞跃。是的，仅仅是量的飞跃，仅仅意味着消费领域与数量的无限

---

① 张铁志："台湾小清新如何成为愤怒的一代"，http：//dajia. qq. com/blog/352140103058218。

② 胡泳："互联网是一场什么样的变革"，见胡泳：《信息渴望自由》，复旦大学出版社 2014 年版，第 160 页。

③ 阿格尼丝·赫勒："在一个令人不满的社会中获得满足"，见阿格尼丝·赫勒、费伦茨·费赫尔：《后现代政治状况》，黑龙江大学出版社 2011 年版，第 17～35 页。

扩大。但无论怎么增长，欲求与现实之间的差距是永远无法消除的。虽然如此，技术工具仍然为解决问题、缩小期望与现实间的差距提供了工具。著名技术作者里夫在对"黑客"的观察中发现，"黑客"奉行着"与计算机本身雅致的逻辑相一致的理念——共享、开放、分权，以及不惜一切代价亲自动手改进机器并改善整个世界"。[1] 正是这样的理念，使社会出现了从唯读文化（Read – Only Culture）到重混文化（Read/Write Culture）的转变。[2] 根据莱斯格的解释，唯读文化的重心"在于给予使用者或消费者购买文化的许可。除了消费许可之外，没有任何法律许可。但数位科技改变了消费者的技术能力，数位科技提供使用者的技术能力，几乎是毫无限制，让使用者能任意混合重组唯读文化"。而所谓"重混"（remix）则意味着"拼贴"，"它的来源是将唯读文化元素合并在一起；它的成功是利用对照产生的意义，创造出新东西而达成"。这样的混合经济包括了社群空间、合作空间与社群三种形态，将改变目前的社会经济结构。[3]

这种变化带来的新理念、新文化、新方法自然会与原有的社会结构发生冲撞，从 Google 到 Uber、Airbnb 在各国引起的法律纠纷，都能见出从商业模式到传统产权观念、监管模式间的尖锐冲突，并引发人们对自身权利的重新思考。首当其冲的便是传统产权领域对知识产权的全面反思。[4] 2013 年 1 月 11 日，亚伦·斯沃茨（Aaron

---

[1] 里夫（Steven Levy）：《黑客：计算机革命的英雄》，赵俐、刁海鹏、田俊静译，机械工业出版社 2011 年版，"前言"。

[2] Lawrence Lessig：《重混：将别人的作品重混成赚钱生意》（Remix，making art and commerce thrive in the hybrid economy），大是文化 2011 年版；http://en.wikipedia.org/wiki/Remix_culture。

[3] Lawrence Lessig：《重混：将别人的作品重混成赚钱生意》（Remix，making art and commerce thrive in the hybrid economy），大是文化 2011 年版，第 113、93、188 ~ 222 页。

[4] 正像哈耶克指出的，文明社会的"自由的法律"没有什么差异，它们"看起来好像仅仅是大卫·休谟提出来的'天赋人权'的三大基本准则的作品，即'稳定的财产权利、通过协定转移财产的权利以及履行诺言'"。（哈耶克：《自由宪章》，中国社会科学出版社 1999 年版，第 224 页。）也就是说，变化的仅仅是具体表现形式。

Swartz）去世引发的抗议浪潮可以见出互联网对传统社会结构的冲击。亚伦·斯沃茨一直致力于维护网络自由，争取信息开放，早先曾积极参与阻止"禁止网络盗版法案"（SOPA）通过的运动。2011年7月，被指控自 JSTOR 非法下载大量学术期刊文章，面临巨额罚款和长期监禁，最后在巨大压力下自杀身亡。① 他的悲剧凸显了传统社会结构中法律体系与网络时代分享经济观念的巨大冲突。而这绝不仅仅是个案，哈佛大学著名法学教授、知识共享组织（Creative Commons）创始人劳伦斯·莱斯格（Lawrence Lessig）等人就正在努力推动互联网环境下法律体系的改革。② 作为一个悲观主义者，劳伦斯·莱斯格认为技术的改变导致了基本价值理念（知识产权、个人隐私、言论自由）的不确定性。他在 2005 年悲观地写道："我们正处在一个急需在价值理念上作出重要选择的历史关头。然而，当前没有一个国家机构能够作出抉择。……变革是可能的。我毫不怀疑变革在未来会继续发生。但是，恐怕政府或当权者会轻而易举地取消这些变革，恐怕革命者的成功会给政府带来太多的危险。我们的政府已将此种变革的基本道德规范刑罚化，使黑客（hacker）的意思已与原意大相径庭。透过版权立法的过激倾向我们可以看到，网络带来的核心创造力也正受到刑罚化的威胁。然而，这仅仅是开始。""这种状况可能会有所改观。其实一切事物都在变化。然而，

---

① 关于 Aaron Swartz，参见 http：//en. wikipedia. org/wiki/Aaron_Swartz；Justin Peters，*The Idealist：Aaron Swartz wanted to save the world. Why couldn't he save himself?*；http：//www. slate. com/articles/technology/technology/2013/02/aaron_swartz_he_wanted_to_save_the_world_why_couldn_t_he_save_himself. html；Lawrence Lessig，*Why They Mattered：Aaron Swartz*（1986 - 2013）；http：//www. politico. com/magazine/story/2013/12/aaron - swartz - obituary - 101418. html#. VEjTJodpVFY；还有一个纪念他的网站：http：//www. rememberaaronsw. com/memories/。

② 劳伦斯·莱斯格：《代码 2.0：网络社会中的法律》，清华大学出版社 2009 年版；《免费文化：创意产业的未来》，中信出版社 2009 年版；《重混：将别人的作品重混成赚钱生意》，大是文化，2011 年版。

当前对于我们而言，我感到这种状况得以改观的前景渺茫无望。"①
另一方面，激进主义者则乐观地期待互联网对旧制度的颠覆。"一
个幽灵，自由信息的幽灵，在跨国资本主义中间游荡。"2003 年，
美国哥伦比亚大学法学教授伊本·莫格勒（Eben Moglen）戏仿
《共产党宣言》发表了一篇《网络共产党宣言》（The dotCommunist
Manifesto），指出网络社会中的信息共享、信息自由将改变原有的生
产力与生产关系。他呼吁："我们这些自由信息社会的创造者，要
一步步地从资产阶级手中夺回全人类共有的继承权，我们要收回所
有在'知识产权'的名义下被盗取的文化遗产，收回电磁波传导媒
体。我们决心为自由言论、自由知识和自由技术而战。"呼吁发动
一场解放人类观念的革命，推翻当前的知识产权体系，建立一个真
正公正的社会。《宣言》列举了七条具体措施，分别是：废除一切
形式的对于思想和知识的所有权；取消一切排他性使用电磁波段的
许可、特权及权利；发展能够使人人实现平等交流的电磁频谱设
施；发展社会公共性的计算机程序，并使所有其他形式的软件包括
其"基因信息"，即源代码成为公共资源；充分尊重包括技术言论
在内的所有言论的自由；保护创造性劳动的尊严；实现在公共教育
体系的一切领域，让所有人都平等地、自由地获取公众创造的信息
和所有的教育资源。②

　　这一博弈过程正符合研究者对传统权力衰落的观察。按莫伊塞
斯·纳伊姆的观点，数量革命、迁移革命和心态革命导致了权力的
分散和衰退，他预言"另一轮横扫全球的创新正在酝酿中，这一轮
创新承诺将像过去 20 年内发生的技术革命那样深刻改变世界。新
一轮的创新将不再是自上而下、有秩序、迅速发生的，不再是峰
会、会议的产物，相反，它将是混乱、无序、间歇性的；但是，它
是不可避免的。由于人类获取、使用、享有权力的方式发生了改

---

　　① 劳伦斯·莱斯格：《代码 2.0：网络空间中的法律》，李旭、沈伟伟译，清华大学
出版社 2009 年版，第 9 页。
　　② 《今天》第 88 期。

变，人类必须（而且将会）找到管理人类自己的新方式。"①

四、结论

哈耶克在考察了欧洲近代以来的历史后认为，个人从习惯和成规中不断被解放出来是社会发展的总方向。② 文化产业对社会发展的促进作用正沿着这一方向前进。但就像莫罗佐夫对乐观主义的批评，技术本身是无法改变社会的。③ 国内著名互联网观察者胡泳也说，"互联网自身并不能够改变社会，决定变化力度的是，要看互联网在多大程度上被采纳、使用和组合进入社会结构之内"。④

那么，我们需要加一点推力吗？需要动用法律这样的工具来"助推"文化产业发展，以期间接推动社会发展？

本文的观点是否定的。首先，法律作为一种社会规范性工具，需要社会就"被感受到的重要性"（importance felt）达成共识。⑤ 在当下中国社会，这样的共识虽历经百年而仍远未达成。其次，就像哈耶克所说应"听任个人在那些以时间、地点等情况为转移的每一件事情上自由行动"，所以法律所做的，只是保障人们能如此自由行动，移除那些妨碍他们自由行动的东西。哈耶克曾用乡村小路模

---

① 莫伊塞斯·纳伊姆：《权力的终结：权力正在失去，世界如何运转》，王吉美、牛筱萌译，中信出版社 2013 年版，第 293 页。

② 哈耶克：《通往奴役之路》，中国社会科学出版社 1997 年版，第 22 页。

③ 莫罗佐夫对"解决方案主义"与"互联网中心主义"的批评，见叶夫根尼·莫罗佐夫：《技术至死：数字化生存的阴暗面》，张行舟、闾佳译，电子工业出版社 2014 年版；叶夫根尼·莫罗佐夫："创客'革命'"，闾佳译，见李婷主编：《离线·黑客》，电子工业出版社 2015 年版，第 94～105 页。

④ 胡泳："互联网是一场什么样的变革"，见《信息渴望自由》，复旦大学出版社 2014 年版，第 159 页。

⑤ 汪丁丁："法律的合法性问题"，见汪丁丁：《盘旋的思想》，三联书店 2009 年版，第 197～199 页。

型来说明历史上那么多无人自觉设计却导致了秩序出现的现象。①
我们现在就在等待小径的形成，等待无数尝试之后自发涌现出一个
解决问题的好办法。等到那个时候，再用法律来保障这条小径的稳
定。另外，即使从理论上说法律制度保障对文化产业发展来说非常
重要，在实践层面也还有一个"时"的问题。在目前产业结构调整
阶段，保证正常的经济环境、正常的商业伦理与契约关系才是发展
文化产业的关键，而非架屋叠床再来一套纸上谈兵的"文化产业促
进法"。

---

① 哈耶克：《科学的反革命：理性滥用之研究》，译林出版社 2003 年版，第 36 页；
刘业进："哈耶克经济理论中的复杂性和系统科学思想"，载《制度经济学研究》2010 年
第 4 期。

文化立法与文化权利实践：
台湾推动"文化基本法"立法的启示

吴丹丹①

【内容提要】 文化产业的健康发展离不开完善的文化法制环境。目前，文化领域法律缺位严重、文化立法层级普遍较低、文化立法目的有悖于公民立场、国际条约和我国宪法中对公民文化权利的宣示并未落到实处。本文认为对文化权利的需求并不必然基于物质需求得到满足之后，应从文化权利保障立场出发，保护文化多样性，制定文化之根本大法。公民文化权利的实现需要政府有所作为，台湾推动"文化基本法"立法之过程为政府制定文化政策提供准则，为大陆文化立法工作带来一定启示。

【关键词】 文化立法　公民文化权　文化基本法　文化政策

2014 年，文化产业得到了升级版的政策支持，显示出文化产业作为支撑和引领经济结构优化升级的有力推手之重要位置。目前出台的文化政策涵盖了文化产业的方方面面：产业融合、文化金融、财税支持、小微文化企业发展等，这些政策以顶层设计描绘文化产业发展的新前景。然而，当下文化事务的推动，主要以《文化产业振兴规划》、文化产业政策为依据，仍缺乏文化之根本大法作为文化政策的最高指导原则。随着公民参与文化活动积极性的

---

① 吴丹丹，华东政法大学文化产业管理 2014 级研究生。

提高，对于文化事务参与欲望增强，现有的文化立法局限于当前文化行政管理体制，更多地被视为文化部门管理和规制文化事务的手段，带有一定的部门利益色彩，缺乏保障公民文化权利的制度设计。[①]

一、文化立法现状

我国已经基本建立了中国特色社会主义法制体系，但在文化法制建设领域，从 1999 年文化部发布重点文化立法信息，到 2002 年十六大报告明确提出"加强文化法制建设"，期间 10 年文化立法工作进程迟缓，文化立法空白点依然很多。不论从文化立法的数量或效能层级看，文化领域的立法工作仍有巨大的发展空间。

文化领域法律缺位严重。据不完全统计，截至 2013 年 8 月，我国立法总数约 3.8 万件，其中有关文化的法律、法规、规章和规范性文件数量约 1042 件，仅占全部立法的 2.7%。就不同领域的法律构成比例看，现行的文化领域法律约占全部现行法的 1.68%，与之对应，经济、政治、社会和生态环境领域法律分别占全部现行法规的 31.5%、52.1%、7.56% 和 7.56%。[②] 从数据可以看出，对市场发展影响重大的文化领域法律基本规范缺位严重，一些新兴的文化领域如网游、数字出版和文化中介，几乎没有法律规范。

[①] 中国经济网："范周研判：2015 年文化产业发展将以立法为突破口"，http://culture. people. com. cn/n/2015/0130/c172318 - 26480606. html，访问时间：2015 年 3 月 28 日。

[②] 中国经济网："范周研判：2015 年文化产业发展将以立法为突破口"，http://culture. people. com. cn/n/2015/0130/c172318 - 26480606. html，访问时间：2015 年 3 月 28 日。

文化管理领域立法层级普遍较低。目前主要通过法规、规章和规范文件对文化行业的各主体、各门类、各环节进行规范。以法规和规章为主体对文化事业和文化产业进行规范，必然带来规范和调整力度不够、保护和监管不力等问题。比如，"《图书馆法》规范客体涉及文化、新闻出版、教育、科技、广播电视等多个领域，牵头单位有利益需要维护和扩张，难以站在公正立场，参与单位更是'八国联军'，既想当裁判员，也难弃运动员，众口难调"。①

现行文化立法有悖公民立场。文化领域现行的法律、法规中，侧重义务性和限制性规范，违则繁密，罚则刚性，对公民各项文化权利的维护和保障多是原则性的表述，对公权力的违法、侵权行为制约和处罚规定不明，对私权利遭到侵害的救济措施普遍缺乏。

依法治国要求"有法可依，有法必依，执法必严，违法必究"，也即立法机关负责立法，执法机关负责执法，这也是民主最基本的要求和体现。但现实情况是，本来应有立法机关立法确立的公民的宪法权利和组织机构建设的文化领域内的那些事务，却由行政机关的行政法规、规章和规范性文件填补。② 执法者既是规则的制定者，也是规则的执行者，在这种情况下，民主、公开、公平、公正成为无稽之谈。不可否认，市场经济下文化发展愈加繁荣，而社会观念发展相对缓慢，文化立法落后于文化实践是一种必然。然而，随着国家文化市场的开放、社会主义法治国家建设目标的提出、公民意识的觉醒，以及宪法赋予公民文化权利实现的需要，为填补我国公民文化权利保障方面的立法空白，通过文化立法保证公民文化权利实现便成为一项现实和紧迫的任务。

---

① 中国政协新闻网：《切实加强文化立法工作》，http：//cppcc. people. com. cn/n/2015/0328/c34948 - 26762933. html，访问时间：2015 年 3 月 30 日。

② 黄虚峰编著：《文化产业政策与法律法规》，北京大学出版社 2013 年版，第 74 页。

二、文化立法的重要性与必要性

促进文化立法工作，首先是提升文化软实力的要求。"文化"一词具有丰富的内在意涵。尽管目前对"文化"一词指涉的范畴意见不一，但文化对于一个国家和民族的重要性不言而喻。尊重文化多样性是提升文化软实力的前提。中国文明绵延至今，积累了丰富的文化资源，文化也与经济、政治一同作为衡量国家力量的标准。而当今世界朝向多元化、开放化、融合化的方向发展，面对着愈加多元化、异质化的社会生活，人们的思想观念和价值取向发生着深刻变化，不同文化之间的交流愈加频繁。在这样的进程中相对小众的文化极容易被淹没、忽视甚至被作为"落后文化"而被同化，在这一过程中不仅有外来文化的冲击，更严重的是国家话语对地方话语的施压。因此，促进文化立法工作，即是要明确政府在保护文化多样性工作中需要提供的支援和可为的界限，从而保证多样性文化的生存，促进文化软实力的提升。台湾即是在"'文化国力'成为衡量国家竞争力之重要指标"的背景下，为"尊重文化多样性、自主性及创新性"而制定"文化基本法"的。①

其次是保障落实宪法赋予的公民文化权利。"权利"在法律上的定义是指受法律所保护的地位和利益。成为法律上权利的事项是相当长时间的演化与筛选的结果，其最大的特征是被特定化的某类型的特定性利益——"保护谁的利益"与"排除谁的利益"。"权利"的产生与相应的文化环境具有密切联系。在我国文化传统中，并没有现代法律中"权利"的概念。中国古代的"义取"两字虽

① 刘俊裕："'文化基本法'——追寻台湾人民参与文化生活的基本权利"，见刘俊裕、张宇欣、廖瑝珏主编：《台湾文化权利地图》，巨流图书有限公司2015年版，第25～60页。

然语义上代表了享有取得某物的权利，但传统中并无自发的权利概念的萌芽，因此自古以来我国民众的权利意识较为朦胧，在现在的生活水平下，谈"权利"似乎是一种奢侈的表现。而对"文化"概念界定的困难更加剧当前学界、政府部门、社会组织和一般公民对"文化权利"一词的理解。因此，与文化产业经济研究热点形成鲜明对比，对文化权利的关注是极少的，不仅我国，其他国家对文化权利保护也并无具体法律。但是，文化权利的普遍意义已经得到国际公认。

1948 年联合国的《世界人权宣言》对文化权进行了讨论。其中第 27 条明确规定：（1）人人有权自由参加社会的文化生活，享受艺术，并分享科学进步及其产生的福利；（2）人人对由于他所创作的任何科学、文学或美术作品而产生的精神和物质的利益，有享受保护文化的权利。1966 年联合国会员国进一步签署《公民与政治权利国际公约》和《经济、社会与文化权利国际公约》，对文化权作了清楚的规范，其中后者在第十五章提出，"保障个人参与文化生活的权利、享受科学进步的权利，以及创造文化艺术产品的权利"，[1] 1992 年该公约重修时定义了文化权的内涵。[2] 我国在 2001年 2 月 28 日加入《经济、社会和文化权利国际公约》，并分别于2003 年 6 月和 2010 年 7 月向联合国提交了此公约的履约报告。

---

① 公约内容：一、本公约缔约各国承认人人有权：（一）参加文化生活；（二）享受科学进步及其应用所产生的利益；（三）对其本人的任何科学、文学或艺术作品所产生的精神上和物质上的利益，享受被保护之利。本公约缔约各国为充分实现这一权利而采取的步骤应包括为保存、发展和传播科学和文化所必需的步骤。本公约缔约各国承担尊重进行科学研究和创造性活动所不可缺少的自由。本公约缔约各国认识到鼓励和发展科学与文化方面的国际接触和合作的好处。新华网：《经济、社会和文化权利国际公约》，http：//news. xinhuanet. com/ziliao/2003 – 01/20/content _698236 _2. htm，访问时间：2015 年 1 月4 日。

② 尊重每个人的文化、真诚与本质；平等的近用权与尊重非歧视原则；参与主流文化与少数文化的创造与享受的机会；不可缺少的创造活动的自由，如表达自由权、智慧财产权；保障与发展可参与的文化，包括有关于主流或是少数文化方面的国家与国际的文化交流。

尽管目前对公民文化权的落实尚处在喊口号阶段，但文化立法工作仍具有必要性。台湾学者刘俊裕认为，公民文化权利受到国家权力的挑战和挤压是文化立法的主要出发点，也正是基于这样的紧迫性，文化领域需要立法规划国家文化政策与文化权利实践的矛盾。"随着国家文化部门政策领域职权的扩张，从文化遗产保护、文化设施建造到文化创意产业、文化观光、文化产业融合等，经常引发公民对政府文化政策工具逐步渗入其日常生活的忧虑。无论是西方韦伯、哈贝马斯式的系统世界对生活世界的控制与侵蚀，葛兰西式的国家文化霸权论述，福柯式的文化'治理性'论述，或者列斐伏尔、德瑟铎的现代资本主义对日常生活实践的商业殖民等，都指涉现代政治经济威权体制或者菁英文化工程，正一步步凌驾于公民的'世俗价值品味'与常识理性的现实，公民日常生活的文化生存空间面临着无情地挤压和挑战。"① 范周指出，公民的文化权利必须通过文化立法来保障，必须从法律层面对保护公民享有文化成果、保护公民参与文化活动、保护公民开展文化创造以及对文化艺术创造所产生的精神和物质利益设定具体法律条例。② 文化立法工作的必要性正是基于文化对于个体的重要作用，是为了防止公权力对公民权的过度干预，保障宪法赋予公民的文化权利。

公民的文化权利并不是一项奢侈而虚构的权利，而是正常的诉求。目前，我国对于文化权利的保护主要见于《宪法》。《宪法》第22～24条、第35条、第47条分别对文化事业发展、文化遗产保护、文化人才培养、精神文明建设、言论出版和文艺创作自由、国家鼓励和帮助公民开展文化创造活动等作出了规定。但宪法的稳定性和文化产业的快速发展之间存在一定的矛盾冲突。文化基本法

---

① 刘俊裕："欧洲文化治理的脉络与网络：一种治理的文化转向与批判"，载《Intergrams》2011年第2期。

② 中国经济网："范周研判：2015年文化产业发展将以立法为突破口"，http：//culture. people. com. cn/n/2015/0130/c172318 - 26480606. html，访问时间：2015年3月28日。

针对文化领域事项制定基本原则、准绳与方针，弥补宪法之不足，补充和完善宪法关于公民文化权利的概念，指导文化政策的制定，规定国家的文化责任、人民的文化权利义务，授权相关机关制定具体的文化法令，实现宪法与相关文化政策及各文化单行法的协调和衔接，避免文化的无序发展，推动宪法的实际施行。① 随着"依法治国"理念的提出，通过文化立法对文化政策进行指导，保障公权力的行使和私权利的实现，也是从权力理性走向权利理性，落实文化权的民主要求。

大多数人对文化权利的"无感"基于这样的逻辑：目前工作找不到、环境恶劣、食品安全问题没有办法解决，劳保、社保问题也困扰着生活，在这样的发展水平下提文化权利过于奢侈，因此对文化立法问题公民也鲜有期待。国际条约中更多作为宣示性质的文化权利是一项奢侈的要求。这样的逻辑基于马斯洛的需求层次理论，但是对于生存需要和文化需要一定有固定的先后顺序已经遭到学者的质疑。哈维尔指出："为了提高日常生活中普遍的文化水准而做的每一件事完全同样重要。它必须与经济发展在任何地方同步展开。我们必须为提高普遍的文化水准制定规模广泛的纲领。我们不能等到富起来了，才做这件事，我们可以立即着手，甚至口袋里没有一分钱。"② 在实践中也存在与马斯洛需求理论相反的声音。2013 年 4 月，在荷兰阿姆斯特丹大剧院，一场 the Landfill Harmonic Orchestra 让观众叹为观止。演出的二十多位少年来自巴拉圭首都亚松森的一家垃圾填埋场，他们从垃圾中选用材料制作乐器，并组成"卡图拉回收物交响乐团"在世界范围内展开巡演。因此，面包或许是重要的，但经济与文化的逻辑并不像马斯洛说得那么绝对。即使人们精神上并不富裕，但对文化的需求依然热烈的存在。一个人

---

① 齐崇文："依法管理文化需尽快制定文化基本法"，载《中国行政管理》2015 年第 2 期。

② 哈维尔："政治、道德和教养"，http：//www.21ccom.net/plus/view.php? aid = 16175&ALL = 1，访问时间：2015 年 9 月 26 日。

生命的价值和尊严，很难只用温饱、生存需求来解释。何况目前经济社会发展水平极大提高，大多数的公民已经超越了基本生存需求的状态，有能力去追求文化、精神层次的生存价值。随着精神需求和文化权利诉求日益增长，国家对于人民基本文化权利的保障更是责无旁贷。

因此，基于对文化多样性和公民文化权的保护，本文认为应当推进文化立法工作。第一，若仅就"宣示"而言，可能没有比"文化"这项政策更迫切需要宣示了。在经济结构转型期，文化产业作为"无烟囱产业"，其经济发展没有极限，并且能够提升人民的幸福感，"文化是立国之本"已达到学界共识，文化本身，是高度精神导向的，所以就算只是一些口号，也会有实质的引导作用。① 第二，《著作权法》《文物保护法》《非物质文化遗产保护法》等文化法律仅是分别在各自调整的领域对公民相关文化权利的行使和保护作出了规定。但由于调整领域的局限性，这些单行法的层级较低且无法从整体上涵盖各类公民文化权利，公民对自身应享有的文化权利并不了解，阻碍文化权利的充分行使。② 第三，文化产业领域呼唤稳定、公平、有力的文化产业法制体系。长期以来，受限于计划经济体制模式的管理要求，我国文化法制的基本功能局限于约束性控制式管理，行政法规或规章等部门立法体现部门意志，考虑部门权力和利益，因此导致市场准入和监管的混乱。相对于政策的变动性和人治性而言，法律手段具有效率高、手段公平、标准具体、界限明确等特点。③ 文化立法将有利于确定民营主体在文化市场中的地位，保障弱势文化的生存空间，给公民"安全生产"的保障，从而保护其文化创造权。

---

① "我国是否该定文化基本法"，http：//www. npf. org. tw/post/2/9174 # sthash. 122 jqB5C. dpuf，访问时间：2015 年 3 月 28 日。

② 齐崇文："依法管理文化需尽快制定文化基本法"，载《中国行政管理》2015 年第 2 期。

③ 黄虚峰编著：《文化产业政策与法律法规》，北京大学出版社 2013 年版，第 75 页。

三、台湾推动"文化基本法"立法工作的启示

由于长期以来文化权概念的发展多半落在国际组织的层次，许多文化权利的实践问题，便仍停留在乌托邦的阶段。对于期望在这个世界中建立新民主对话架构与文化互动，显得相当不切实际。[①]对于是否应当基于公民文化权利的实现而进行文化立法也存在争论。反对者认为法律必须具有具体功能，此种文化立法仅具有宣示性，无法解决实际问题，这样的法律没有争议性，容易通过，但通过后也没有用处，[②] 目前文化产业发展中的问题，不需要文化基本法也可以解决。《著作权法》、文化遗产保护类、出版产业、艺术品市场、演艺产业、广播影视产业和网络文化产业法律法规等，一定程度上能够支持既有的文化施政与具体事项；况且文化立法工程浩大，过程艰辛，其迫切性比不上其他法案，因此多年来无人问津。其次，文化管理理念尚在建构中。文化立法目的、文化立法原则、文化立法体系等方面共识的达成都需要政府改变以往将文化作为意识形态统治工作的传统思维模式。随着市场因素对文化发展的影响越来越大，社会转型加速了文化独立空间的形成，而我国文化管理理念、管理制度相对稳定，制度没有大变革的时候，严格、科学、系统做好文化立法工作困难重重。最后，文化立法或将阻碍文化市场的自由发展，为国家干预市场提供更多工具。

文化立法的难度不仅在对是否立法争论不一，确定需要立法后

---

① Nike Stevenson , *Cultural Citizenship*: *Cosmopolitan Questions*, Open University Press, 2003. p. 153. 转引自刘俊裕："'文化基本法'——追寻台湾人民参与文化生活的基本权利"，见刘俊裕、张宇欣、廖瑝玎主编：《台湾文化权利地图》，巨流图书有限公司2015年版，第25~60页。

② "文化基本法该不该订?" http://blog. udn. com/2010hsiao/6462121，访问时间：2015 年 3 月 30 日。

如何立法是面临的最大问题。对此台湾的做法是有关部门、学界和社会组织共同发声，推动"文化基本法"的立法工作。2009 年，"立委会"委员提出"文化基本法"草案，交付"文化委员会"审查。2011 年 4 月，"文建会"认为文化立法并无紧迫性，希望在 2012 年 5 月由到时新成立的"文化部"提出较为严密的"文化基本法"草案，但"立法院"要求"文建会"在 4 个月内完成草案研拟、咨询、公听会、"行政院"院会通过的立法草案，"文建会"于是整合各界意见送"行政院"院会，并在 11 月由院会修改通过。草案随即进入立法，然而，随着 2012 年"国会"的全面改组，以及新一届民意的产生，"文化基本法"搁置；时至 2013 年 3 月，"文化部"才开始重启内部草拟程序，针对 2011 年的草案条文做实质的增补与修订。① 目前台湾的"文化基本法"虽未正式通过，但"文化基本法"（草案）已作为文化政策的最高指导原则。在台湾推进"文化基本法"的制定过程中，来自民间、学界和行业组织的不同声音使得立法工作得以进行。

文化权利的实现需要政府有所作为。Tony Bennett 等学者主张将文化政策纳入文化研究范畴，使文化研究关切的文化权利议题，透过对文化政策的执行体系改革而获得具体实践，② 即是因为文化权利的落实落在国际组织层次华而不实。Jim McGuigan 也认为必须从国家治理、市场、文化产业、消费、媒介与传播科技的层次，来重新省思文化政策、认同与公民权的议题。③ Colin Mercer 在其《迈向文化公民权》一书中，具体阐述了文化政策与文化权利之间的紧密

---

① 刘俊裕："'文化基本法'：一份学界参与文化立法的纪实与反思"，载《国家与社会》2013 年第 3 期。

② Tony. Bennett, *Culture: A Reformer's Science.* Thousand Oaks, Calif. Sage 1998. 转引自刘俊裕："'文化基本法'——追寻台湾人民参与文化生活的基本权利"，见刘俊裕、张宇欣、廖瑝珒主编：《台湾文化权利地图》，巨流图书有限公司 2015 年版，第 25～60 页。

③ ［英］吉姆·麦奎根：《重新思考文化政策》，何道宽译，中国人民大学出版社 2010 年版。

关系。他指出自 18 世纪末 19 世纪初，文化政策在欧洲开始成为现代政府的统治的手段之一，如法国大革命后，行政、立法人员与知识分子等无不将文化视为在民主国家中管理其公民与社群的策略性工具。从语言政策、国家教育课程、民族与社群的博物馆、图书馆等，他们努力形塑共和的新象征、图腾与遗迹，企图为新认同、生活形态与个人或团体行为规范建构来源题材。可见当时的文化政策与现在无异，目的在于提供认同与归属的题材，塑造公民或促成公民权利。21 世纪初，文化成为与产业、交通、通信、认同和日常生活等面向结合的新策略，在全球化的世界中，如何使人民拥有足够的文化资源，成为一个重要的议题。文化权利的建立正是文化政策存在的基本目的。随着文化公民权的提出，国际间对文化权利应如何获得具体落实的管道也越来越加注意，此亦即个人文化授能（empowerment）的议题，确认国际法上的文化权概念得以在国家层次，从法律、政策与制度面获得具体实践。[①]

从具体事项来看，也许文化基本法并没有立法的迫切性，但从长远的角度来看，既然文化为立国之本，文化基本法仍有指引作用，尤其对于长期文化政策不明的我国而言，更加重要。文化法的立法定位应基于如下逻辑：基于宪法文化政策和宪法文化权利，建立公民文化权利与政府责任之间的关联性，[②] 但不应基于政府"管理主义"，忽略人民文化主体精神。政府在保障公民文化权实现上应该提供一个舞台，如台湾"文化基本法"（草案）第 12 条显示"应设置文化发展基金，办理文化资产维护、艺术扶植传统文化传承、创意产业发展人才充实、文化设施营运及交流等相关事项"，[③] 以保障造血能力较弱的文化艺术事业的发展。唯有从正确的出发点

---

① 王俐容："文化公民权的建构：文化政策的发展与公民权的落实"，载《公共行政学报》2006 年第 20 期。

② 肖金明："文化法的定位、原则与体系"，载《法学论坛》2012 年第 1 期。

③ 刘俊裕："'文化基本法'——追寻台湾人民参与文化生活的基本权利"，见刘俊裕、张宇欣、廖瑝玎主编：《台湾文化权利地图》，巨流图书有限公司 2015 年版，第 25 ~ 60 页。

着手，才能推出真正适合我国的文化法律。在文化产业唯经济论的研究热潮下，对文化权利的研究是极其少见的。文化权利的发展是极其缓慢的，但事情总是从几乎无法形容的残忍和粗野状态向更高尚、更广阔的前景发展。① 台湾"文化基本法"的制定先由"文化部"颁布草案，面对草案，民间发起"'文化基本法'：公民开讲"论坛，通过由下而上的意见表述，过程虽然缓慢，但也推动着"文化基本法"的制定。

---

① 艺衡、任珺、杨立青：《文化权利：回溯与解读》，社会科学文献出版社 2005 年版，第 6 页。

文化产业·
知识产权
…… ……

APP 手机游戏的知识产权保护

李方露[①]

【内容提要】随着近年来 APP 手机游戏行业的快速发展，这一领域已经成为掘金热土，也是文化产业各行业发展的领头羊。而手机游戏的计算机软件属性使得其天生与版权关系密不可分。优质版权可谓是各大手机游戏开发商决胜的关键，自然成为其猛烈争夺的对象，由此引发的版权问题也层出不穷。笔者以此为切入点，通过对手机游戏版权相关法律的梳理，试图为混乱的手机游戏版权争夺提供一定的借鉴，为这一产业市场的进一步有序发展探索途径。

【关键词】手机游戏　知识产权　法律关系　专利蟑螂

一、手机游戏 APP 产业概述

随着智能手机的迅速普及，"人人都是 Gamer（游戏玩家）"早就不再是游戏开发公司的奢望。在不到一年的时间里，手机游戏 APP 就已经成为快速消费品。2013 年被誉为是手机游戏井喷式爆发的一年，手机游戏层出不穷，收入达到 112.4 亿元，增长率高达 246.9%，成为文化产业各行业发展的领头羊。在不到一年的时间里，手机游戏就已经成为快速消费品，这也同时促成优秀手游拥有

---

① 李方露，华东政法大学文化产业管理专业 2013 级研究生。

了前所未有的丰厚利润。数据显示，2012 年末，中国 Android 市场开始出现月入千万级的手游；而 2013 年 9 月，触控科技以 690 万的价格拿下了《中国好声音》总决赛的两块广告；广州银汉出品预言旗下的《时空猎人》10 月份流水将突破 1 亿元话音未落，微信平台上的《天天酷跑》已经率先月入破亿。从月入千万到月入过亿，仅仅用了一年的时间——而这是端口游戏用 10 年、页面游戏用 4 年才达到的水平。[1]

据游戏工委、CNG 中新游戏研究联合发布的《2014 年 1 – 3 月中国移动游戏产业报告》称，2014 年第一季度，受移动游戏产品品质提升、社交性日益丰富的影响，使得核心用户在游戏中投入的时间不断延长，日均使用时长超过 1 小时的移动游戏核心用户比例已经超过了 1/4。据此前报告指出，超过 1 个小时的游戏用户会被部分开发商认定为首日留存用户。2014 年第一季度，日均使用时长 4 小时以上的用户占 3.5%，2 – 4 小时为 9.8%，1 – 2 小时为 11.9%，统计得出首日留存用户已经达到 25.2%，相比去年 Q1 的 9%，同期实现了大幅度增长。[2]

移动游戏产品的内容具备简单有趣、操作便利、迎合碎片化时间的特点，因此迅速被各类人群所接受。经历了 2013 年的爆发后，手游市场的巨大市场潜力愈发显现出来。同时用户的选择性越来越多，玩家的要求也越来越高，开发商们意识到只有打造精品才能在竞争激烈的手游市场中立足，研发精品游戏是大势所趋。2014 年《小黄人快跑：神偷奶爸》《秦时明月》等品类繁多的优质产品出现，在游戏玩法、营销推广上不断创新突破，吸引了众多玩家。

从对于 Andriod APP 和 IOS APP2013 下载量前 50 的 APP[3] 统计可以看出，手机游戏 APP 与社交类 APP 平分秋色，成为手机 APP 下载主力。

---

[1] 杨霄楠："手机 IP 年——游戏版权的困境"，载《互联网周刊》2014 年第 2 期。

[2] 数据来源于：游戏工委、CNG 中新游戏研究联合发布的《2014 年 1～3 月中国移动游戏产业报告》。

[3] 数据来源于《互联网周刊》数据调查报告。

Android App排行榜

1	微信	51	安兔兔评测
2	QQ	52	大掌门
3	UC浏览器	53	搜狐视频
4	淘宝	54	中华万年历
5	支付宝钱包	55	PPS影音
6	网易公开课	56	QuickOffice
7	墨迹天气	57	陌陌
8	8684公交	58	讯飞输入法
9	搜狗手机输入法	59	暴风影音
10	优酷	60	百度
11	大众点评	61	百度云
12	360手机卫士	62	字体管家
13	去哪儿	63	爱壁纸HD
14	ES文件管理器	64	LBE安全大师
15	谷歌地图	65	酷我音乐播放器
16	酷狗音乐播放器	66	高德地图
17	微博	67	神庙逃亡2
18	随手记	68	MoboPlayer
19	QQ空间	69	知乎
20	MX Player	70	印象笔记
21	Chrome 浏览器	71	Pixlr Express
22	QQ音乐	72	鳄鱼小顽皮爱洗澡
23	我查查	73	爱奇艺
24	百度地图	74	欢乐斗地主
25	京东	75	QQ邮箱
26	天天动听	76	百度音乐播放器
27	有道词典	77	LINE
28	手电筒	78	腾讯视频
29	美图秀秀	79	唱吧
30	工行手机银行	80	我叫MT
31	百度视频	81	多看阅读
32	招商银行	82	亚马逊
33	PPTV网络电视	83	飞信
34	YY——你在播，我在看	84	豆瓣FM
35	金山WPS Office	85	愤怒的小鸟
36	今日头条	86	360优化大师
37	天猫	87	风行电影
38	谷歌拼音输入法	88	百度魔图
39	网易新闻	89	钛备份
40	QQ同步助手	90	易信
41	建行手机银行	91	完美钢琴
42	快播	92	flipboard
43	腾讯手机管家	93	乐视电视
44	凤凰新闻	94	网易云阅读
45	Instagram	95	金山词霸
46	QQ浏览器	96	汽车之家
47	我要当学霸	97	QQ通讯录
48	旺信-阿里旺旺	98	安卓优化大师
49	快图浏览	99	扫描全能王
50	Camera360	100	金山手机毒霸

iOS App排行榜

1	微信	51	神偷奶爸
2	百度	52	QQ音乐
3	淘宝	53	QQ安全中心
4	百度地图	54	微博
5	91助手	55	全国违章查询
6	大众点评	56	爱奇艺视频
7	节奏大师	57	百度贴吧
8	百度视频	58	养肾计划
9	表情工厂	59	优酷
10	去哪儿旅行	60	嘀嘀打车
11	天天酷跑	61	比邻
12	来电归属地免费版	62	美团团购
13	腾讯新闻	63	驾考宝典
14	陌陌	64	我叫MT
15	手电筒	65	肯德基
16	搜狗输入板	66	二维码条形码扫描比价器
17	美颜相机	67	大姨妈月经助手
18	UC浏览器	68	暴风影音
19	腾讯手机管家	69	LINE
20	支付宝钱包	70	蘑菇街
21	欢乐斗地主	71	PPTV网络电视
22	PPS影音	72	必胜客
23	建行手机银行	73	YY你在播，我在看
24	鳄鱼小顽皮爱洗澡	74	中华万年历
25	工作手机银行	75	搜狐视频
26	天猫	76	中国联通手机营业厅
27	农行掌上银行	77	全能归属地
28	腾讯视频	78	西柚——大姨妈神器
29	招商银行	79	唱吧
30	有道词典	80	易信
31	美图秀秀	81	查找我的iphone
32	乐视影视	82	神庙逃亡2
33	高德地图	83	腾讯微博
34	携程旅行	84	相机360
35	导航犬	85	搜狗浏览器
36	猎豹浏览器	86	魔漫相机
37	狂野飙车	87	网易新闻
38	来往	88	美丽说
39	京东	89	百度文库
40	万年历	90	土豆视频
41	植物大战僵尸	91	flipboard
42	1号店	92	百度云
43	91桌面	93	汽车之家
44	我查查	94	拼立得
45	QQ空间	95	手机铃声
46	QQ同步助手	96	QQ通讯录
47	墨迹天气	97	GarageBand
48	旺信	98	风行电影
49	58同城	99	百度音乐
50	金山电池医生	100	百度魔拍

二、手机 APP 游戏定义及分类

（一）手机 APP 游戏定义

手机游戏即指可以在手机上运行的游戏，APP 则是英文 Application 的简称。随着 Iphone 智能手机的风靡而广为流行，多指手机上的第三方应用程序。当下手机游戏主要是指手机 APP 游戏，即依托于手机应用下载平台下载安装于手机上使用的第三方游戏软件。比较有名的手机 APP 游戏下载平台主要有 Apple 的 Itunes 商店 APP Store，Android 的 Google Play Store，诺基亚的 OVI Store 以及 Blackberry 的 Black App World。

（二）手机 APP 游戏分类

手机 APP 游戏的分类有如下几种。

从对终端处理器的需求上划分可以分为：

单机游戏：指仅使用一台设备就可以独立运行的电子游戏。区别于手游网游，它不需要专门的服务器便可以正常运转游戏，部分也可以通过多台手机互联进行多人对战。单机游戏代表作有《愤怒的小鸟》《植物大战僵尸》。

网络游戏：指以互联网为传输媒介，以游戏运营商服务器和用户手持设备为处理终端，以游戏移动客户端软件为信息交互窗口的旨在实现娱乐、休闲、交流和取得虚拟成就的具有可持续性的个体性多人在线游戏。代表作有《一代宗师》《十年一剑》《仙战》《我叫 MT》《刀塔传奇》。

根据游戏的种类的不同，手机游戏又可分为棋牌休闲类、网络对战类、角色扮演类。而根据游戏模式的不同，则又可分为动作类、冒险类、益智类、卡片类、格斗类、恋爱类、养成类、音乐类、体育类、战略类、射击类、角色扮演类、赛车类、即时战略类、手机类、模拟经营类、战略角色扮演类、动作角色扮演类、成人类、泥巴类、大型多人在线角色扮演类等。

此外，还可根据游戏题材、画面风格、收费模式等进行分类。

（三）手机 APP 游戏开发

依据游戏开发的一般流程来看，传统的游戏开发流程包括前期的市场调研和游戏策划来进行前期市场定位。在确定产品后，就是进行开发阶段。开发主要是美工设计和游戏编码设计。其实所有的游戏开发都有很多共性的东西，尤其是同一类游戏基本的游戏情节都大体一致，开发的工作也有很多相同之处，不同之处在于游戏画面和人物造型不同。这样在进行游戏开发过程中，可以重用以前已经开发好的游戏的部分功能，而只要重点实现不同的部分即可。由于以前的游戏经过实践的检验可以可靠运行，因此代码比较稳定可靠，代码可以反复使用。游戏的基本架构相同，主要包含的模块都大同小异，把这些共性的东西抽出来就可以设计出通用性的游戏引擎框架。游戏开发的关键在于游戏架构的性能。高性能的游戏架构可以封装技术难点，为游戏开发者提供若干个开发接口，使得游戏"重用"成为现实，从而大大缩短游戏的开发周期，降低游戏开发的技术难度和风险，使开发者可以把更多的时间用在游戏策划和美工上。游戏引擎中对技术难点的实现是游戏引擎的核心竞争力所在，一个好的高性能的游戏引擎在创造巨大的经济效益的同时也可以创造巨大的社会效益。

三、手机游戏侵权状况现状分析

如果说 2013 年是手机 APP 游戏爆发式发展的元年，2014 就被定为手机 APP 游戏 IP 问题激战的元年。这一问题真正被意识到是从 Flappy Bird 的成功开始的，自此，手游圈便开始了利弊相依的两个场面，第一就是简单方便的小游戏开始风靡全球，第二就是抄袭之风愈演愈烈。

在 Flappy Bird 之后，Three！和 Don't Step The White Title 都走上了一条类似的道路，某种程度上，真的是很成功，但结局是都被抄袭的山寨版"逆袭"了。相对而言，Flappy Bird 已经幸运之极了，因为对于它的抄袭是发生在它已经从 APP 市场上下架退隐，当山寨它的各种后来者在市场上激烈赤膊时，它的团队已经开始新的历程了。但是 Three！就没有那么幸运了，《2048》风靡之后它立刻被市场抛弃并迅速遗忘，而后就是《2048》的山寨"二代"、朝代版、人物版、故事版刷新玩家的记忆。被盗窃创意的团队也只能公开表达一下失望，却无力维权。但是主创表示以后可能再也不会花精力研发这类的小游戏，这无疑是手游界的悲哀。然后就是抄袭 Don't Step The White Title 的《钢琴块》后来居上，风头完全盖住原创。

为收集游戏的版权问题，笔者做了一个小范围的问卷调查，①从中得出的结果可以看到，高达 94.34% 的玩家表示，他们所玩的手机 APP 游戏是存在明显抄袭的。

选项	比例
A. 是	94.34%
B. 否	5.66%
本题有效填写人次	53

---

① 笔者为了更好地进行课题研究，于 2014 年 11 月做了一个小范围问卷调查，随即向周围大学生人群发放 60 份电子问卷，收到有效作答 53 份，并对结果进行统计。

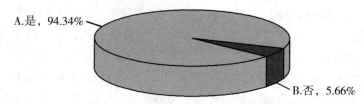

A.是，94.34%

B.否，5.66%

其实可以预料的，在以后的手机游戏中，会有更多的小型游戏被抄袭，这必然是独立开发者的切肤之痛。但是这绝不只影响独立开发商，大型厂商之间的抄袭模仿也是有的，并且层出不穷。

（1）完全抄袭。这类抄袭相对不会出现在大型厂商的竞争中，因为就维权而言，目标这么大，几乎是一抓一个准，故其不会蹚这一滩浑水。但是也不排除利益蛋糕太过诱人，厂家甘愿犯险。这一种抄袭状况的主要群体是独立开发者。因为对于他们的抄袭成本相对较小、独立开发者一般也不会为此维权，抄袭成本相对较少。

（2）游戏性抄袭。这类抄袭则主要存在于公司与公司之间。对于有新颖性、号召力的游戏的模仿抄袭一直是游戏圈兴盛不衰的行为。因为这几乎免去了所有的前期调研开发成本以及后期的推广成本。只要对原有游戏稍作修改、适当加上玩家期望的关卡、技能和道具，就是一个全新推出的游戏了。

（3）角色抄袭。这类抄袭在各个层面都可见，因为这个几乎类似"搭便车"行为，用已有的知名 IP 搭建的平台来推广自己的游戏，从心理上拉拢玩家。因为优质的 IP，在游戏发行初期就可以得到一批 IP 对应粉丝群体的关注、认可并对游戏产生尝试的心理。并且，使用经正式授权的 IP 可以获得玩家的认同与好感，增加他们在游戏中的代入感。可以说 IP 是个先决条件，为一款游戏带来初期的优势。

那么，面对抄袭之风盛行的这一状况，为什么目前维权之举却少之又少呢？目前，已知案例只有华娱无限起诉 3G 门户，日本东映动画株式协会诉上海纵游、完美世界，暴雪联合网易诉游易不正当竞争，金庸诉"大掌门"等 18 部武侠类游戏。而这些还是发生在 WAP 手机游戏之中的，而 APP 手机游戏纠纷不断，但进入法律程序却少之又少。目前，尚待定论的是盛大游戏起诉苹果 App Store、37wan、昆仑万维等 16 家公司涉嫌侵犯《热血传奇》系列游戏的注册商标专用权、著作权，并构成对盛大的不正当竞争等，总计索赔金额高达 1.46 亿元。那么，影响独立开发者和原创开发团队维权的问题有哪些呢？

（1）对于完全抄袭而言，作为受害者的独立开发者们维权的成本其实是很高的。因为作为个体的独立开发者对于市场是缺乏充分认知的，而手游开发者资源更为贫瘠。独立开发者们又被称为"卧室开发者"，这正是因为小游戏的开发相对容易，只需要一台电脑即可完成。这样，对于独立开发者的成本要求就相对限制更少。这就使得他们无法准确预估市场，只能在开发成本、运作成本方面尽力精简，这另一方面也给了抄袭者很大的空间。

同时，由于手机 APP 游戏更新换代速度极快，就算最红的游戏也只会停留在玩家手机上三个月。这就进一步加剧了维权成本。面对第三方平台的维权来说，相对比苹果的会简单一点，但是也有着非常麻烦的程序要进行。首先一些第三方平台会让独立开发者出示《软件著作权证书》，这个门槛之高，使得几乎 99% 的独立开发者都不会去做。当然，也有一些第三方渠道可以通过截图、开发文档等方式进行申诉，但是时间漫长，对于抄袭者来说，这种方式几乎没有什么打击感。加上国内的第三方渠道太多，而这种申诉的程序由于需要大量举证也可能被拖得很长，所以一旦证据不充分，或者山寨游戏提前下架，就很难维权成功。

从知识产权领域律师那里了解到，利润丰厚是手机 APP 游戏被大量山寨的主要原因。其实，很多山寨游戏公司或者团队在侵权行为之初就知道这是对于权利人知识产权的侵犯与破坏，但是衡量由此带来的利益和另行开发所需要投入的成本就能发现，山寨抄袭是一本万利的事情。加之举证时间相当漫长，手游更新换代速度又快，侵权方可以充分利用优质 IP 到最后一分钟。

（2）游戏性的抄袭更是难以根治的一个顽疾，同时也是市场上游戏同质化严重的症结所在。什么类型游戏红就一窝蜂去抄什么这已经成为行业惯性。今年初，国产卡牌手游《我叫 MT》几乎一夜之间冲到各大移动互联网应用下载榜单首位，也几乎在一夜之间，整个手机游戏行业的风向从过去以模仿《植物大战僵尸》《愤怒的小鸟》为主的益智风，向卡牌游戏急转弯，各种看似风格不同但玩法相似的卡牌游戏瞬间涌现。与之相类似的还有《疯狂猜图》《天天爱消除》的一夕成名，而让各个手机游戏平台上满目都是各种"疯狂猜"、各色"三消"游戏……单单在豌豆荚平台上使用"疯狂"关键词进行搜索，就能搜到多达百款类似的游戏 APP。但是这方面的举证需要提交代码、美术资源、开发文档等，这也是目前开发团队最难维权的方面，所以这类的起诉几乎没有。

（3）就法律程序的复杂性来看，角色抄袭反而是最好起诉的。因为这类抄袭涉及的多是知名优质 IP。去年金庸就起诉了抄袭其武侠人物的 18 部游戏。并且优质 IP 大多被购买者一网打尽。今年年初，奇虎 360 就高调宣布与迪士尼达成合作，迪士尼移动将提供旗下的游戏 IP 授权，360 手机助手将协调 360 旗下各种资源，为迪士尼 IP 游戏开发和运营。购买者高价购买的 IP 自然会好好保护，一旦被非法占用，购买者就会奋起反击。

面对这样的状况，和 Three！开发团队一样的很多团队都决定不再研发简单小游戏，而转向较难被抄袭的大型游戏开发。因而，不难发现，山寨之风已经对手游业造成了极大伤害。

四、手机 APP 游戏知识产权保护的法律界定

由于手机 APP 游戏走红是在近两年，版权问题的集中爆发是从去年开始的，目前法律还没有明确的定义，其实甚至于发展数十年的网络游戏的法律保护界定都还没有，因此如何利用知识产权实施

对手机 APP 游戏的保护仍然是值得探讨的问题。

（一）基于版权法的法律保护界定

手机游戏从其开发运行过程可以看出，实质上它就是一种计算机程序。但就计算机软件是否应该被列入著作权客体也是存在相当的争议的。就我国目前法律保护范畴而言，是将其作为著作权的特殊课题对待。因为加入 WTO，我国的知识产权保护依照 Trips，计算机程序必须当然地被视为文字作品。2001 年 12 月国务院修改后重新发布的《计算机软件著作权保护条例》，在程序上、实体上，包括保护期等方面，都基本将它与文字作品的保护水平拉平了。

但是，手机 APP 游戏又与文字作品有着显著的差异：第一，最为显著的差异就是手机 APP 游戏的技术性功能，它本身是一定的技术条件和技术水平下的产物。所以它既是一种思维创作作品，同时也是一种技术方案，它是兼具文字作品表达功能以及实用技术功能的作品。第二，手机游戏是思想观念和表达方式融为一体相互渗透的合并体，鲜有思想观念的"唯一表述"或"有限表述"，基于同一编程思想可以有非穷尽的代码表述。第三，手机游戏尤其是交互式游戏研制开发的过程复杂、开发周期长、投资巨大；但是复制、改编却很容易，且费用低廉、技术门槛低、耗时短，因此换代速度快，生命周期短。第四，在使用性质上，手机 APP 游戏不同于受版权法保护的绝大多数传统作品，它存在的意义在于其功能性使用。

依据版权法的基本主张，版权只保护创意的表达（expression），却不保护创意（idea）本身。即"创意/表达"二分法原则，版权法所保护的表达，并非就像其规定仅仅保护"表达"，保护表达是最终目的在于保护包涵于表达当中所体现的创意，智力劳动的成果。法律必须是需要能够加以执行的，但凡无法实行的法律都是毫无意义的，因此可操作性是法律的固有属性。但是创意却是天马行空、非常抽象的东西，它难以被规制、被监督。这一抽象性使得其难以成为法律界定的概念，也难以成为被保护的对象。但是"表达"则是可以通过作品表现出来的，让人可以实在感受到。因此，只有可以通过作者具有独创性表达的方式展示出来的实体才能成为法律保护的对象，也可以利用法律手段取得社会效益和法律效益。因此，被赋予有形形式的表达可以被保护，但创意本身可以被各种利用。手机 APP 游戏正是这样，它通过展现某种情节、定下许多任务、创造某些人物来表达开发者的创意，但是这种创意是可以被其他开发者所应用，利用截然不同的程序写法、编码代码、文档说明或是运算规则展示出来的。只要不是对于同一个表达的重复利用，就可以被认为是另一种表达。① 从这一点看，游戏程序作为一种创意的表达、一种技术作品，的确像某种文学作品，用版权法保护顺理成章。

利用版权法来保护手机游戏是有着先天的优势的，具体表现在以下几个方面。

（1）手续简便。大多数国家对于作品版权的取得均采用自动生效方式，即"创作发生主义"。作品一经产生，便具有版权，而不需审批和登记。这是《保护文学艺术作品的伯尔尼公约》所确立的一项基本原则，并且在《与贸易有关的知识产权协议》（Trips）中得到进一步的肯定。这一原则为作品的版权保护提供了极大的方便。我国的《计算机软件保护条例》第 5 条也规定："中国公民、法人或者其他组织对其开发的软件，不论是否发表，依照本条例享有版权。"而专利从申请到审批手续要复杂得多。

（2）保护条件要求低。作品只要具有一般的"独创性"，就可以获得版权法的保护。我国软件保护条例要求：软件必须是开发者独立开发的。这一规定源于版权法对作品的独创性要求，体现了后一种观点。实际生活中，计算机软件只要是由开发者独立完成而不是抄袭或剽窃他人开发的，就必然具有一些最起码的创造

---

① 梁伟科："手机游戏产业繁荣背后社会负面效应的规范"，载《兰州学刊》2011年第 8 期。

性。相比之下，专利法中对创造性就有比较严格的规定：必须是具有实质性的特点和显著的进步，要求创作必须有一定的创新高度。因此，一项智力成果取得版权的可能性要比取得专利权的可能性大得多。

（3）可以有效打击非法复制。目前，手机游戏面临的最大问题就是非法复制，这也是游戏软件侵权行为的主要方式，这与版权法领域内规范的主要侵权现象是相同的。利用版权法保护可以针对性打击非法复制。

（4）有利于计算机软件的国际保护。从国际保护的角度来看，以版权法保护软件比较容易奏效。由于国际上两个版权公约《伯尔尼公约》和《世界版权公约》，使得版权法保护在国际上形成了完整的国际保护体系。如果这些国家中的大部分都采用版权法来保护软件，并把计算机软件保护纳入这两个国际版权公约的范围，则无须另定专门的软件国际保护公约，就可以建立起有效的国际保护网。还可以根据有关国民待遇原则，使投入商业使用的软件在整个世界范围内受到有效的保护。[①] 现在多数软件产业发达国家都有版权法，只要将计算机软件纳入其保护范围，而无须另立新法，就能适应这种世界性的保护。而手机 APP 游戏被置于一个开放的平台空间上，对于世界性玩家开放，这使得其需要有着国际性范围的保护。保护标准的统一性可以更有效地打击抄袭。

但也必须正视的一个问题是，当下通过版权法来保护，其局限性也相当之大。特别是在我国，由于相关立法的缺失以及司法程序的繁琐限制，对于计算机软件的保护更多的只是形式上的，一旦落实到具体程序上就相当不便。即使是在版权保护相对完善的欧美国家，将软件作为一种文学作品在同一水平上保护，也是不够的。从相关音乐到美术设计以及编写代码，相对多的部分也不能合理保

---

① 王兴雷：《论网络游戏的著作权保护——以"三国杀"诉"三国斩"为视角》，西南政法大学 2013 年硕士学位论文。

护，权利人权利也难以得到维护。这很大一部分也是由于版权法对于"思想/表达"的二分保护造成的。

第一，版权法只能保护作品的表达，对于软件的设计构思等技术内核却不能保护，因此，利用版权法保护不能有效地阻止他人以不同方式表达同一构思的实质侵权。在手机游戏的开发中，游戏开发者需要考虑游戏的系统设计，这是一个游戏开发的核心环节，涉及如何利用有限的存储量实现玩家体验的最佳感受，是非常重要和复杂的环节，几乎可以占整个软件工程工作量的70%以上。这种构思凝聚着开发者创造性的劳动，是程序作品的精华所在。程序仅是这种构思的代码化，一般的软件开发人员只要了解其构思，阅读、分析其程序，就能很容易的编写出功能相似或相同的程序。[1] 这就使得仅保护作品表达、不保护作品构思的版权法很难维护手机游戏开发者的核心利益。

第二，版权法只能制止他人的非法复制，却不能制止他人对作品的使用，对权利人的经济利益保护不够系统。因为版权法更加注意保护作者的精神权利，对经济利益保护的却较不利。在版权法中没有关于使用权的规定，相反却有许多对版权进行限制的合理使用的规定。这实际是在很大程度上剥夺了软件开发者的经济利益。一定程度上挫伤了软件开发者的积极性。[2]

总之，计算机软件与传统文字作品最大的不同是它具有功能性。事实上，因为软件的商业应用价值远比它的文化价值更重要，所以对于手机游戏而言，人们不仅担心它的非法复制，而且更担心它被非法使用。

---

[1] 柯东明：《论网络游戏版权侵权及责任承担》，华东理工大学 2011 年硕士学位论文。

[2] 王兴雷：《论网络游戏的著作权保护——以"三国杀"诉"三国斩"为视角》，西南政法大学 2013 年硕士学位论文。

（二）专利法保护的法律界定

依据专利法的条款规定可以看出，要获得专利的发明应当同时具备新颖性、创造性与实用性。那么据此可以认为，如果手机游戏APP符合了这一要求，就应该可以得到专利法的保护。但这也存在一定的争议，就如同计算机软件是否可以被专利法保护也曾是被争论的话题之一。由于计算机软件的技术性与实用性使得其可以成为专利法保护的对象，可是在计算机软件出现之初，其所包含的算法、数学公式、思维步骤、抽象的思想还曾经被排除在法律时间保护范围之外。因为计算机软件又被人们认为是一种思维步骤，所以单纯计算机软件的可专利性是被否认的。但是，一旦计算机软件与某一硬件结合在一起，形成了一个完整的技术方案时就可成为可专利性主题。从20世纪80年代开始，计算机软件逐步脱离了硬件和某种设备独立成为可以被保护的对象。

与版权法保护相比，专利法保护手机游戏是一种更有力的方式，它能够最大限度地保护软件作者的技术构思方案，排斥其他相同或相似的软件设计，从而对软件给予另一方面的保护。这与手机APP游戏被抄袭写法、模仿构思、山寨运算法则等方面饱受困扰的问题更具有针对性。因此，把手机游戏采取专利的保护模式具有许多制度上的优势。

（1）克服了版权法只保护软件的表达，而不保护作品构思的弱点。软件开发者的设计思想，一个软件的设计思想可以说是它的灵魂、核心，而版权法对此却无能为力，专利法却可以保护计算机软件的技术构思（软件的核心），即软件的功能性。手机游戏最为关键的，也是最吸引人的就是它的玩法构思，这表现在程序编写上主要体现为算法，而被玩家接受的方面就是剧情和玩法。并且游戏程序的创新主要体现在所使用的算法的创新性，而算法更为重要的一点在于使用同样的算法可以写出代码表达不同而功能相同的计算机程序，这也是真正体现手机游戏创造性成果的表达，而这是无法被版权法保护的，专利法却可以有针对性保护。

（2）专利法的独占性保护可以很好地平衡不同游戏软件开发者的利益，激励权利人。专利法的特点就是以技术公开换取法律上一定时期的垄断权。一方面，法律赋予开发者真正意义上的独占权。软件一旦被授予专利后，开发者即对其享有高度的独占性，他人不得利用该软件产品的设计原理和有关技术设计出功能相同或相似的产品，否则，即为侵权。这样的话，游戏开发者就可以获得对其成果不被抄袭侵占的权利。如果其他开发者需要利用其编码算法，则需要支付相应的对价，有了这种保障之后，开发者花费的心血时间就会有所回报，不会出现如今那么多开发者对于小游戏研发的失望与无助。而对于资金运转本就不充裕的小微企业开发者而言，授权获得的资金可以为其下一次开发积累资本并获利。从这一点上说，专利法能够有效地保护软件开发者的经济利益。另一方面，虽然专利权人对于其软件成果享有权利，但是为了促进技术进步服务社会，他需要将其成果向其他开发者公布，这样可以使得其他开发者在合理利用的基础上，研发编写更好的游戏，促进整个产业的良性发展。

但是游戏 APP 的先天缺陷使得其在利用专利法保护时也有很多问题必须正视，主要表现在以下两个方面。

（1）保护范围不明确。由于游戏 APP 本质上是计算机软件程序，而如同上文所说，对于这一领域的保护本来在学术上和实践上都仍然有很多争议尚未解决。对计算机程序能否成为专利法保护客体问题的认识，经历了一个曲折的过程，到目前为止还没有一个非常明确的答案。

（2）专利产品的新颖性、实用性和创造性要求使得软件获得专利法保护的门槛较高。专利保护对象必须具有新颖性。可是作为手机游戏的计算机程序先天不足在于其编写简单。因为操作载体是手机，这使得其不能像一般网络游戏或者端口游戏那样进行大量程序运行，只能采用简单的编写代码。而市面上手机游戏编写模式相对单一，同时都要基于 Android 或者 IOS 平台要求，这就使得其在新颖性、创造性上较难达到保护要求水平。

（三）商标法法律保护界定

和其他商标权利一样，一项手机游戏的商标通常就是商标所有人对于其商标的支配性权利，商家对其所拥有的游戏品牌的独占性、排他性权利。对于大型手机游戏开发公司而言，他们的商标权利更多的是一种信誉保证，对于资深玩家有着相当强的吸引力。但是手机 APP 游戏领域更多的是小微开发者，其本身对于商标权利的认知和需求就不多，使得其对于商标权利保护意识不强。并且商标权利是对于被注册的特定标示的保护，而不会保护游戏中涉及的人物、情节图片这些没有被核准登记的图片。[1] 因此，单纯商标法难以对手机游戏起到保护作用。

（四）商业秘密保护模式界定

手机游戏作为一种游戏产品，是游戏产业链的中心环节，具有极高的市场价值，并且具有商业秘密（商业秘密是指不为公众所知悉、能给权利人带来经济利益、具有实用性并经权利人采取保密措施的技术信息和经营信息。它具有秘密性、实用性、经济性和保密性特点）的特征。这一特征使得其应该作为商业秘密被保护。

一般而言，手机游戏是由游戏程序、人物造型、游戏情节、游戏名称、游戏数据、美术作品、游戏音乐、游戏文档等部分构成。游戏程序作为整个 APP 的核心，往往被注入了高强度的劳动。程序的研发不仅需要花费大量的心血，也需要综合考虑市场需求、社会反响、前沿技术等众多因素。而对于游戏开发的商家而言，他们只需要向玩家提供功能性代码，保证游戏有序被操作，源程序则被当作商业秘密保护。这些资料显然具有不为公众所知悉，能给权利人带来很大的竞争优势和可观的经济效益，并且权利人采取了适当的

---

[1] 柯东明：《论网络游戏版权侵权及责任承担》，华东理工大学 2011 年硕士学位论文。

保密措施，一般都具有商业秘密的法定构成要件，因而能受到商业秘密法的保护。

商业秘密法对于手机游戏的保护可以当作是专利法和版权法的补充，对于那些达不到"三性"而无法被专利法保护的对象和"思想／表达"难以界定而被版权法排除在保护之外的对象而言，无疑具有重要的意义。商业秘密的权利产生于合同约定，因此只要游戏软件权利人与游戏分发渠道商、运营商的合同中签订有关防止泄露秘密的有关条款，这一商业秘密就应该被保护。这样一来，游戏开发者们就可以对于游戏的代码、算法、核心程序、运行规则和文档写作保留不受侵害泄露的权利。对于手机游戏这样更新换代极快，产品周期极短的产品而言，商业秘密的保护无疑可以让其具有技术上无可比拟的优势，增加其市场竞争力。[1]

但是，利用商业秘密法也具有相当的缺陷。因为商业秘密法规制对象只有合同双方，对于善意第三人以及销售商、分发商的约束力非常有限，对于除了权利、义务人之外的个体几乎不存在约束力。在我国是没有专门的商业秘密法的，只有零星散布在反不正当竞争中的一些规定。但是从其规定中可以发现，一旦商业秘密被泄露，就不再被保护的范围之列，权利人失去专有权利。当真的需要为保护权利对簿公堂时，更麻烦的事情也出现了，就是诉讼中如何举证。一旦举证出主要事实证据，就意味着商业秘密被公之于众。

从以上对于现有可以保护手机游戏 APP 的法律界定中可以发现，对于手机游戏权利人如何保护是司法操作中一个相当棘手的问题。就目前而言，已经出现的纠纷不少，但真正对簿公堂、广为知晓的只有盛大游戏起诉苹果 App Store、37wan、昆仑万维等 16 家公司涉嫌侵犯《热血传奇》注册商标权这一案例。可见，如何保护自己的权利，权利人尚无从下手。更为重要的是，这种手机游戏面对的是世界性开放平台，很多抄袭都是跨国、跨地区的。这使得本就

---

① 柯东明：《论网络游戏版权侵权及责任承担》，华东理工大学 2011 年硕士学位论文。

标准不同、保护不同的各国知识产权领域出现了纷争更多、举证难度更大之局面。

五、手机游戏 APP 版权保护建议

面对手机游戏这个新兴的市场，版权问题必然成为其首要顽疾。可是这一顽疾必须被抑制才能归还社会市场有序的状态。但是基于保护对象的特殊性，单一法律难以对其进行规范和保护，基于上文所述因素，笔者认为手机游戏 APP 的版权需要被看作一种混合型知识产权制度加以保护。可以尝试用一种兼具版权法和专利法保护优势的制度来进行保护，这样手机游戏 APP 就可以采用工业产权与版权的结合体——工业版权法来保护。工业版权法侧重保护工、商领域智力创造成果的工业产权与侧重保护文学艺术领域智力创造成果的版权法二者交叉形成的一种新型的权利。其对保护对象同时在内容和表现形式上给予保护，保护水平介于版权与专利权之间，保护时间也低于版权法的保护期。目前，对工业品的外观设计和集成电路布图设计采用的就是工业版权的保护方法。从手机游戏对保护的要求上看，这种方式似乎是比较合适的。

关于手机游戏 APP 保护的思考，笔者认为，一定程度上可以借鉴郑成思先生所提出"橙区"理论的思路。依据这一理论，建议立法建立起软件保护的工业版权制度，把对软件的版权保护方法和专利保护方法结合起来，取二者之长，去二者之短，形成一种新的软件法律保护制度。但是，"橙区"理论在实际运用中也是面临一定困难的。因为按照这一理论的思路就意味着要在全世界范围内重新推行一种全新的保护制度，这似乎不切合实际。毕竟重新立法成本过高，要得到普遍的认可难度也很大，要达成国际保护意见的一致更消耗时日，时间成本太高；而手机游戏更新换代速度极快，IP 问题不断暴露，这也急需有效的保护。早在 1978 年，世界知识产权组织公布的《保护计算机软件示范法条》实际上已经把工业产权法和版权法结合起来，相当于工业版权法的雏形，但它一直没有得到广泛的响应，原因就在于此。所以实践上，人们还是选择了版权法作为主流的保护方法。但"橙区"理论的落实难度大并不意味着它无法被采用，相反地，笔者认为它仍可以被当作软件保护立法的发展趋势。毕竟手机游戏 APP 是一种特殊的作品，从形式上看，它和普通的软件一样都是程序代码来实现；从功能上看，则它所展现的重点在于娱乐上，兼具艺术欣赏功能。所以，作为一种特殊的作品，从整体上看，构成其的各个部分都可能成为侵权的对象，因而这些组成部分都应该一一纳入版权保护的范围。只有这样，才能在真正意义上实现手机游戏 APP 的版权保护。

在 2013 年的中国版权年会上，乐视网首席运营官刘弘曾提到，视频网站经历了自由野蛮生长的时代之后，从 2008 年开始，在行业自律的要求，以及行政机关大力监管之下，逐渐回归了健康的正版化道路。虽然现在盗版网站仍大量存在，但行业主流企业能够得到有效的版权监管，而且自发组成联盟，对盗版网站的打击形成合力。① 手机游戏 APP 行业是否会与视频网站一样，被大量山寨抄袭模仿之后，回归到对于 IP 的正当使用呢？代理过多个手游版权诉讼的律师王英军认为，行业回归正规化的大趋势是毫无疑问的，因为法律总是存在滞后性，一段时间内，手游的版权问题会密集爆发，但这种状况不会持续太久。除了市场的有序性内在要求和法律对于 IP 保护的日趋严格，更为重要的是，有利益的地方就会有人为了捍卫利益不惜代价，当 IP 真正成了制约手机游戏市场前进的阻碍，这个市场的清道夫们便会大展身手。

---

① 王晓雁："手机山寨游戏野蛮生长亟待规范"，载《法制日版》2014 年 4 月 23 日，第 8 版。

新媒体时代的版权保护

胡思慧①

【内容提要】根植于互联网技术的新媒体，使人们复制、传播与使用他人作品变得轻而易举；然而，新媒体的迅速崛起，虽然为人们传播和获取信息提供了便利，却给版权保护带来了极大的挑战。新媒体的版权保护既涉及法律法规，也涉及技术开发，需要多方面配合。本文梳理了新媒体时代常见的侵权现象和产生原因，并针对性地提出了制定符合新媒体传播特性的法律法规、完善著作权集体管理组织职能、改"优化链接"为"一般链接"、新媒体与传统媒体合作、完善新媒体平台自身建设和借鉴国外经验六点建议。

【关键词】新媒体　版权保护

　　近些年来，"新媒体"一词的热度久久不退，它已经成为业内人士及专家学者们积极谈论和研究的对象。的确，新媒体的出现彻底改变了传统的传播模式，其独有的特点，使人们接受、传播与使用他人作品变得更加容易。在新媒体环境中，每个人都可以被看作是传播中的一个节点，在作为受众的同时也可以成为传播者。不过，正因为新媒体有着与前互联网时代不同的新特点，所以，在此环境下产生的作品的版权保护也出现了一些新问题。

　　例如，微信近来一直被视为新媒体的新主战场；但2015年初，

―――――――――

①　胡思慧，华东政法大学文化产业管理专业2014级研究生。

一场因抄袭引起的"集体道歉"却让微信有些尴尬：公众号"逻辑思维"因涉嫌"盗用"原创稿件而道歉，《中国企业家》杂志因未按规定使用稿件而道歉，公众号"一味"指责"假博士""深夜食堂"抄袭其新年签的创意等。类似的为人知或不为人知的抄袭事件还有很多。有网友调侃说"1 人原创，99 人抄袭"，虽然这句话还有待商榷，但确实反映出了微信公众号存在抄袭、非授权转载的乱象。对于这场"道歉潮"，业内人士在表达愤慨的同时也流露出些许无奈，"抄袭容易、维权难"道出了大多数人尤其是原创者的心声。据此，该是议一议新媒体时代的版权问题的时候了。

一、新媒体的概念

新媒体（new media）是一个相对的概念，是在报刊、广播、电视等传统媒体之后发展起来的新的媒体形态，是利用数字技术、网络技术、移动技术，通过互联网、无线通信网、有线网络等渠道以及电脑、手机、数字电视机等终端，向用户提供信息和娱乐的传播形态，具体有数字杂志、数字报纸、数字广播、数字电视、数字电影、触摸媒体、移动电视、桌面视窗等。相对于报刊、户外、广播、电视四大传统意义上的媒体，新媒体被形象地喻为"第五媒体"①。新媒体是数字技术及网络技术在传播介质和媒体领域的运用和发展，它创造了一个传播世界，开辟了一个全新的全媒体时代。

不同于传统媒体的"你播我看，你播我听"，新媒体依托新技术，实现了实时点播、即时收看、碎片化传播的互动性传播。相对于传统媒体，新媒体有着自身鲜明的特点，它的传播与更新速度

---

① http://baike.baidu.com/subview/339017/5403053.htm，访问时间：2015 年 3 月 20 日。

快、成本低、信息量大、内容丰富、检索便捷，同时具有极强的互动性和多媒体传播的特点。其中，对版权问题的产生有一定影响的特点有：

（一）作品复制容易且成本低

在新媒体中发布的作品，只需公开一次，之后的使用和传播方式就会变得非常多。不同于传统媒体在复制时需要大量的原材料和人力，新媒体环境下的作品复制，有时只需动动鼠标便能完成，且基本都是免费的；另外，在网络环境下也并不需要用到所谓的"原材料"。

（二）作品数量庞大

新媒体环境下人人都可以是传播者，人人都有发言权，新媒体规模的不断扩大，其中的作品数量也在快速增长。

（三）交互性

交互性指的是，信息在发布者和接受者之间的流动是双向的，并且在这个过程中，双方都拥有控制权。也就是说，在新媒体环境下，一个人既可以是作品的发布者，也可以是作品的传播者和使用者。

这些特点给予了新媒体旺盛的生命力，但同时也给新媒体时代的版权保护带来了新的挑战。

二、版权的概念

版权是一种民事权利，亦称著作权，是指作者、其他主体及其合法继受人对文学、艺术和科学作品依法享有的表达、复制、传播及利用等各项专有权利。版权的取得有两种方式：自动取得和登记取得。在中国，按照著作权法规定，作品完成就自动具有版权，版权保护作品的表达形式，不保护作品反映出的思想方法、观点和事实本身。任何人要复制、翻译、改编或表演等均需要得到版权所有人的许可，否则就是对他人权利的侵权行为。

版权包括人身权（又称精神权利）和财产权（又称经济权利）。人身权是作者基于作品依法享有的以人身利益为内容的、永久的、不可分割的、不可剥夺的权利。我国《著作权法》规定了四项人身权，即发表权、署名权、修改权和保护作品完整权。所谓著作人人身权的永久性，是指著作权法对著作人身权的保护不受时间的限制。也就是说，这个作品是谁写的，这个署名权始终就是谁的，并不因作者的去世而发生改变或消除。财产权，是指作者享有的使用作品而获得报酬的权利，它可以给作者带来经济回报，从而刺激创作热情。我国《著作权法》共规定了 13 种财产权利，分别是复制权、发行权、出租权、表演权、放映权、广播权、展览权、信息网络传播权、摄制权、改编权、翻译权、汇编权以及应当由著作权人享有的其他权利。[①]

三、新媒体时代常见的侵权现象

在新媒体时代，搜索和阅读他人作品变得非常便捷，同时复制、传播与使用他人作品也变得十分容易。任何一个人只要点击鼠标就可以获得作品，并将其再次传播出去。这为作品的版权保护埋下了很深的隐患，致各种侵权现象层出不穷。

---

① 黄虚峰：《文化产业政策与法律法规》，北京大学出版社 2013 年版，第 111 ~ 120 页。

（一）转载变原创

这种做法是指，在转载他人的作品时，对其标题及局部内容进行擅自地"原创性"篡改，同时不为原作者署名，制造一种"原创"的假象。这种做法侵犯了作者的多项权利，包括署名权、修改权等，是一种严重的侵权行为，这类情况常见于一些小型网站中；某些大型网站也存在这种情况，但不是很多。

（二）转载不署名

这种做法是指，在转载他人作品时，不标明原作者的信息，包括作者姓名及出处等，这与第一种情况一样，也容易制造一种"原创"的假象，因为不署名的话读者常常会默认是该网站的原创作品。这种做法侵犯了著作权人的署名权。

（三）转载无链接

目前，这只在原作者注明转载需要用链接方式注明出处的时候才属于法律上的侵权。这种情况常见于大型网站中，这是最轻的侵权行为，也是被许多大型网站普遍采用的方式。这类侵权只在互联网中才会出现。①

（四）优化链接

这种做法是指，在用户点开标题链接后，此时，用户打开的常常是经过新媒体平台优化过后的"深度链接"，此类链接常以优化用户体验为名，弱化甚至删除源网站的权利信息和广告宣传，将源网站登载的文章通过转码的方式永久置于新媒体自身平台并传播，这种做法很有可能误导用户对文章来源的判断。

---

① http://baike.baidu.com/view/13558.htm，访问时间：2015 年 3 月 25 日。

（五）强行非法转载

这种做法是指，当作者明确此作品禁止转载时，仍强行转载；虽然注明作者及出处，但这仍然属于侵权行为。

如此多的侵权现象导致新媒体平台上同质化的内容越来越多，人们常常会在不同的平台上看到相同的文章，甚至在不同的标题下看到同样的文章或影音作品。例如，一些微信公众号，如果要提高订阅量，留住"粉丝"就需要优质的内容吸引；但很多公众号都缺乏原创能力，于是便当起了"搬运工"，将一些好的、阅读量高的文章复制粘贴到自己的后台，于是人们便会在不同的公众号里看到同样的文章，可能是一天之内，也可能是几个月之内甚至更长。久而久之，受众便会产生厌倦的情绪。而对于一些新媒体工作者特别是原创者来说，这种做法既打击了创作的积极性也培养了惰性，这对于新媒体行业的发展来说有害无益。

四、产生侵权现象的原因

（一）新媒体自身特点

首先，在新媒体环境下作品复制容易且成本低，这使得侵权行为的发生变得易如反掌，甚至我们可能在不经意间就实施了侵权行为。其次，新媒体环境中的作品数量巨大，不仅增加了著作人追责侵权人的难度，也增加了使用者获得授权的难度。

（二）利益驱使

目前，很多新媒体平台都有了成熟的商业模式，广告收入是重头之一。制作原创内容既费时又费力，并需要有专业的人员储备。

为了节约成本同时又能吸引更多受众、为平台导入更大的流量赚取更多的广告费，搬运、抄袭其他平台的优质内容则不失为一条"捷径"。

（三）诉讼难度大维权成本高

抄袭成本低，但维权的成本却很高。当原作者发现作品被"盗版"之后，多数只在网上进行申讨；因为一旦选择采取司法手段，就必定会面临时间成本、金钱压力等问题。即使进入诉讼，也会面临取证困难、实际损失难以估量等问题，很难得到与侵权对应的赔偿数额。即使获得胜诉，作者所能够得到的侵权赔偿也非常有限。有研究报告显示，在著作权侵权案件的判赔中，采用"法定赔偿"的占 78.54%，法院判赔的平均额仅为每起案件 1.5 万元。[①] 这也助长了新媒体抄袭的乱象。

（四）平台缺乏有效的管理技术和措施

在目前新媒体行业鱼龙混杂的环境下，很难有哪家新媒体能做到丝毫不侵权，很多新媒体都有集侵权者与被侵权者于一身的尴尬身份。有的新媒体平台即使本身明令禁止，却也无法阻止平台内用户的侵权行为。原因在于，首先，目前的新媒体平台普遍欠缺"识别抄袭"的技术，有的根本没有，即使有也很不成熟；其次，对于已经认定的抄袭现象，新媒体平台自身对其的惩罚力度都很小，这更助长了抄袭者的胆量；最后，新媒体平台缺乏维权的途径，创作者缺乏维权的通道，而受众也没有可参与举报的方式。

（五）现行法律法规不能适应

（1）网络中的版权一直是现行的法律至今未能解决的症结。目

---

① "新媒体时代如何获取版权收益"，http：//www. iprchn. com/Index_ NewsContent. aspx? newsId = 73304，访问时间：2015 年 3 月 23 日。

前，我国涉及该方面的法律主要有《著作权法》《信息网络传播权保护条例》，但这两项法律法规的针对性都不是很强。对于文章，多少字算抄袭？打乱结构重新排版算不算抄袭？图片如何使用？诸多问题现行的法律都没有明确的界定，这使得新媒体的版权保护在操作上存在很大的难度。

（2）版权有财产权保护期限。对于任何受版权法保护的作品来说，目前我国的版权法律规定，版权的财产权保护期为作者终身加去世后五十年，这增加了向作者购买许可使用作品版权的难度。新媒体时代更强调信息的及时性，这种版权关系很难适应新媒体时代的版权保护。

（六）版权保护意识薄弱

很长时间以来，我国的网民已经习惯了免费。过去，为了刺激国内互联网的应用和发展，网上的各种资源都是免费的；面对根植于网络而发展起来的新媒体，人们沿袭了这种"免费心理"，心安理得地继续享用着免费的"蛋糕"。在网络技术的支持下，新媒体信息的传播成本近乎于零，这更模糊了人们的"付费"观念；网民们理所应当地享受着屏幕前丰富的信息资源，根本意识不到这些也是受版权保护的内容。

五、新媒体时代版权保护的建议

新媒体行业的发展，离不开产品和内容的创新，而这种创新必须有完善的版权保护机制来加以保障。因此，各方面都需要顺应时代的发展，正视新媒体传播的特殊性，进一步完善版权保护机制，有效保护新媒体版权，打击侵权行为，促进新媒体行业的健康发展。

但须指出的是，版权制度目前来说还是一种专家法律制度，也就是说这并不是一般公众经常接触或者能够快速了解和掌握的法律制度，要求大众都能详细地了解和掌握版权制度，并主动遵守这项复杂的制度的想法有些不现实。

以下是笔者的几点建议。

（一）制定符合新媒体传播特性的法律法规

相关部门应该加紧研究制定针对新媒体领域的版权保护条例，对网络抄袭侵权行为作出权威的界定和解释，提高政策法规的可执行性，让新媒体的版权保护有法可依，让受害人的损失有处可追。同时，加大执法和监察力度，切实保护著作人的利益，严处各类侵权行为，及时有效地处理各类侵权纠纷案件，营造良好的氛围。

（二）完善著作权集体管理组织职能

将作品交给著作权集体管理组织管理的好处是：首先，著作权人能有一个正规稳定的组织来进行维权；其次，集体管理能够减少个人维权的成本，著作权人不再需要单枪匹马地维权，既损失了金钱也浪费了时间；最后，集体管理对于使用人来说也更加方便，因为这样便无须再一一寻找著作权人，而是只需同集体管理组织打交道并付费给集体管理组织就可以了。国内现在共有五家著作权集体管理组织，分别是中国音乐著作权协会、中国音像著作权集体管理协会、中国文字著作权协会、中国摄影著作权协会和中国电影著作权协会。在我国《著作权集体管理条例》中有一项原则是——集体管理组织应根据作品的种类成立，网络作品并不是一种新的作品形式，只是在传播形式、使用形式上有了不同。因此，对于网络作品的管理，笔者认为不需要再另建一个网络著作权集体管理组织，而应延伸和完善这五大机构在网络环境中的职能，并开发与网络作品相匹配的数字化著作权管理系统，方便作品的登记、查询和授权。

（三）改"优化链接"为"一般链接"

新媒体须要改"优化链接"为"一般链接"，让使用者通过链接直接访问原始网站，转载时不对原始信息进行任何删改，并且在显著位置标明该作品原始出处的权利信息和著作权人信息。这样，对源网站来说，依然可以坐享宣传之利和流量的导入；对于新媒体，在并无用户和点击量的损失的同时，也可以从根源上解决侵权困境。

（四）新媒体与传统媒体合作

传统媒体的优势在于内容，新媒体的优势在于快速，两者各有所长，应当充分利用各自的优势，建立合理的分成，新媒体以合理的价格向传统媒体购买新闻作品，传统媒体也可以通过新媒体来提高自身的影响力，并及时从新媒体中获取更多的信息，两者各取所长，实现双赢。这种方式目前国内已经有所实施，但实施的范围还不大。

（五）完善新媒体平台自身建设

《信息网络传播权保护条例》明确，为了保护信息网络传播权，权利人可以采取技术措施。新媒体平台可以试着研究一些限制抄袭的技术手段，或者可以与相关的版权认证交易平台合作，对原创作品进行保护。建立维权通道，使著作权人可以通过平台直接进行维权，并及时处理举报信息。同时加大对违法现象的惩罚力度。

微信近日上线了"原创申明"功能，微信公众平台会对原创文章添加"原创"标识，当该文章在公众平台被其他用户发布时，系统会自动为其表明出处，并同时发送站内信通知原创者，若原创者提出申诉，可以通过"侵权投诉"流程进行举报，微信公众平台将核实并处理。但微信的"原创声明"功能目前只适用于经认证的公众号，这对于个人原创号和非认证的但带有媒体性质的公众号来说并非是一个好消息，自己原创的作品无法得到"原创"的标记，不仅不能及时收到被转载通知了解自己作品的使用情况，也不利于赢得受众的认可和信赖，这样一来作者的处境就会变得比较尴尬。所以新媒体平台的版权保护技术还需要进一步地研究和开发。

（六）借鉴国外经验

美国斯坦福大学法学院莱斯格教授在 2001 年成立了一个公益性版权组织 CC（Creative Commons），此组织的主要宗旨是增加创意作品的流通可及性，作为其他人据以创作及共享的基础，并寻找适当的法律以确保上述理念。这个组织倡导在保护版权的前提下，对知识创造的成果进行合法的分享与演绎，在传统的权利保留模式以外，提出了一些权利保留的灵活的著作权模式，官方译名就叫"知识共享"。我国目前也提出了一些"自有许可自助协议"的管理方式。这些方式，都是试图通过版权法的框架达成对新媒体版权的保护。[①]

六、结语

新媒体时代是一个版权的时代，每一个新媒体的消费者都可能成为版权作品的生产者，新媒体时代应该是版权利益最大化的时代，是更多的人选择从事创作，并可以依靠创作来生活的时代。新媒体的发展催生了版权保护的新模式，希望相关法律的完善和维权措施的实施能为新媒体开启一页崭新的篇章，在人们共享知识和信息时发挥更强大的作用。

---

① 徐瑄："新媒体时代的版权问题"，载《新闻战线》2012 年第 10 期。

文化产业中的知识产权管理

——以韩国为例

廉慧慧[①]

【内容提要】 我国的文化产业虽然取得了一定的成就，文化对外出口的数额在不断地扩大，但是总的形势仍不容乐观。缺少优秀的作品、优秀的创意，缺乏挖掘运用优秀传统文化知识的能力，同时，没有形成一个健康有序的文化产品交易市场。而这种状况的出现，很大程度上和我国的版权制度有关。版权保护是文化产业健康发展的核心，有效的知识产权管理体系是促进文化产业发展的工具之一。本文试图从韩国的知识产权管理视角出发，将其知识产权管理分为知识产权法制管理、知识产权经营管理两部分，分别阐述韩国的管理经营，为我国的版权管理制度提供一个借鉴，从而促进我国文化产业的发展，促进国家的复兴。

【关键词】 韩国　知识产权管理　文化产业

一、版权制度：利还是弊

"从历史来看，知识产权并不是天赋的，它不过是各国政府给予的特权"。知识产权产生于 14 世纪，经过长期的演变发展，已形

---

① 廉慧慧，华东政法大学文化产业管理专业 2013 级研究生。

成一整套完备的体系。正因为它的出生就和特权密切相关，至今为止，关于知识产权是否有存在的必要性的争议颇多。

反对知识产权的人认为它是阻碍创新和经济发展的坏制度。经济学家陶西格、庇谷就属于此列，此外本特利、德莱尔、尼默、戈尔德斯泰因等也已发表大量论文支持此观点。2010 年，约斯特、玛丽克出版的《抛弃版权——文化产业的未来》更是激进地论述了版权制度的罪恶，企图推翻版权制度，重新建立一个全新的商业经济模式即推行竞争法，消除垄断，化大资本为小资本，建立一个有序公平的市场秩序，以促进文化市场的健康发展。作者详尽地从公共领域、收入问题、明星效应以及合理使用等方面论证了自己的观点。首先，他们认为"广阔无边的公共领域为艺术家提供了素材。不论作品是多么的令人赏心悦目，艺术家仅凭锦上添花就得到整件作品的所有权，这难道不令人感到非常奇怪？"[①] 他们认为文化产品本来就应该属于公共领域，而不应该通过版权制度人为地将属于公众的产权给予个别人，这样做的后果就是侵吞公共领域，限制其他人对公共资源的有效利用，从而阻碍文化创新的实现，难以实现版权本来应有之义——促进创新。其次，作者认为版权制度并不能真正解决创作者的收入问题，"对于大多数作曲家和演奏家来说，版权收入听得多，拿得少"。又加上文化市场上盛行的弹性化雇用合同，以及创作者单薄的力量，最后版权都被大公司所摄取，成为企业赚取高额利润的工具，很多艺术家、创作者仍处于贫困的边缘。这样版权企图保证创作者的利益以此来鼓励艺术家进行创造的目的又成为一个美丽的愿景。最后，作者认为版权制度维系着一个由巨星、卖座片和畅销书等组建的体系。这样大家的眼光就聚焦在这些所谓的明星身上，而使大量的艺术家得不到关注，从而也阻碍了文化市场多样性的发展。

---

① 约斯特、玛丽克：《抛弃版权——文化产业的未来》，知识产权出版社 2010 年版，第 2 页。

　　诚然，版权政策确实存在一些问题。但事物大都具有两面性，没有绝对的好坏之分；对于版权制度的取舍，更可取的态度应在于利弊的权衡。了解其弊端并尽力避免才是我们应着力解决的重要问题。因此，笔者和主流观点一致，认为版权制度尽管存在这样那样的弊端，但总体上仍是利大于弊的制度。

　　文化产品和文化资源是文化市场的核心所在。然而文化产品和文化资源似乎天生就有公共产品的特性——非竞争性和非排他性。就如杰斐逊的阐述："谁从我这里接受一个想法，他本人就获得教益，而并不减少我的教益，就好比谁用我的蜡烛点燃了他的蜡烛，获得了光而并不使我的光变暗。各种想法应该在地球上自由地从一个人传播到另一个人，使人们共同获得道德教诲，并改善他们的条件，这仿佛是大自然特别充满爱心的设计。"但是，文化产品具备了公共产品的属性并不当然的认为其就是公共产品，"非竞争性，非排他性"只是成为公共产品的必要条件，而不是充分条件。因为除了自身的特征，任何产品都处于一个更大的社会环境中，这些外部条件也制约着它是否能成为公共产品。文化产品或创意思想一经发表问世，就不再受人的控制，它自己本身没办法限制不付费人的利用。譬如，一本小说、一部电影、一首歌曲只要开始传播，其他人都有可能接触，这和专利权不同，根本不需要任何高端的技术，任何人都可以模仿，而且随着技术的发展，这种模仿复制的成本也越来越低。如果没有外部强有力的环境来消解文化产品本身所具有的公共产品的特性，任何人都可能从纵向（产品质量的改善）、横向（对产品的模仿）两个维度来瓜分创作者辛勤劳动所预期的利益。因为文化产品的价值是由创作者的前期创作劳动和后期的复制成本两方面决定的，只有当文化产品的销售量达到一定的规模时，创作者才会赢利。而对于模仿者或者盗版者来说，只要复制的成本低于原产品的价格，模仿者（盗版者）就处于一本万利的状态。市场上的总需求量是一定的，模仿者（盗版者）的进来会挤掉原创的市场，影响原创的收益，甚至赔本，长此以往，严重打击原创的积极性，最终会阻碍更多、更优秀的文化形式问世。毕竟靠自己的天才爱好来进行发明、创新的人并不多，大多数的人还是为了潜在的利益而工作的。因此，版权制度的确立就显得越发重要。这一点也与新制度经济学的观点不谋而合——只有不断地完善制度，确定所有权，使得个人的经济努力更容易实现，才能促进最终的经济发展。"许多人共有的东西总是被关心的最少，因为所有人对自己东西的关心都大于其他人公共拥有的东西"。

另外，从文化产业的特性来看，文化产业包含文化的产业化和产业的文化化两部分，归根究底就是运用文化、创意产生财富的过程，是文化、创意、财富三者之间的有机结合，其中文化是资源，创意是智力，财富是目的，因此文化产业的诞生就带着赚取财富的目的。正是由于文化产业的这种特性，经营的是当时灵光一闪的创意或脑力智力，使得文化产业与其他行业相比起来需要更为特殊的保护。而知识产权制度尤其是其中的版权制度正符合文化产业的这种需求，是其健康发展的助推器。

最后，从历史的发展角度来看，也正是由于知识产权相关制度和立法的日趋完善，为文化产业的兴起与蓬勃发展奠定了坚实的基础——以智力财产保护为核心的本质，使其与处于朝阳产业的文化产业一结合，就促使了"创意产业"的兴起。西方各国都是通过对版权的营运而促进了本国的文化产业的发展，使其成为经济增长的又一大驱动力。从美国直接将文化产业定义为版权产业就能略知版权在美国的地位。这一点，有一部分人认为知识产权增加了发达国家与落后国家的差距，更有利于发达国家。但是，这种担忧是不必要的，因为版权并不像专利权一样拥有先进的技术，只是对文化的重新组合与创新，没有人剥脱本国或者个人所拥有的文化、信息，每个人都可以不受技术条件的制约而创作。因此，版权制度对一国文化产业的发展有着至关重要的推动作用。

二、他山之石：韩国的知识产权管理

人类发展的历史充分说明了对经济发展起关键作用的不是技术因素而是制度因素，制度的优劣直接影响着社会经济能否健康的发展，作为法律制度中的重要一员，知识产权制度的完善与否对经济发生着不可估量的作用，因此完善的版权制度是发展文化产业不可或缺的一部分，然而我国面临的现实问题则是：版权市场中介组织缺失，交易制度不完善，执法混乱困境，版权保护意识低下等，这些都是严重制约我国文化产业发展壮大，急需解决的一系列问题。借用牛顿的话"我能看得更远一些，那是因为我站在巨人的肩膀上"。因此，我国文化产业的振兴，不是自己苦思冥想就能实现的，我们在保持自我的时候还需要借鉴别国的成功之经验。

韩国自1998年正式确立"文化立国"方针后，政府将文化产业作为知识经济的核心产业来进行培养，在各个方面都给予了文化产业优厚的条件，力争成为21世纪的世界文化强国。事实证明它做到了：韩国的国内外文化市场以每年20%的高速持续增长，促进了一阵阵的"韩流"风靡亚洲，走向欧洲。

韩国文化产业的成功有多方面的因素，但是知识产权的管理制度是不能忽视的一个关键因素，是文化产业产生高附加值经济的核心。自文化产业政策进入轨道，著作权课就从艺术振兴局转到了文化产业局。为了给文化产业的发展创造一个良好的外部环境，韩国政府多次围绕着文化产业的有关问题对《著作权法》进行修订，另外《影像振兴基本法》《电影振兴法》《演出法》《广播法》《唱片录像带暨游戏制品法》等也都陆续进行了修改，被修改的内容多达70%。为此，韩国国务调整室还组织成立了"知识产权保护政策协议会"，由国务调整室长担任该协会委员长。委员由政府与民间两部分组成。其中政府委员涉及各个方面，包括诸如法务部、外交部、文化观光部、产业资源部、信息通信部、预算处、海关、警察厅、特许厅以及国政宣传处的专职人员，民间委员则是来自各个领域的专家，通过这个集聚了各个部门、各个领域专家的协会，为知识产权的立法、执法等各个方面的保护措施献言献策，促进知识产权保护政策的制定。

韩国的知识产权管理主要体现在法制管理和经营管理两方面。在知识产权法制管理方面的总趋势是扩大保护范围，加强执法力度；知识产权经营管理方面则以创造良好的外部环境，完善版权交易制度，降低版权交易成本，鼓励版权交易为目标，从而促进文化产业的健康快速发展。

（一）知识产权法制管理：扩大保护范围，加强执法力度

知识产权的法制管理包括立法和执法两部分，即通过立法程序对知识产权的获得、利用、收益及处分进行保护以及通过司法与执法活动对后期的知识产权进行监督保护。立法是前提，执法是保证。

纵观韩国历年来修订的版权法可知，韩国版权立法的趋势是：保护期限越来越长，保护的范围越来越广，刑事处罚的力度不断增强。

韩国的著作权法自 1957 年诞生以来，就一直在适应时代的潮流，为实现特定的目标而在不断修改中。1957 年版的著作权法套用了日本当时的著作权法的内容，对作者的保护期限是死后 30 年，处罚的力度是 1 年有期徒刑或 50 万韩元。为了加入《世界版权公约》，韩国进行了第一次修改，即 1986 年版的著作权法。此时版权的保护期限为作者有生加死后 50 年，团体名义的著作权保护期限自发表之日起算 50 年，从此以后就奠定了韩国版权保护的期限，未再改变。

处罚的力度也增强为 3 年有期徒刑或 300 万韩元。1994 年版的《著作权法》的刑事处罚力度再次加强为 3 年有期徒刑或 3000 万韩

元。2000 年修订著作权法时，最大的一个亮点就是随着社会的发展，从此开始将新出现的问题纳入《著作权法》，对版权的限制进行了重新思考，增加了版权保护的范围。如这一年的《著作权法》新设传送权以及图书馆等场所用复印机复制时，需得到作者的许可的规定。处罚的力度再次水涨船高，为 5 年有期徒刑或 5000 万韩元。2003 年的《著作权法》新增了数据库制作者的保护，明确了在线服务提供者的责任，这显然是为了适应网络迅速发展的社会环境。2004 年赋予表演者和唱片制作者传送权，2009 年新设了韩国文化体育观光部发出纠正命令的职能；扩大非亲告罪适用范围，使版权的后续保护工作更有效。除此之外，《计算机程序保护法》的处罚力度也不断加强，2006 年后处罚力度上升为 5 年有期徒刑或 5000 万韩元；惯犯可增加为 7 年有期徒刑或 7000 万韩元。如下表 1 所示。从列举的一部分修改法律来看，韩国做得最好的经验，就在于法律修改特别及时，能对社会上随时出现的新状况予以解决，为稳定社会秩序、为文化产业的发展不断扫清障碍。

表 1　版权的变迁

法律	保护期限	范围	处罚力度
《著作权法》 （1957 年）	著作权者 死后 30 年		1 年有期徒刑或 50 万韩元
《著作权法》 （1986 年）	著作权者 死后 50 年		3 年有期徒刑或 300 万韩元
《著作权法》 （1994 年）	同上		3 年有期徒刑或 3000 万韩元
《著作权法》 （2000 年）	同上	新设传送权；图书馆等场所用复印机复制时，需得到作者的许可	5 年有期徒刑或 5000 万韩元
《著作权法》 （2003 年）	同上	新增数据库制作者的保护；明确在线服务提供者的责任	
《著作权法》 （2004 年）	同上	赋予表演者和唱片制作者传送权	

续表

法律	保护期限	范围	处罚力度
《著作权法》（2009年）	同上	新设了韩国文化体育观光部发出纠正命令的职能；扩大非亲告罪适用范围	
《著作权法》（2011年）	著作权者死后70年	明确将暂时存储归为复制范围 增加了对网络硬盘和点对点等特殊类型的网络服务商（OSP）责任的网络硬盘登记制度，禁止伪造、发行假冒标志及在电影院偷拍影视作品的行为	
《计算机程序保护法》（2006）			5年有期徒刑或5000万韩元；惯犯7年有期徒刑或7000万韩元

为了更有效地打击侵权行为，韩国政府不仅重视立法，还十分重视执法。其措施首先是加强联合执法，包括纵向和横向两个维度。关于纵向，是由中央和地方部门联合起来。检察院和警察是打击侵权的主要机关，它们除了有全国的调查中心外，在各个区域还都建立了专门的知识产权调查中心。如每个地方的警察局都设有反伪造盗版部门。在横向方面，各个部门联合部署，加大版权的保护力度。韩国在中央设立"侵犯知识产权联合侦查本部"，这是一个以大检察厅为主，联合其他部门的跨部门机构，部长是大检察厅的刑事部长。① 韩国大检察院定期召开关于侵犯知识产权的指导会议，汇集检察院、警察局、地方政府、特别司、海关等部门，联合制定打击知识产权侵权者的措施和执行方案。除此之外，国家知识产权局还向有关部门提供侵权信息，甚至派专业的知识产权人员参与其中，进行业务指导，解决执法者专业知识欠缺的障碍。如《海关法》赋予了海关人员查处侵权产品的权限，从另一维度快速及时地打击侵权行为。

其次，是不断完善执法措施。执法的目的不是惩罚，而是让侵权者不敢侵权、不能侵权，从而优化版权市场的秩序。对于新型的网络侵权行为，韩国政府除了有传统的刑事处罚——进行人身限制、罚金

① "韩国版权制度助推'韩流'涌动"，http://www.sipo.gov.cn/dtxx/gw/2010/200912/t20091228_486400.html，访问时间：2014年11月5日。

外，在最新修订的《著作权保护法》中，增加了新的执法措施，新设了韩国文化体育观光部发出纠正命令的职能。这种惩罚措施依侵权者的行为分为两种情形：一是对于在网络上上传非法复制文件的复制者给予警告处分，责令其删除或停止上传非法文件；二是对于重犯即受到三次警告后仍进行复制、上传等侵权行为者，给予停止账号的处理；对于受到三次警告的网站经营者，若严重影响版权使用的市场秩序，则给予一段时间内停止网站经营的处罚。关于期限，第一次为一个月，第二次为一到三个月，第三次为三到六个月。对于网络经营者来说，若被封停一段时间，其损害是极大的，辛辛苦苦经营下来的流量很有可能一夜之间化为乌有，无疑等同于吊销企业的营业执照。如此重的处罚力度会使侵权者三思后行，谨慎经营，从而降低了网络的侵权率。

对于网络侵权行为的侦查，韩国在 2008 年引入了特别司的警察，主要依靠他们对网络侵权者进行监督和调查，主要针对非法上传者，使用非法软件者和网络服务者等。

（二）知识产权经营管理：完善版权交易制度，降低版权交易成本

知识产权的经营管理包括两个方面：一是政府管理职能，但并非指政府像企业一样对知识产权进行各方面的管理，这一概念是相对于专门的知识产权法而言的，指政府所做的保证知识产权市场运作的管理措施，即政府通过各种机关为知识产权交易的实现创造一个良好的环境；二是放权社会，鼓励、培育社会力量参与到知识产权的经营管理过程中去。

马克思说："商品总是要找货币谈恋爱。"文化产品也不例外。创意资源的拥有并不等于利益的拥有，只有将其激活，才能拥有利益，版权的财产性（可带来经济利益）决定了其交易性，版权交易是文化产业发展的原动力。由此可见，完善的版权交易制度和交易环境对于文化产业发展至关重要，而我国却忽视了这方面的价值。

对于知识产权的产业化，韩国在确立版权交易的战略地位，提高

国民的版权交易意识方面，给了我们诸多启示。因此，分析韩国如何进行知识产权经营管理，推动版权交易，有利于我们从中吸取经验，以促进我国文化产业的发展。

1. 完善中介机构

中介机构作为一个服务部门，在版权产业中具有重要的地位。因为其具有专业的版权知识以及精通市场规律和营销策略，是实现版权利益最大化的关键环节，有利于促进整个文化产业的繁荣与发展。中介机构根据性质的不同可分为集体管理组织和代理公司。前者是非营利组织，后者为营利性组织。鉴于此，韩国政府鼓励版权中介机构的成立，构筑作品到商业化的中介支援体系，对于中介机构给予必要的财政支持和基金支持，完善版权市场，这一思想从韩国最著名的文化产业的法律——《文化产业振兴基本法》里也可以窥出一二：政府鼓励对数字化的文化内容添加自己独有的数码识别系统，扶持专业的流通公司的成立。另外，《著作权法》第6章单独对"著作权管理服务"作了规定。主要分为两大类：一是作为信托机构的集体管理组织，它的成立需要国家的批准，目前主要存在12家，囊括音乐、文艺学术、广播、艺术表演、音源制作、电影、影像等方面。业务除了收取、发放报酬，与国外的集体管理组织签订协议外，还兼有宣传版权保护意识的工作；二是代理公司，它的成立相比之下就宽松得多，只要向政府备案，就可以自由成立。它们属于纯粹的民间组织，政府完全放权，由它们接受市场考验，自主管理，政府只是对其进行后期监管。职能齐全的集体管理组织以及大量版权代理机构的存在，大家术业专攻，各司其职，使创作人没有后顾之忧，可以安心地进行创作，同时也降低了交易中的信息成本、减少了交易的时间、降低了资源浪费，为社会创造出更多的经济价值、文化价值。

而相比较我国，截止到2005年，经批准的版权代理机构却只是两位数，仅30来家，而且其中23家都是代理图书的；关于影视版权代理则寥寥几家，其他类别的版权代理机构更无从谈起。而这些代理机构中的从业人员超过 10 人的并不多，几乎都是个位数。这样下来从事版权代理的人员在全国也只有百人而已。① 出现这种状况，说明我国版权中介机构以及版权出版机构的版权代理意识淡薄，版权代理并没有很好地服务于版权交易，为文化产业的发展助一臂之力。而国家也没有相关的政策去引导相关的服务机构市场的形成，处于市场和政府双重失灵的状态。

2. 规范交易秩序

"无规矩不成方圆"，完备的版权交易市场是版权有效进行的前提条件。韩国政府在这方面所做的，首先就是建立健全版权信息查询体制。由于版权客体的无形性，版权的所有者不能像物的所有者一样对客体绝对控制，你暂时占有着版权的客体并不能表明你具有所有者的身份，所以如果没有完备的信息查询体制，很多时候作品的使用者没办法找到作品著作财产权的所有者，版权的交易也无从实现。韩国应对这种困境的办法之一，从法律上奠定基础，如《文化产业振兴基本法》对文化产业的扶持，包括创业、制作、流通三个部分。其中流通这方面就是政府促进文化产品在市场上的活跃性以及流通的信息化。其二在机构职能方面，韩国于 1987 年建立的著作权审议调停委员会，起初主要是为了解决著作权相关纠纷的，从 1999 年开始不断进行机构调整，2000 年 8 月开始办理著作权的登记、法定许可、赔偿金标准以及版权情况公告等业务；2000 年 9 月增加了登记小组和信息化小组；2002 年增加了宣传策划小组。"登记国内外著作权人信息，搜索和提供信息，支持在线—离线著作权等搜查技术"成了著作权调停委员会的一个重要职能，至此形成了一个包括著作权信息管理体系开发在内的国内著作权信息中心。而其在海外的发展则始于 2005 年，成立了海外著作权中心，在文化交流活跃的主要地区设立海外办事处。如 2006 年北京办事处和东南亚（曼谷）办事处的设立，它的职能就是建立韩

---

① 来小鹏：《版权交易制度研究》，中国政法大学出版社 2009 年版，第 325 页。

国版权信息网，提供完善的国内外版权信息交流平台，解决交易信息失灵现象，调查韩国版权的国外使用情况，介绍国外版权法律，研究国外版权保护政策。目的就是促进海外的著作权保护和交易，加强海外著作权交易。

总之，韩国政府借助信息化手段，通过建立数据库、网站等方式，加强了版权信息交流，促进了版权的经济化。相比之下，我国的文化企业也面临着同样的困境，尤其是在国外市场上，由于信息不同，法律体系的差别化，使我国企业在对外文化输出上一直面临着版权问题，然而，我国政府还未重视到这一块，还未建立起完善的海外版权信息系统。

其次，关于在线交易平台的建设。2010年的韩国政府的核心课题为促进版权的应用，为此开展了四个课题，其中之一就是"数字时代促进版权应用的平台建设"。2012年，被称为韩国的"知识产权强国元年"，在知识产权领域，政府投入了90亿美元的资金，尤其是在版权领域。2013年开始，韩国政府致力于建设合理化的版权流通体系，构建高效率的版权许可体系。其中数字著作权交易所就是一个典型的例子。交易所包括综合信息著作权管理系统和著作权许可综合管理系统。前者将著作权及著作邻接权分开管理，综合收集、管理信息；后者则可让服务商在线简单处理著作权使用协议。① 同时，此系统还与信托组织、民间服务商等的系统相连接，信息相通，所以合约的登记使用项目的变动都可以随时更新，以保证流通信息的正确性。除此之外，还有不法作品的追踪系统，以保证著作权的顺利实现。

最后，建立公正的交易市场，完善版权交易场所。一个新的版权的产生有可能是建立在先一个版权的基础上的，比如演绎作品。这使在后的版权的产生以及交易都可能受到限制。为此，韩国政府通过明确内容产业利益分配制度来解决这个困境，如《信息使用费收益分配

---

① 中国国际贸易促进委员会电子信息行业分会法律部编译："韩国知识产权战略启示录"，载《中国计算机报》2010年7月5日，第012版。

准则》规定："移动内容的收益原则上全额划分给内容提供商；综合有线广播局应向节目内容提供者支付 25% 以上的广播通信费收益，作为对内容商的适当补偿。"版权从主体来看，包括创造者、传播者、销售者三部分。只有让创造者、传播者都有利可图，消费者才能最终获益，获得丰富的精神产品。从这个条例来看，政府及时解决了纷争，又兼顾了各方面的利益，优化了市场，保证了消费者的最终利益。此外还应积极扶持相关文化产业的展览会。

3. 优化外部环境

韩国和中国同属东亚文明圈，与中国有着相同的文化渊源，都受儒学思想的熏陶。因此，长久以来，就像鲁迅小说里的孔乙己一样，也存在着根深蒂固的"窃书不算偷"的意识，历史传统里根本没有版权意识。所以，消费者可以接受花钱买衣服、买食品，但是让他们花钱买精神产品却不愿意。这种文化氛围对版权的健康发展有着极为不利的影响。面临着同样不利的外部环境，我国和韩国却发生了不同的结局。我国现在版权意识还是处于低下的状态，各大网站充斥着刚上映的盗版电影，消费者仍不亦乐乎地在网上搜索着各种免费的作品，而韩国却是另一个样子，无论是影视作品还是音乐作品，如果想上网下载或欣赏，只有通过付费这一条路径，韩国的消费者现在也开始接受付费购买这样的观念。这其中的经验，值得我们学习。

众所周知，人们的价值观形成于少年时期，意识到这个问题没有什么困难，而能付诸实践并坚持下来才是强者。韩国政府坚持从娃娃抓起，从小培养他们的版权意识，因此学校里都积极地开设了有关知识产权的课程。政府为了培养消费者的版权保护意识，将工作落实到了生活中的各个方面。大到国家政策，小到各种娱乐活动中，都在潜移默化地引导着消费者，比如政府的官方网站，以及版权线上交易平台都会阐述版权保护的观念。再者，鼓励社会各界以不断开展活动的方式，培育知识产权保护的社会氛围，如商场内的"仿冒品展示会"，"从我的购物车中去除仿冒品"以及"使用知识产权查询网站"等。

设立奖励制度，对于举报侵犯知识产权的人给予奖励制度，这样既发动了社会的监督力量，又贯彻了保护知识产权的意识。经过十几年的坚持不懈，终于看到了成效。

除此之外，为了促进文化产业的发展，使文化政策的制定更加统一化，韩国政府不断进行探索，不断优化行政管理，对行政机构进行重组，优化版权管理。如长期以来，韩国的著作权法和计算机程序法由不同的部门主管，分别隶属于文化体育观光部和情报通信部，2008年以后，情报通信部被打散，一部分归入新成立的知识经济部，而计算机程序保护法则由文化体育观光部主管。从此文化体育观光部门就主管了与文化产业发展有关的所有方面，更有利于协调各行业增加效率，做整体的规划。

三、对我国的启示

国家的复兴必然要求文化的繁荣昌盛，文化的繁荣昌盛除了需依靠文化事业外，文化产业亦是另一个不可或缺的角色。虽然我国现在的文化产业取得了一定的成就，文化对外出口的数额在不断地扩大，但是总的形势仍不容乐观。缺少优秀的作品、优秀的创意，缺乏挖掘运用优秀传统文化知识的能力，同时，没有形成一个健康有序的文化产品交易市场。而这种状况的出现，很大程度上和我国的版权制度有关。版权保护是文化产业健康发展的核心，有效地知识产权管理体系是促进文化产业发展的有效工具之一。因此，为促进我国文化产业的发展，成为一个世界强国，完善我国的知识产权管理体系是一条绕不掉的道路。我国应从法制管理和经营管理两大方面看来，从法律的完善、政策的鼓励、意识的引导、基础设施的完善、人才的培养等元素来建立一个完善的知识产权管理体系，增强我国的文化软实力，促进文化产业的健康发展。

（一）法制管理能力的完善

首先，完善法律体系。我国现代的著作权法起步于 20 世纪 80 年代，稍晚于韩国（1957 年）。1986 的《民法通则》里首次承认了公民、法人的版权。1990 年出现了第一部专门法《中华人民共和国著作权法》，2001 年进行了第一次修改，2010 年进行了第二次修改，相比之韩国的修改速度明显慢了许多。因此，我国政府要适应时代的潮流，加大知识产权的修改力度，完善不合理的部分，使完善的版权制度朝着更有利于促进创作人创作激情的方向发展。为了这一目标的快速实现，我国政府应走向民间，加强法律制定者与企业之间的联动，定期召开联合大会，听取文化企业主体的要求，从中提取最急迫、最现实的问题进行研究并寻找最佳的解决方案。此外，我国政府也可以资助一批研究者，通过大量的实证研究，从版权产业价值链的角度去分析、探索各个阶段最佳的版权保护方式及保护力度，为我国版权制度的合理修订提供一个明确的方向，从而完善我国的版权保护制度，促进版权产业的健康发展。

其次，不断加大执法力度。版权的保护不仅需要法律的确权，还需要政府强有力的监督和执法职能来进行维持，彻底有效的肃清市场上的侵权行为，保证创作者的经济利益，促进更多的人进行有效的创作。虽然我国 20 世纪 80 年代就初步建立起了版权保护制度，由于历史遗留的原因，迄今为止，我国的版权保护执法机构却仍停留在初级阶段。行政管理体系条块分割，政府管理部门对于版权执法机构的职能划分不清晰，各个部门权责不明，常常发生相互扯皮或者都视而不见的现象，因此导致我国现阶段盗版现象严重的情况。为了有效地改善这一情况，完善版权市场，首先需要解决的问题就是整合政府职能部门，建立体系完善的版权执法系统。这方面的改善可以借鉴韩国的做法，建立一个类似于"侵犯知识产权联合侦查本部"的部门，加强各部门之间的信息流通，聚集各个部门进行商讨政策，使得侵权行为无处可逃。

最后，根据数字信息的不断完善、数字环境下侵权行为的新特征，政府要集聚各个行业的专家，采取新的制止侵权行为的措施，如暂停侵权者用户账号以及经营者的门户网站等。除此之外，政府还要加强对网络服务提供者惩罚制度的完善。我国 2012 年公布的《中华人民共和国著作权法（修改草案）》第 69 条的规定被业界认定为是偏袒网络服务提供商而不是著作权人。纵观我国著作权法的历史，关于网络服务商的侵权规则是"避风港"和"红旗"原则，这种侵权认定过于简单，有"一刀切"之嫌疑。韩国自 2011 年后的新著作权法以后，关于网络服务提供商的侵权责任的认定开始以主体进行分类，不同主体侵权的认定标准不一样，对其责任和免责进行了更详细的规定，这就使得其版权保护制度更符合时代的要求。我国也应该将网络服务商分类对待，采用不同的免责标准，使得著作人的合法权权益获得更好的保护。

（二）版权经营管理能力的完善

随着国际版权交易越来越多，国际版权经营管理制度的不断完善，我们需认清自己的现状：版权交易意识淡薄、交易信息不畅通、中介机构不完善、交易规则不完善、消费者没有版权意识等，然后对症下药，逐个攻破。

首先，国家应建立版权管理的国家战略，将促进版权的应用作为一项目标，加快促进版权交易的一系列政策的颁布，引导国民树立版权交易意识，鼓励版权交易。

其次，要协助市场完善版权交易的基础设施建设，如打破区域限制，加大财政力度，去研发建立一个有效的全国统一的线上版权交易平台，促进全国各地区版权交易的顺利进行，减少交易成本；再比如建立一个透明开放的版权信息数据库，统一全国的版权登记制度，使得全国使用统一的标准，实现版权信息的同时更新，解决版权信息失灵的现状。同时，还应该完善我国版权价值的评估系统，减少交易风险。

最后，重视社会主体的培育。完善出台相关政策，去促进一批自主经营、自负盈亏、高效的版权中介机构建立，弥补市场的空缺，完善从创作者到中介机构再到消费者的链条。除了中介机构外，也应加强非营利组织的建设，培育社会力量，完善政府与社会的缓冲地带，放权社会，形成"小政府，大社会"的结构，提高版权公共服务职能和基础设施建设。完善版权集体组织管理职能。我国的集体管理组织并不是随着《著作权法》的诞生而存在的，直到 2004 年的《著作权法》（修改草案）才提到，2005 年才开始实施。截至现在我国只有 5 个版权集体管理组织，明显落后于区域、人口均小于我国的韩国。并且我国的集体管理组织的官方意味过于浓、政府监管过于严。因此，我国应该继续完善集体管理组织，一方面促进一批更多质优的集体管理组织的出现，另一方面要改善政府与集体管理组织的关系，使其地位更加独立。

（三）提高公众版权意识水平

版权产业的繁荣发展，需要社会各方面的有机配合。不仅需要完善的立法、执法、中介机构，更需要来自公众的支持。然而，我国的公众的版权意识很低，就如上面提到的我国的历史传统里根本没有版权意识，没有花钱买精神产品习惯，喜欢盗版的，不付费的产品。因此，我国政府应该坚持加强对消费者版权保护意识的引导，为版权的保护创造一个良好的外部环境。像韩国一样，在小学就要安排相关的知识产权课程，从小灌输给他们使用正版的意识。对于成人，则要通过不断的奖励活动以及轰炸似的宣传来端正公众的心态。这是一场持久的运动，需要的是坚持不懈。

（四）加强版权经营人才的培养

众所周知，"人力资源是第一资源"。任何产业的健康发展都离不开人才的支持。我国现阶段并不缺少法律人才，但既懂经营又擅长版权的复合型人才却不多。这种现实阻碍着我国版权产业的经营，影响着版权市场的质量。现阶段全国各学校对于文化产业管理专业的设置、授课上仍处于摸索前进阶段，并没有完善的授课体系。因为版权经营管理行业自身所带的"功利性"，这就要求学校要加强与企业的互动，专业课程的设置上要结合市场的需要，明确重点，完善人才培养机制。对这种专业性强的工作，还应加强与国外的交流，以期向最好的人学习，培养出满足我国市场需求的专业人才。

初析地方公共政策中的"知识产权"

胡凤桃①

【内容提要】随着全球知识经济的发展，知识产权建设受到各国的重视；我国作为政府主导型国家，各地公共政策的制定执行对当地以及我国知识产权建设有不容忽视的影响和意义。本文通过对已制定知识产权相关公共政策的地方比较分析，为尚未制定知识产权公共政策、法规的省市提供借鉴、参考。由分析可知，省、市知识产权公共政策的制定主要围绕知识产权的"创新""市场""保护"三个关键词；知识产权重点发展的行业有新闻出版、动漫游戏、金融等行业；同时依据本土特色，体现特殊性。发展地方知识产权建设，当地应制定顺应发展趋势并结合本地特色的知识产权公共政策，同时运用多种手段，注重对知识产权公共政策的全方位灵活贯彻执行。

【关键词】公共政策　知识产权　创意产业　本土特色

引　言

在知识经济时代，最关键的是促进对知识产权的产生以及对知识产权的规范、保护。当下，全球各国都在以各种方式致力于完善

---

① 胡凤桃，华东政法大学文化产业管理专业 2013 级研究生。

知识产权建设，转变国家发展方式，实现经济社会各方效益。我国作为政府型主导的国家，自上而下的公共政策发挥着引领国家建设方向、调配公共资源等作用。近年来，在国家以及各地政府的公共政策文件中，"知识产权"与"创意产业"出现的频率提高，这是国家开始大力发展知识产权基础上的文化产业的体现。关于创意产业知识产权建设，公共政策应如何制定才能正确引导促进知识产权建设呢？下文将分析比较现有的几个省市已有的创意产业知识产权公共政策，以期对当下省市级创意产业知识产权的公共政策制定方向和重点有初步的研究，为尚未制定知识产权公共政策、法规的省市提供借鉴、参考，促进各地知识产权建设，实现经济社会各方效益。

一、三个关键词

从各地政府公共政策中，不难看出关于创意产业知识产权公共政策的内容主要围绕这三个关键词：创新、市场、保护。三个关键词分别对应知识产权产生、利用、保护的三个环节，创新对应知识产权的产生，市场对应知识产权的价值应用，保护对应知识产权的保障建设，三者缺一不可。

（一）创新

知识产权并不是与生俱来的，而是通过物质载体的创新才能够被赋予。创新是知识产权的来源与核心，而知识产权则是维系文化创意产业生存发展的内核所在。若没有创新，知识产权便无从谈起，创意产业自不必说。

所以，各地政府在公共政策中强调"鼓励创新"。例如《北京市文化创意产业提升规划（2014—2020年)》中对"鼓励创新，内涵发展"这一基本原则作了以下规定：加强产品研发和内容原创，推动文化内容、形式、手段创新。加强知识产权保护，鼓励原创作品创作、开发、制作与传播，加大对原创作品采购、扶持和奖励力度。2014 年《湖北省人民政府关于加快发展对外文化贸易的实施意见》提出：推进文化贸易与科技融合。鼓励文化贸易企业增加研发投入，开发具有自主知识产权的核心技术，创新文化贸易的业态和模式。《四川推进文化创意和设计服务与相关产业融合发展专项行动计划（2014—2020 年）》指出：增强创新驱动发展动力。深入实施知识产权战略，加强知识产权运用和保护，健全创新、创意和设计激励机制。2013 年《关于促进天津市文化贸易发展的实施意见》也提出：支持文化科技创新。鼓励文化企业加大研发投入，增强自主创新能力，开发具有自主知识产权的原创性产品，以及相关关键技术和核心技术。知识产权的建设既是对创新的一次激励手段，同时也是保护手段。

（二）市场

面向市场的创意产业知识产权建设事关国家转型和全球化贸易，因此，市场环节是多地政府创意产业知识产权公共政策的主要环节。市场环节可分为：国际贸易、版权交易平台、小微企业、人才培养。

1. 国际贸易

国际贸易是沿海省市创意产业知识产权公共政策的内容之一。全球化的发展大背景以及我国"走出去"战略促使我国加快完善发展知识产权，缩小与西方国家的落后差距，以便在国际贸易中能够平衡对话，维护我国贸易的合法权益。如 2013 年《关于促进天津市文化贸易发展的实施意见》规定：鼓励文化企业"走出去"。推动图书、音像、影视、版权、演艺等拓展国际市场。开展版权贸易和境外商演、创意设计、网络文化、文化产品数字制作、游戏等新兴文化行业服务贸易。作为首都的北京也在相关公共政策中强调"走出去"知识产权国际贸易，如《北京市文化创意产业提升规划（2014—2020年）》规定：加快行业走出去步伐。加快版权服务贸易国际化步伐，优化出口审批制度，简化海关报批手续，丰富贸易形式，扩大版权出口贸易规模，进一步提升首都版权贸易服务能力。

2. 版权交易平台

版权交易平台是近几年来个别省市发展艺术品交易等知识产权相关贸易的重要基础建设。如《北京市文化创意产业提升规划（2014—2020年）》第二章节"加强文化要素市场建设"中规定：重点搭建文化产权交易平台。推动成立北京市文化产权交易中心，创新运营模式、交易制度和交易品种，开辟文化企业与社会资本对接渠道，引导文化要素有序流动，促进产业核心资源有效配置。2014年《北京市人民政府、文化部关于加快国家对外文化贸易基地（北京）建设发展的意见》规定：推动建立集版权评估、版权质押、版权投融资、版权交易、版权保护于一体的版权贸易平台和场所，为入驻企业和专业机构提供全面、完善的系列版权服务。2013年《关于促进天津市文化贸易发展的实施意见》规定：打造文化贸易平台。规划建设天津市影视版权交易中心，以影视产品和影视版权、著作权、作品肖像权等各类影视产权为交易对象，搭建专业化市场交易中介平台和专业性电子商务服务平台，成立影视艺术与金融创新试验基地，积极探索金融资本支持影视产业的新方法、新形式、新手段。

版权交易平台将知识产权直接作为可进行交换的商品，是知识产权在经济领域的直接参与，也是参与金融行业的规范保证。并且，版权交易平台的建立前提有成熟的版权评估，目前，我国还缺乏版权评估这一环节的专业建设，迫切需要第三方机构提供版权评估的服务以及专利、商标等信息的共享。这方面也在公共政策有所体现，如2014年《北京市人民政府文化部关于加快国家对外文化贸易基地（北京）建设发展的意见》规定：建设高质量的专利、商标、版权等知识产权信息库，促进基地内知识产权系统集成、资源整合和信息共享。

3. 小微企业

小微企业是国家目前大力支持发展的重点对象。壮大我国小微企业的队伍，能够促进市场经济良性发展，增强活力、提高就业，从宏观上而言，对国家体制改革、转变发展方式也有一定意义上的促进作用。并且值得一提的是，小微企业大部分活跃在服务产业中，凭借的是创新为社会创造价值、为企业取得利润，小微企业是我国创意产业的生力军，知识产权的建设与小微企业的生存能力息息相关。

2014年国家出台的纲领性政策《文化部工业和信息化部财政部关于大力支持小微文化企业发展的实施意见》规定：激发企业创新意识。鼓励小微文化企业把握传统文化与现代元素结合、文化与科技融合的发展趋势，催生新技术、新工艺、新产品、新服务。加快培育产权、版权、技术、信息等要素市场，为企业提升文化创意成果转化和市场化运用水平创造条件。加强文化品牌建设，促进小微文化企业向专业化、品牌化方向发展。加强知识产权保护法律法规、典型案例的宣传和培训，增强小微文化企业知识产权保护意识，提高知识产权保护和运用水平。另外2014年广东省《关于促进我省知识产权服务业发展的若干意见》中规定：支持各类知识产权服务机构加快发展，引导服务机构在有条件的地区设立分支机构及工作站，深化"百所千企"知识产权服务对接工作，鼓励各类服务机构开展网络服务，逐步形成覆盖全省的知识产权服务体系和中小微企业服务网络；《北京市文化创意产业提升规划（2014—2020年）》规定：完善产权市场体系建设。加强文化产权管理和运营，推动文化产权投融资服务和资产证券化业务的开展。推动文化产权质押融资业务的推广，扩大对中小企业融资需求的支持力度。

以上各地政府公共政策将知识产权的建设作为辅助小微企业健康发展的铺路石。只有知识产权建设规范完备了，小微企业才能够有良好的发展环境和机遇。

4. 人才培养

创意产业知识产权的建设离不开人才，因此培养知识产权人才，满足知识产权建设需求是当务之急，这基本是每个省市政府涉及知识产权建设必须提到的内容。如 2014 年《四川省人民政府关于发展多层次资本市场服务实体经济的若干意见》提到的：加快培养熟悉对外文化贸易市场运营、熟练掌握外语技能、具有国际市场营销、知识产权保护等知识的对外文化贸易复合型人才；2014 年《广东省人民政府办公厅转发省知识产权局关于促进我省知识产权服务业发展若干意见的通知》规定：加强知识产权人才培养。加快国家知识产权培训基地、国家中小微企业知识产权培训（南海）基地建设，鼓励各地通过开展校企合作等方式建立覆盖全省的知识产权远程教育平台。培育一批专业化的知识产权培训机构，大力引进国内外优质师资力量，形成结构合理、层次衔接的知识产权专业人才培养体系。

（三）保护

对知识产权的保护是知识产权建设的最后一道关卡，也是在谈及知识产权建设中不能避免的老生常谈，当然，各地政府公共政策中也强调了对知识产权的保护，保护主要针对"涉外维权"，与上述文化贸易紧密联系，也体现了我国"走出去"战略的全局观念。

2014 年《湖北省人民政府关于加快发展对外文化贸易的实施意见》第 5 条规定：加强对外文化贸易知识产权保护。积极为对外文化贸易企业提供海外知识产权法律咨询，指导和支持企业运用专利制度对文化创意产品及制作方法、工艺进行保护，加强对外文化贸易的知识产权评议工作，支持企业开展涉外知识产权维权工作。类似的，2014 年《四川省人民政府关于加快发展对外文化贸易的实施意见》中第 7 条规定：加强文化贸易产权保护。加强文化贸易知识产权宣传工作，充分发挥"四川省知识产权维权援助平台"作用，及时提供海外知识产权法律咨询，支持文化企业开展涉外知识产权维权工作。

由此看出，知识产权涉外维权是我国对外贸易进程中重要一环，是其顺利展开的保障。只有涉外维权做到位，才能够在对外贸易中站稳脚跟、向前迈进。

二、重点行业

创意产业中知识产权公共政策涵盖的行业很广泛，其中的新闻出版行业、动漫游戏行业、金融行业是当下省、市政府知识产权方面的公共政策涉及的重点行业。

（一）新闻出版行业

毫不夸张地说，新闻出版行业是知识产权的主体行业，也是知识产权隶属的传统行业。版权在中国大陆术语中的涵义与著作权等同，新闻出版行业是表现著作权的主要载体行业，因此谈及知识产权，首当其冲是对新闻出版行业的建设与规范，同时发展新闻出版行业，也离不开对版权的建设和保护。

2014 年《北京市文化创意产业提升规划（2014—2020 年）》中将新闻出版行业单列出来，作为重点文化创意产业的重点发展行列，言及四点对新闻出版行业做发展规划：（1）完善出版市场体系建设；（2）推进新兴出版业态发展；（3）加大版权保护力度；（4）加快行业走出去步伐。这四点在其具体内容中都谈到对版权的建设与保护，其中第三点、第四点在上文中就国际贸易、知识产权保护都有提及。第一、第二点是细化知识产权在新闻版权行业的具体应用，如建立完善版权代理人制度，加快专业化版权代理机构队伍建设；加快数字出版产业链布局，建设国家级数字出版产业基地，提高数字版权集约水平；健全智能终端产业服务体系，推动产品设计制造与内容服务、应用商店模式整合发展等。

其他省市虽未将新闻出版行业单列阐述规划，但是就鼓励创新以及对外贸易环节中，新闻出版也是知识产权创意产业的典型行业。如 2013 年《关于促进天津市文化贸易发展的实施意见》规定：鼓励企业通过新设、收购、合作等方式，在境外收购剧场或设立演艺经纪公司、影视作品版权、连锁书店等经营机构和文化作品著作权等，实现落地经营。

（二）动漫游戏行业

动漫游戏行业作为一个新兴产业，是近几年来我国重点发展的创意产业。动漫游戏行业分线上线下，线上是基础，吸引观众或者玩家参与观看，线下则进行衍生品开发利用，以日本、美国为代表的动漫游戏产业以其成熟的行业运转为企业乃至国家带来客观的经济社会效益，其中版权交易尤其衍生品开发是经济效益的主要来源。我国是一个拥有十几亿人口的大国，拥有巨大的市场消费潜力，但动漫游戏产业在我国发展却长期未得到重视，发展疲软，市场份额流失严重，因此我国这几年大力提倡发展动漫游戏产业，创作出本土优秀原创动漫游戏作品，扩大市场份额比重。

2014 年《北京市文化创意产业提升规划（2014—2020 年）》规定：扶持原创作品的创作生产。深入挖掘优秀文化资源，推动动漫游戏产业优化升级，打造民族品牌，推动网络游戏、手机游戏、电子竞技和虚拟现实体验的发展，重点支持具有自主知识产权的网络游戏技术、游戏运营平台和具有民族文化特色的原创游戏产品的研发、推广与出口。其他省市如天津、上海、山东、浙江等均在相关公告政策文件中提及，在此不再赘述。

（三）金融行业

创意产业知识产权与金融行业的融合在我国目前还处于初步试行阶段，虽然风险重重，但不可否认，正如当下各地政府争先建设版权交易平台，创意产业知识产权与金融行业的融合是大趋势，也是多数省市公共政策中提及需要建立并完善的。

2013 年浙江省《关于进一步加快发展文化产业的若干意见》规定：允许投资人以知识产权等无形资产评估作价出资组建文化企业，非货币财产作价入股占注册资本的比例最高可达 70%；鼓励国有大型企业和社会资本以各种方式组建文化产业风险投资基金，抓紧制定和完善著作权、专利权、商标权等无形资产评估、质押、登记、托管、流转和变现的管理办法，为金融机构开展无形资产质押贷款业务等提供配套支持。2014 年《广东省人民政府办公厅转发省知识产权局关于促进我省知识产权服务业发展若干意见的通知》规定：加大知识产权评估和投融资支持力度。探索建立知识产权证券化交易机制，开展知识产权证券交易试点。鼓励金融机构、创业投资、民间资本等进入知识产权运营市场，通过专利收储和组合，对关键技术领域内的专利进行集中管理和集成运营。加大对佛山南海国家知识产权投融资综合试验区建设的支持力度。2014 年《上海市关于深入推进文化与金融合作的实施意见》规定：推动适合文化企业特点的信贷和保险产品。鼓励金融机构适度扩大融资租赁贷款、应收账款质押融资、产业链融资、股权质押贷款等信贷产品规模，支持履约保证保险、信用保险、出口信用保险等保险产品发展，支持开展艺术品、会展、演艺、影视、动漫游戏等文化产业保险。探索开展无形资产抵质押贷款业务和知识产权保险业务。

金融行业中的知识产权建设主要内容是将知识产权，即通常意义上说的"无形资产"运用到信贷领域，实行知识产权质押融资。文化创意产业的快速发展带来的是对知识产权经济效益的迅速攀升。知识产权要参与到金融行业的质押融资，需要对知识产权这一无形资产进行量化评估，而知识产权的难以量化评估则是风险所在，也是上文中版权交易平台面临的同样风险。尽管如此，知识产权参与金融行业中的质押融资为当下蓬勃发展却屡遭资金问题的小微企业提供一条灵活便利之道。

三、与本土发展结合

知识产权建设并不是架空发展的，而是应落实于本土发展。将知识产权建设放在区域特色发展现状中，开发当地的历史文化资源、依托当地的地理区位因素，为当地的发展注入新鲜血液，发展具有区域特色的创意产业。

广西壮族自治区针对本地丰富的民族传统工艺资源，颁布一系列有关传统工艺的知识产权公共政策。2014 年《广西壮族自治区传统工艺美术保护办法》第 19 条规定：县级以上人民政府和有关部门应当加强对传统工艺美术知识产权的保护和管理。传统工艺美术产品的制作单位和个人应当建立、健全传统工艺美术技艺的保护或者保密制度，加强对传统工艺美术技艺的管理。传统工艺美术产品的制作单位和个人可以依法申请专利、注册商标和版权登记。

山东省作为我国的临海省份，海洋是其发展的重要资源：2011 年《山东省知识产权战略纲要》重视区域知识产权建设：形成区域优势，促进半岛蓝色经济区、黄河三角洲高效生态经济区、省会城群经济圈等区域知识产权的发展，通过区域发展带动全省经济社会的发展。

将创意产业知识产权建设与区域本土发展相结合，有助于促进区域产业发展的转型升级，并对区域特色的历史文化资源进行开发式的保护，既能够开发历史文化资源创造经济社会效益，同时有助于历史文化资源的有续传承。

四、结语

目前，我国地方知识产权建设处于初步阶段，地区间发展不平衡，其中部分省、市严重欠缺。通过上述对各地政府创意产业知识产权的分析研究可以看出，省、市公共政策是在国家中央宏观指导下制定的，各区域创意产业公共政策的制定在原则、方针有明显的共通性；同时，各省、市将知识产权建设与本地优势特色结合，不管是其特有的历史文化资源还是地理方位，均表现出一定的独特性。因此，各省、市在制定有关知识产权的公共政策时，应借鉴当下国家甚至全球知识产权公共政策的知识产权热点、建设方向，同时结合本地特色制定相适应的知识产权公共政策，促进当地知识产权的建设、对文化资源的开发利用。

上述知识产权公共政策基本属于区域建设的顶层规划，是对当地区域创意产业知识产权建设画出的美好蓝图，当公共政策落地具体实施时，又会出现很多偏差。大众惯常认为，诸如上海、深圳等沿海省、市政策环境较宽松自由，知识产权建设较完善，但经分析，除去本地特色所制定的，各省、市相关知识产权政策内容多数并无明显区别。大众具有这种认知的原因在于，贯彻落实知识产权的公共政策时，每个省市具体的审核标准、扶持力度、执行效率等环节存在差距，影响当地创新环境的营造、知识产权的建设、经济文化社会等效益的实现。

因此，促进本地知识产权建设，知识产权公共政策的制定与执行同等重要。制定顺应发展趋势、结合本地特色的知识产权公共政策，运用多种手段全方位灵活贯彻执行知识产权公共政策。唯有此，知识产权公共政策才不会成为空话，才能切实引领促进各地知识产权建设。

互联网环境下视频版权的影响与价值实现路径

倪小芸①

【内容提要】 随着互联网技术的迅速发展，视频网站目前拥有着大量受众，已经成为人们的一种重要休闲娱乐方式，未来势必成为视听行业重要的组成部分。视频网站目前依然存在着视频侵权，以及版权价格虚高，这些问题与视频版权的管理有着极大的关联。本文通过分析视频版权在视频网站发展中的作用和版权的合理强度，试图去帮助视频网站适应新环境，突破发展瓶颈成功转型，改变难以盈利的经营困境，避免视频网站走向倒闭和混乱。

【关键词】 视频网站　版权　管理

随着电子互联网的快速发展，视频网站文化已经融入社会各界，波及千家万户。但因为视频版权亦引发了很多问题。如何改善对视频网站的管理，使之更好地为大众服务，是摆在我们面前的一个重要课题。

一、视频网站的现状和困境

近年来，视频网站越加红火，已经拥有了数量庞大的受众群，

---

①　倪小芸，华东政法大学文化产业管理专业 2014 级研究生。

深受人们的喜爱。但是，不少视频网站都面临着入不敷出的经营困境。虽然每天都有着大量的浏览人数，广告曝光率也很高，但是依靠广告收入和少数付费用户的资金来源难以维持视频网站的运营。视频网站不惜成本拼抢海外剧、综艺节目独播权而致使网站内容成本居高不下。① 目前，市场上的视频网站呈现出寡头垄断的趋势，而那几个较大的视频网站也是靠着融资在透支运营，终不能长久。若小型视频网站安分守法，就不得不面临倒闭。

这样的困境究其根本原因均与视频版权有关。从视频网站刚刚出现至今，这一行业一直存在着视频盗版侵权的情况。视频网站最早以视频分享网站的形式出现，通过用户上传视频，它们共同的特点是借助庞大的注册用户，以用户自行拍摄上传的短小视频为主要内容，② 互相分享，使得网站拥有大量的视频资源。在这样的模式下，视频版权的管理存在极大的困难。经常出现同一个视频，在相同网站上被不同的网友上传多次的情况。每天大量的上传视频，没有足够的人力去审核版权问题；而且作为视频分享网站仅仅提供了分享平台，不是直接的视频拥有者。于是，早期的视频网站提供了大量的免费视频资源，虽都是盗版视频，但是吸引了大量的人浏览网页、观看视频。很快大大小小各种视频网站迅速走红，网民几乎能在网上找到所有想看的视频，严重分散了电视台和电影院的观众。加上网站上播放的视频都是盗版，使得视频创作方的获利锐减，严重影响了其生存。政府相关部门发现这样不利于文化发展的情况后，采取了措施去制止盗版侵权。一些盗版侵权的小网站被封，大型视频分享网站对视频内容进行清理，打击盗版。

没想到的是，网上又出现了规避法律的新型盗版视频传播途径。电驴和 BT 利用用户上传种子资源，用户一边观看一遍上传给其他用户的方式规避自身提供获得盗版视频。最后，这两个对中国

---

① 唐绪军：《中国新媒体发展报告 No. 5（2014）》，社会科学文献出版社 2014 年版，第 312 页。

② 胡志殷："视频网站商业模式研究"，载《科技创业月刊》2012 年第 2 期。

网民极具影响力的网站还是被国家相关部门封杀，引来人们对广电总局的不满。野草烧不尽，春风吹又生。人们对免费观看各种视频的庞大需求，和政府部门对盗版视频网站的严格管理，促使了视频网站针对法律管理的漏洞去开发新型模式。继电驴和 BT 之后，利用播放器规避责任的快播在网上风行。百度看到了商机立刻模仿出了百度影音这个播放器。现在快播和百度影音都被封杀了，但是利用播放器这个原理继续运作的盗版网站依然很多。现在还有很多人利用私人的网盘，进行盗版视频的传播。在视频网站整个发展过程中，虽然有关部门一直都在管理，封了一些盗版视频网站，但是很快又有新的盗版视频网站出现。

近年来，对版权加强保护的同时，又引发了各视频网站天价争夺版权，亏本运营的问题。政府对视频网络版权管理一严格，让很多视频网站看到了独家播出带来的巨大商业利润。网民向来就是哪里有喜欢的影片就上哪个网站，忠诚度非常低。视频创作方在政府严格管理版权的情况下，看到了商机，借着大视频网站争夺版权而抬高价格，使得整个视频版权市场价格飞涨，已经达到了不理性的程度。但是，几家大型视频网站依然愿意亏本购买天价版权，一方面能够吸引大量观众培养忠诚度，另一方面提高了行业的准入门槛，加快了小型视频网站的倒闭，最终形成垄断，待巩固了行业地位后，再把亏损的钱赚回来。

现在视频网站市场的现状是网络视频版权价格虚高，政府严格打击盗版。各大视频网站应对这样的大环境打破传统的视频网站运营方式进行转型，开拓片源。网上依然存在盗版视频，高价版权引发大型视频网站恶性竞争，故意侵权。优酷、爱奇艺等多家视频网站虽然已经走传播正版网络视频的发展道路，但是依然会有盗版侵权的案件缠身。优酷被诉涉嫌盗播爱奇艺所属版权剧《爱情公寓4》《像火花像蝴蝶》《追鱼传奇》《喜羊羊与灰太狼之羊羊快乐的一年》《巴拉拉小魔仙之奇迹舞步》等。优酷声称盗播内容均由网友自行上传，并非属于优酷，根据我国信息网络传播条例，内容上传前需经过视频网站审核，如果在审核过程中发现存在盗版盗播问题，视频网站应予以下架处理。一部电视剧要几百万，多则上千万的版权费用，诱使视频网站甘冒风险去播放盗版视频。天价版权购买的网络独播权更加容易引发同行为了保住自己的地位，故意侵权破坏独播带来的巨大损失。

政府相关部门对于视频网站的管理，直接影响到了视频网站的经营。如今视频网站发展遇到了盗版侵权问题、网络服务商免责问题、争夺版权引发的天价片源等问题，急需通过对目前的视频版权的管理方式进行优化，缓解目前存在的问题，才能使整个视频网站行业健康发展下去。

二、视频版权的管理分析

版权管理对视频网站的发展起着很大的作用，是政府通过法律手段对视频网站进行管理的方法之一。视频网站由于其自身与传统电视不同，使得视频版权在管理的过程中不能完全照搬管理广播电视的方法。网络这种新兴媒体有其特殊性，如果一律按现行《著作权法》对有关侵权行为进行调整，将对正处于发展中的网络媒体产生消极影响。[①] 视频网站的现状急需政府这个最有权力的主体去管理和引导，规范整个视频网站行业市场，这样视频网站才能良性发展，丰富大众的娱乐生活。

国内外针对视频网站的研究概况，主要集中在视频网站的侵权问题和经营模式上。大量学者致力于视频网站的侵权问题，无论是国外类似 YouTube 的视频网站，还是中国那些视频网站的侵权问

---

① 赵强："试论网络作品著作权的侵权和保护"，载《南京师大学学报》2000 年第 3 期。

题，这么多年来一直都是热议的课题，学术界虽已经有了一定的研究成果，但目前依然无法找到能够完全解决侵权又能不阻碍文化传播的方法。视频网站的商业模式同样有大量的研究，特别是结合了网络免费模式的特点，指出了视频网站经营的收益来源广告和付费会员，总结归纳出了视频网站的发展规律和经营之道，许多学者也试图解决经营中遇到的问题。

视频版权存在的意义是视频网站播放的那些视频是文化产品，而文化产品具备公共产品的必要条件。公共产品具有非排他性和非竞争性。从非排他性来看网络视频，一个人对视频的观看是不能阻止其他人观看该视频的。从非竞争性来看，一个人对视频的观看不会消耗这个视频本身，不会影响他人观看同一个视频。因此，如果没有视频版权的存在，这些作品是无法在市场上交易，不能成为商品。版权的保护会产生自然垄断，改变了文化产品的性质，于是需要运用市场手段来运作。

视频版权能够保护创作方的智慧成功，把精神财富转化为物质财富，从而激励创作更好的作品。对于视频网站而言，视频版权能够提高视频质量，提供稳定的用户群，吸引广告商投资，带来经济价值。对于整个视听行业而言，视频版权能维持市场公平有序，产生良好的社会效应。

观察我国视频网站的运作和发展过程，可以清晰地看到，政府部门对于视频版权管理的不同程度对于整个行业产生的巨大影响。

（一）视频版权保护强度过弱产生的问题

在视频网站发展的起步阶段，视频版权的概念模糊，几乎没有什么视频网站会重视视频版权，网上流行的视频几乎都是侵权的作品。那时候，整个行业有许许多多、大大小小的视频网站，主要以土豆网、优酷网这类视频分享类网站为代表。绝大多数视频分享网站仅为用户上传视频提供了一个自动接收和发布的信息平台，在这种情况下如何认定网站的侵权责任仍然存在模糊之处。[①] 视频版权的缺失，使得在网上存在各种版本的不同片源，枪版翻录众多，整体视频质量下降，影响到电影院、电视台的正常收益。那时候的盗版侵权造成了创作团队的利益严重受损，没有视频网站愿意出资购买正版片源，造成市场失灵。播放盗版视频片源的视频网站因为运作成本极低，过一天算一天，完全没有长远打算，哪天政府部门封杀了，钱早就赚够了，也没损失多少，过段时间再重新开一个新的视频网站即可。

后来出现的 BT、电驴、快播、百度影音提供的都是盗版资源，在这些网站盛行的时候，网民非常喜欢这样的无版权时代，他们想看什么影片就能非常容易地在网络上看到。最重要的是这些影片还是免费的。因此，中国的大量网民都希望有一个自由的视频传播网络平台，政府减少介入，不希望存在视频版权，这样网上才能提供大量的免费视频资源，最好还是能和电视电影院同步的影片。但是观众没有考虑到制作视频团队收不到钱，以后就不愿意拍摄高质量的影片了。一旦持续无版权的时间一长，肯定造成市场的混乱。

由于互联网自身的自由性，视频网络空间自身是趋向一种无版权的管理模式，换句话说真正想要对于视频版权进行严格管制是非常难的一件事，需要花费大量的人力、物力，很可能依然有漏网之鱼。即使现在政府已经严格管制了，网络世界依然存在着大量各种名字的视频小网站，常常会钻法律漏洞，或者隔一段时间换域名和地址，难以管理。现在手机端已经逐渐代替电脑端占据人们的生活，下载 APP，关注微信号传播侵权视频更加隐蔽。大多数人都携带具有拍摄视频短片的手机，使得视频分享类网站的内容丰富，同时也难以逐一都进行内容审核。大量微电影出现，微电影一般都通过视频网站传播，不会像正式的电影那样经过层层内容审核，视频

---

① 王迁：《视频分享网站著作权侵权问题研究》，载《法商研究》，2008 年 04 期，第 42 页。

网站一般对微电影的内容也不会像电影那样严格管理。

视频版权保护力度过弱会引发的问题需要通过一定的方式进行规范引导，视频版权作为一种调控手段，如何制定一种方法对整个视频网站进行有效的管理是值得研究的。

(二) 视频版权保护强度过强引发的问题

版权保护会限制非付费用户获得观看视频的机会，版权保护会造成自然垄断，视频版权保护的程度会影响到文化产品的成本。版权保护的程度越强，提高了文化产品的成本，文化产品的价格自然上涨。价格上升，导致了文化产品的需求量降低。

以视频网站为例，如果所有的视频都需要正版授权，那么视频网站需要花大量资金购买以获得播放的权限，广告费用无法补足大量视频版权的交易费用，视频网站运营成本迅速上升。于是，对于网民而言，只可能面对大量收费的影片，在网上能看到的免费视频越来越少，随着观看门槛的提高、可得到影片的数量降低，影片更新速度放慢。最后，小型视频网站纷纷倒闭，视频网站市场消费者流失严重，整个网络视频界呈现僵局。

文化产业的增加值是上升还是下降取决于文化产品的价格需求弹性。在收入水平较高的地方，文化产品价格上涨，人们因为本来比较富裕，文化产品价格上涨对他们的影响不大，不会因为上涨的价格放弃购买该文化产品。相反，在收入水平较低的地方，文化产品价格的上涨会直接导致人们放弃购买该文化产品，没有人买的文化产品最后只能走向消失，难以传播和发展。经济发展水平与版权保护强度成正比。[1] 版权作为一个会提高文化产品成本的版权保护有效地解决了激励问题，但却为人们更广泛地吸收新思想设置屏障。

为了保护正版，打击侵权，政府封了 BT、快播、百度影音、电

---

[1] 姚林青：《版权与文化产业发展研究》，经济科学出版社 2012 年版，第 115 页。

驴等，让很多视频网站望而生畏。为了争夺正版独播权，这些年的电视剧、电影的网络播放版权价格越炒越高，小网站买不起正版无法生存，像土豆、优酷这类大规模的视频网站靠着融资在亏本争夺版权，持续运营，究竟能走多远，令人担忧。视频网站为了顺应版权管理的要求，在探寻新的转型路线。目前，大型正规视频网站均走正版路线，相互之间差异化竞争，市场由零散小网站向寡头垄断的几个大网站发展，为解决视频网站开设多元化业务营利，比如用自制剧来节约版权费，出售机顶盒和电视机来开拓业务等。

管理部门对视频网站颁布了相关管理法规和政策去保护版权，这些行为对视频网站造成了一定的影响和结果。面对视频网站目前亏本运营的情况，政府应该恰当地使用一些管理手段，特别是针对视频网站的这些一直难以解决的问题需要深入研究，对于网络视频版权的管理制定更加优化的方法，针对视频版权的合理使用范围，根据网络发展态势进行界定和更新，找到视频版权管理强度的最佳平衡点。合理使用制度被认为是版权人和版权相关权利人利益和公共利益的最佳调节器。[1] 管理部门在适用法律管理的过程中，不断调整和制定管理方法，从宏观上对视频网站的市场进行宏观调控，创造一个视频网站能够生存下去的市场环境。

三、对视频版权管理的建议

视频版权在视频网站发展中起着显著的作用，直接关系到网站能否长期运作下去，我国视频版权的应用强度影响了这十年视频网站自身的运作模式，从视频分享类网站，转变为下载资源模式，再演变为借播放器观看模式，到今天的正版网页在线观看。视频网站

---

① 韦景竹：《版权制度中的公共利益研究》，中山大学出版社 2011 年版，第 202 页。

在发展转型中遇到的问题急需政府部门引起重视，比如盗版侵权问题、网络服务商免责问题、争夺版权引发的天价片源问题。找到有效管理视频版权的方法，把视频版权这个法律管理手段用好，通过调整政府介入视频网站的管理强度，宏观调控市场，引导和规制来促进视频网站良性发展。

首先，借鉴国外先进的版权管理方法。知识产权相关法律很多借鉴国外，视频网站也是从国外传入中国的。对于国外的一些相关案例和相关法律书籍，是值得我们国家认真研读和借鉴的。在了解知识产权法的相关起源和原理之后，有助于更好地结合中国自身的实际情况，完善我国的相关法律法规。

其次，不断根据互联网环境变化，适当调整和完善现有法律法规。科技发展非常迅速，互联网上瞬息万变，没有人知道以后会发生什么，下一刻又会有怎样的技术来改变整个网络世界。视频网站处于这样一个变化极快的环境，需要时时调整自己的运营模式，不断引进最新技术，跟上网络大时代的步伐。对于政府管理部门，同样也需要顺应信息时代的大环境，虽然在制定政策和修订法律上难以紧跟视频网络行业的最新变化，但也应当根据互联网的环境变化，适当进行调整和完善。

此外，建议有关部门能够给视频网站经营者提供一些相关法律政策的指导，探索新型政企合作模式。很多政策文件出台后，经营者常常不能很好地理解其作用。在视频网站的经营过程中，也会忽略一些管理部门提出的要求，最后带来不必要的市场混乱。还有一些企业反映，有些政府出台的优惠政策，也不知道向哪个部门申请，怎么享受。因此，政府和企业应该加强沟通、牵线搭桥，促进视频网站与传统广播电视的合作，使得原本的同行竞争变成一种良性的合作共赢模式。

对于视频网站播放侵权内容，管理部门应当对视频网站建立内容审核的激励机制。由于网络世界自由度大，每天大量视频上传，由视频网站自己去派人力审核确实难以完全过滤盗版侵权视频。管理部门建立起激励机制，调动视频网站的积极性，让他们努力去思考怎样设置上传流程，怎样能够花较少的人力达到最好的效果，改善审核方法，解决问题。

对于视频版权目前交易价格虚高的情况，政府管理部门对视频网站版权交易市场应当进行规范化，根据我国文化发展战略对该市场进行宏观调控，维持市场秩序。政府管理部门无法对具体价格进行干预，但能够进行引导和宏观调控，健康有序的市场更有利于发展。

结合互联网发展趋势，归纳总结视频版权对视频网站发展的规律，加上对未来视频网站整个行业的趋势预测，主管部门一定能够用好视频版权这一法律手段，为我国视频网站的发展创造一个更好的环境，推动我国视频网站行业长远发展。

云计算环境下的文化产业
知识产权保护问题研究

李沛欣①

【内容提要】 在云计算环境下，数字文化产品的按需购买、文化产业链的虚拟化实现等，都意味着文化产业从生产到销售整个环节的变化；但正因如此，在该环境下的文化产业知识产权的侵犯与保护也随之发生改变。本文从云计算环境下的文化产业之特点入手，从"合理使用"的判定、使用量乃至提供平台和发行权等问题进行了探索，并试图利用云计算本身构建一个全新的文化产业知识产权的保护路径，为新时代的文化产业提供一些建议。

【关键词】 云计算　文化产业　知识产权　保护　侵权

前　言

随着网络通信技术的发展，"云计算"不再是纸头餐桌上供人消遣畅想的话题，而已逐渐切实深入普通人的生活。网络服务水平越来越高，人们对网络的需求也随之趋旺，许多人的娱乐生活都需要通过网络实现，在线看韩剧美剧、听音乐，都成为全民"标配"，

① 李沛欣，华东政法大学文化产业管理专业 2013 级研究生。

而在家付费看大片、根据喜好提供个性化的音乐、新闻资讯等，也正在改变普通人的生活。云计算与大数据催动服务业的全新变革，这对于文化产业而言更是如此。在法律视阈下，文化产业的核心便是版权产业，云计算由于其资源池化、便于分享的特殊性质，不仅使得文化产品更具有到达性，也更有被侵权的可能。

一、云计算环境下文化产业的特点

什么是"云"？从字面意义上讲，"云"是一种开放的资源，"云概念"是种共享的概念。而云计算（cloud computing）是一种基于互联网的计算方式，通过这种方式共享的软硬件资源和信息可以按需提供给计算机和其他设备。

云计算是继 20 世纪 80 年代从大型计算机到"客户端—服务器"的大转变之后的又一巨变。在法学研究领域中，"云计算"技术的核心在于，通过位于世界各地的数据处理中心的服务器将服务传递至个人电脑中，并集中处理、储存用户可访问的数据。另外，由于"云计算"运行模式与主机运行模式类似，"云计算"通过网络使"无信息处理能力"的个人终端可访问"具有信息处理能力"的主机，以及含有消费者需要的且储存于主机中的信息，从而使用户可随时随地通过网络访问处理好的数据。

NIST[①] 定义了云计算的五个特点：按需服务（on – demand service），广泛的网络接入（broad network access），资源池化（resource pooling），快速弹性（rapid elasticity），按使用量计费的服务（measured service）。由于文化产品在数字环境下与其他的虚拟数

---

① 美国国家标准与技术研究院（National Institute of Standards and Technology，NIST）直属美国商务部，从事物理、生物和工程方面的基础和应用研究，以及测量技术和测试方法方面的研究，提供标准、标准参考数据及有关服务，在国际上享有很高的声誉。

字产品拥有共性，因此我们可以对文化产品在云计算环境下的特点作出一个描述。

（一）数字文化产品可以按需购买

顾名思义，按照用户需求使用购买，因此，云计算从整体上来看就是一系列服务的总和。数字文化产品在该服务平台上可以像超市一样被选购，只要通过智能搜索引擎的关键字系数迅速锁定用户所需要的剧集、音乐、小说等。在目前的技术水平下，许多网站正在逐渐向这样的方向发展。其实像早期苹果公司的 iTunes 就是一个按需下载音乐的技术产品，它对传统 CD 捆绑所有歌曲的销售方式进行了重大变革。

（二）数字文化产品可实现制作和运营的技术革新

"云"具有相当的规模，Google 云计算已经拥有 100 多万台服务器，Amazon、IBM、微软、Yahoo 等的"云"均拥有几十万台服务器。企业私有云一般拥有数百上千台服务器。"云"能赋予用户前所未有的计算能力。例如大制作的 3D 高清电影，如果没有雄厚的服务器群组，渲染阶段的工作将显得浩繁无比。而云计算所带来的运营革新则更为惊人，早在 iPod 时代，对用户的音乐喜好计算已经开始，用户的播放次数决定了在无序播放时为用户智能选取音乐的优先度。时至今日，云计算能够使得用户打开某一个视频、小说 APP，能够接收到智能推送的小说和剧集，这都取决于对海量用户的海量数据的运算与分析，没有强大的服务器难以做到。

（三）数字文化产业基地可实现全部虚拟网络化

在云计算中，计算资源——CPU、存储、网络等有了新的组织结构，也就是资源池。所有设备的运算能力都被放到一个池内，再进行统一分配。如同早期传统产业集聚那样，文化产业的地域集群化趋势在 21 世纪也越趋明显。不过，随着地价的提高，地域集群化也为文化产业带来了成本上的困扰。在云计算环境下，各种计算资源构成资源池，使得文化产业硬件资源突破地域限制，真正从实体上节约了成本，增加了提升利润的可能。从小小的"字幕组"来讲，A地翻译、B地做时间轴、C地加字幕、D地压制，在约定时间将所有物料传输到网络共享文件夹中，网络化办公实现了可能。

对于中小文化企业来说，云的自动化集中式外包管理，以及量入为出的弹性计费模式可以减少主机服务托管费、网络硬件和软件费。用户无须负担高昂的数据中心管理成本。另外，由于云的特殊容错措施可以采用极其廉价的节点来构成云，云的通用性使资源的利用率较之传统系统大幅提升，因此云的低成本优势就显现出来了。[①]

（四）数字文化产业可以在云服务框架下衍生多样化产品

云计算规模可以动态伸缩，满足应用和用户规模增长的需要。它不针对特定的应用，在"云"的支撑下可以构造出千变万化的应用，同一个"云"可以同时支撑不同的应用运行。就以腾讯的应用宝举例，这个应用宝本身是一个应用，但更是一个服务框架、一个"云"，它可以提供用户所需求的个性化应用，腾讯视频、腾讯手游都可以在该框架下同时运行，毫无"违和感"。唯一的问题是一个手机用户更愿意在一个 APP 上享受到多家视频或音频网站的剧集（音源）而不是下载多个 APP 占用实体存储空间。在电脑上也是如此。

（五）数字文化产品的计费更具有弹性

云可以像自来水、电、煤气那样计费。在互联网初始阶段，上

---

① 赵治斌："浅述云计算"，载《科技信息》2011 第 24 期。

网以时间计费，而在信息高速公路①时代，人们有了包月、包年使用网络服务的选择。而云计算时代的数字文化产品，如阅读小说，可以根据页数或字数来计费，视频可以根据时长计费，用户办理VIP或者月卡，可以获得免费时长，超出后按照每分钟/元进行计费，这需要培养用户习惯，但相信这会成为大势。其实在计费方面，目前网络游戏已经做得非常成熟，RMB玩家和普通玩家的区别可能不仅是获得返利，还在获取游戏道具增加单次游戏时长方面更具优势，在云计算环境下文化产品的收费完全可以"道具"化。

二、云计算时代下的文化产业
知识产权保护的机遇和挑战

由前所述，在云计算的环境下，文化产品的可接近性，更是付费方式的转变，盈利方式的变化使得文化产业本身也在发生着剧烈变化，以前那种依靠印刷、光盘的实体物料从而与制造业发生关系的时代一去不复返了。虚拟化和二次元化给文化产业带来的变革更是不在话下。因此可以说，云计算时代的文化产业实质上是文化产业商业模式的变革。它所带来的经济效益可以通过财报来体现，而带来的社会效益却是无法估量的。一方面，文化产品的可接近性增加，使得文化能够嵌入式渗透进人们生活，人们生活中接触到的文化产品可能以低费甚至免费的方式得到；另一方面，由于文化产品的数字化，使得滥复制、非法交易的可能性也大大增加，在这样的情况下，知识产权保护势必要以新的思路进行。

---

① 1992年，参议员、前任美国副总统阿尔·戈尔提出美国信息高速公路法案。1993年9月，美国政府宣布实施一项新的高科技计划——"国家信息基础设施"（National Information Infrastructure，简称NII），旨在以因特网为雏形，兴建信息时代的高速公路——"信息高速公路"，使所有的美国人方便地共享海量的信息资源。

（一）侵权和合理使用的界限模糊

在法学研究领域中，"云计算"技术的核心在于，通过位于世界各地的数据处理中心的服务器将服务传递至个人电脑中，并集中处理、储存用户可访问的数据。另外，由于"云计算"运行模式与主机运行模式类似，"云计算"通过网络使"无信息处理能力"的个人终端可访问"具有信息处理能力"的主机，以及含有消费者需要的且储存于主机中的信息，从而使用户可随时随地通过网络访问处理好的数据。

数字文化产品被放置到虚拟主机中后，使用方法亦然。由于中国历来版权意识淡薄，数字文化产品更容易被复制传播，故在侵权和合理使用之间存在界限模糊的问题。传统版权法视域下，文化产品的侵权和合理使用就经常出现问题。再以前面曾经提到过的"字幕组"为例，虽然各大字幕组均在剧集醒目位置标示"本片源仅作学习使用，请于下载后 24 小时内删除，所承担的法律责任与本字幕组无关"，但在盗版光碟市场中仍屡屡出现某些知名字幕组翻译过的国外电视剧和电影。一个人在家中观看字幕组压制的电视剧是构成侵权还是为了学习语言？那么多人在不同时段观看该部片子，均以"学习外语"的名义，能否依然作为正当理由？云计算环境下，字幕组将剧集上传至网盘或者虚拟社区，然后共享密码，他人下载后观看，或是边下载边观看，能否构成侵权？P2P 技术支持下，观看人数越多观看速度越快，点击收藏后可以随时随地观看，云的意义也在此。如果出于保护版权之名义将该类网盘、站点全部关闭，那么人们"合理使用"无从谈起，了解海外风土人情更无有效手段。但也有学者认为，如果不进行严厉的版权保护，版权所有者可能得不到利益，便丧失创作热情，文化产业的创新、文化产品的生产必然走向同质化的不归路。

（二）文化产品使用量与侵犯版权的判定

若云服务商按照用户的要求提供在线动漫作品，云计算系统会自动地从其"资源池"内的几百台甚至上万台网络上的设备寻找该作品，然后根据网速快慢，从这些网站上依次分别获得该作品某部分片段，加以排序或者重组，实时地传递到用户设备中。在这种情况下，这些作品的片段很可能源自多个网站，如果作品的全部或部分片段来源于盗版链接，云服务商和用户是否需要承担侵权责任，责任承担如何确定呢？作为运算规则的产物，云计算还会在网络中形成缓存信息，当缓存信息存储到何种程度（如贮存达到多少秒），才会成为版权法的规制对象？

在美国卡通频道案中，美国第二巡回法院判决认为数据在缓冲器中停留仅 1.2 秒，不属于较长时间的"复制"；但节目数据转至远程服务器中供日后观看的行为构成侵权。第二巡回法院分析认为，《美国版权法》中的"复制"要求表达体现性的同时，还需具备可感知性、可复制性以及不止于短暂瞬间。法庭认为数据从缓冲器被复制到有线新闻网的服务器中已满足第一个条件，即该内容具有可复制性。[①]

（三）数字文化产品提供平台的侵权责任认定

云服务商集成网络发布平台，鼓励用户分享数字文化产品，若用户上传和下载的资料未获得版权人许可，那么作为平台提供者的云服务商是否应承担侵权责任，如何界定该责任的构成以及免责事由？

在《云计算时代流媒体播放服务商的版权责任》中，王文敏以"Cablevision 案"和"Aereo 案"为例，认为共同焦点都在于判断流

---

① Vivian I. Kim. The public performance right in the digital age: cartoon network LP v. CSC holdings. Berkeley Technology Law Journal, 2009 (24): 263.

媒体服务提供商是否侵犯了公开表演权。而在美国联邦最高法院在最近判决的"Aereo 案"中，认定新型流媒体播放服务商 Aereo 符合"表演"和"公开"两个要件，实施了版权法意义上的公开表演行为。①

2014 年《著作权法》修订草案送审稿中，第 73 条指出："网络服务提供者为网络用户提供存储、搜索或者链接等单纯网络技术服务时，不承担与著作权或者相关权有关的审查义务。"

他人利用网络服务实施侵犯著作权或者相关权行为的，权利人可以书面通知网络服务提供者，要求其采取删除、断开链接等必要措施。网络服务提供者接到通知后及时采取必要措施的，不承担赔偿责任；未及时采取必要措施的，对损害的扩大部分与该侵权人承担连带责任。网络服务提供者知道或者应当知道他人利用其网络服务侵害著作权或者相关权，未及时采取必要措施的，与该侵权人承担连带责任。网络服务提供者教唆或者帮助他人侵犯著作权或者相关权的，与该侵权人承担连带责任。网络服务提供者通过网络向公众提供他人作品、表演或者录音制品，不适用本条第 1 款规定。

（四）数字文化产品"发行权一次用尽"原则的使用

"发行权一次用尽原则"，又称"首次销售原则"或"权利穷竭原则"，是著作权法中一条限制著作权人专有权利的重要原则。其含义是：作品原件或经授权合法制作的复制件经著作权人许可，首次向公众销售或赠予之后，著作权人就无权控制该特定原件或复制件的再次销售或赠予了；同时，对于经著作权人许可，首次销售或赠予后的作品原件或合法复制件上的其他著作财产权，如出租权、信息网络传播权、放映权等，仍由著作权人享有，经著作权人授权或法律有特殊规定的除外。

---

① 王文敏："云计算时代流媒体播放服务商的版权责任：对'Cablevision 案'和'Aereo 案'的思考"，载《电子知识产权》2014 年 10 期。

但是，在云计算环境下，由于发行行为概念的限制和权利冲突的消解，该原则并不适用，传统意义上的发行权与信息网络传播权在本质上是一致的。因此，从法律利益平衡的功能出发，"发行权一次用尽"原则应当延伸至信息网络传播权。不管是电视节目、动漫剧集还是音乐，在首发之后，著作权人就应当在授权的前提下，出让部分权利，使得更多的人获得文化产品的使用。

三、以毒攻毒——应用云计算技术
保护文化产业知识产权的路径

综上所述，在云计算环境下，不仅文化产业的生存业态发生了颠覆，知识产权的保护也与传统形态存在出入，因此应该从文化产品的生产环境开始进行变革，对产品内容的生产、消费进行全新的改造，促进文化产业知识产权的保护。

（一）推进文化科技成果及其知识产权的转化应用

由于制作中数据量较大，精美的渲染对动漫制作的硬件设备提出了相当高的要求，对于国内动漫企业而言，高昂的硬件投入存在贬值快、不易扩展、资源闲置等情况，无形中增加了文化企业的运营成本，成为制约动漫企业发展的瓶颈。

《变形金刚3》中劲爆的视觉特效均是来自于上万台渲染服务器的高效运作。拥有这样的关键技术，能够提升国内动漫制作的水准，而对这样关键技术的知识产权保护与转化应用，也成了当务之急。

（二）引导文化企业建立知识产权管理与风险防范机制

在文化企业外部，可以从伙伴选择、契约设计、制度完善等方面入手，在技术和创意转移的知晓、沟通和交易的不同阶段采取各种措施和分摊奉献，以实现知识转移的最佳受益。

在文化企业内部，首先加快文化企业法律顾问制度建设、知识产权合同管理规范、合同管理制度；其次强化企业内部负责人及员工的知识产权法律风险意识；最后文化企业必须根据知识产权管理的需要做好知识产权管理人才队伍建设。

（三）文化产品知识产权保护技术升级，确保产业链参与方利益平衡

与传统文化产品的传播方式不同，云计算时代数字文化产品内容都在云端服务器中存储，数字文化产业中的内容提供者、第三方平台以及终端厂商之间的利益是否平衡的关键在于数字文化产品内容的技术保护。为此，应当建立一个技术支撑体系。

（1）通过数据库维护技术确保云端服务器的安全。

（2）要在云端服务器的控制节点之间增设防火墙，（防黑客、防恶意内容）这样也能够在一定程度上减少数字文化产品在生产之初就被抄袭、盗版的风险。

（3）文化产品的内容建立相应标识符识别技术来进行反盗版追踪。这一点可以采用现在网络游戏中常采用的激活码、二维码等来实现。

（四）树立消费者正版消费习惯，从根本上改变盗版成风的状况

不管是电视剧也好，还是诸如喜羊羊一样的动漫也罢，在 IP 炙手可热的今天，从技术、创意、制度方面，文化产业逐渐成为一个需要强力知识产权保护体系的产业。当然，只有国民的消费水平和版权意识提升，付费观看的习惯形成，才能真正使数字文化产品的知识产权得到尊重，对其保护也才能顺利开展。

知识产权质押融资风险问题及完善建议

胡 锡①

【内容提要】 知识产权质押融资是指债务人或者第三人依法以其知识产权的财产权利出质，将该财产权作为债权的担保来获得银行或其他金融机构贷款的方式，是中小企业筹措资金的重要方式，近年来为中小企业的融资和发展提供了许多便利。但是，由于知识产权具有无形性、不稳定性、易贬值性等特点，因此，与普通有形资产质押融资相比，知识产权质押融资存在着更多的风险。本文通过分析知识产权质押融资的特点、现今知识产权质押融资实务过程中的风险及难点，来探讨完善知识产权质押融资的对策建议。

【关键词】 知识产权 质押融资 风险难点 对策建议

近年来，融资难已经渐渐成为制约中小企业发展的最大因素。尤其是对于一些文化创意企业、高新科技企业来说，由于缺少高价值有形资产的担保，因此往往难以得到金融机构的信贷，于是，一种新型的信贷方式——知识产权质押融资应运而生。由于高新技术企业、文化创意企业虽然没有大量高价值有形资产，但往往拥有许多专利、版权等知识产权，因此知识产权质押融资方式的出现，为其筹措资金提供了更为便捷的条件。

---

① 胡锡，华东政法大学文化产业管理专业 2013 级研究生。

一、知识产权质押融资的认知过程

（一）法律层面

我国在 1995 年颁布的《中华人民共和国担保法》中首次明确提出了知识产权质押融资的制度，在质押担保当中规定了著作权、专利权和商标权中的财产权利可以作为担保的形式，用于银行质押贷款。而后，国家知识产权局在 1996 年制定了《专利权质押合同登记管理办法》，使专利权质押贷款进一步在法规上得到了完善。

2007 年 10 月 1 日开始施行的《中华人民共和国物权法》第 223 条对知识产权中的财产权出质问题作出了更为明确的规定：债权人或者第三人有权处分的可以转让的注册商标专用权、专利权、著作权等知识产权中的财产权可以出质。这为知识产权质押融资的开展提供了法律依据。

截至目前，我国知识产权质押的主要法律支撑有《物权法》《专利法》《商标法》《著作权法》和国家知识产权局的《专利权质押合同登记管理办法》及国家版权局的《著作权质押合同登记办法》，这些法律法规的出台和不断完善不仅说明了我国在法律层面对知识产权质押的认知不断提升，同时为知识产权质押融资实务的开展提供了一定的法律依据和保障。

（二）实践层面

我国开展的较早的知识产权质押融资业务当属 1999 年陕西省工商银行沂州分行批准沂州市云重制药厂 200 万元的商标专用权质押贷款业务。2006 年起，我国正式开始推进知识产权质押融资。2006 年 9 月 26 日，国家知识产权局与人民银行研究局召开了知识产权质押研讨会，首次开展关于知识产权质押的公开讨论；同年 10 月 31 日，交通银行北京市分行首推知识产权（专利权与商标权）质押贷款。

随后的几年时间，北京、上海、湖北等十几个省市都相继开展了知识产权质押融资的尝试，并取得了良好的成效，为中小企业解决融资瓶颈提供了便利。目前，根据各地方政府推进知识产权质押融资方式的疑惑，结合知识产权质押融资实践及典型案例，可将知识产权质押融资划分为三种模式：政府担保＋补贴模式、政府担保模式以及市场主导模式。① 根据在知识产权质押融资过程中政府、银行以及市场的不同角色和参与程度，在以上三种模式原理基础之上又先后探索发展出了北京模式、上海模式、武汉模式、江苏模式等一系列极具特色的知识产权质押融资创新模式，为文化创意、高新技术等企业的信贷融资和发展创造了生机。

二、知识产权质押融资的相关基本概念

（一）质押

根据《中华人民共和国担保法》中的相关规定，质押就是指债务人或者第三人将其动产或者权利移交债权人占有，将该动产或者权利作为债权的担保，当债务人到期不履行债务时，债权人有权依法就该动产或者权利卖得的价金优先受偿。质押财产称为质物，提供财产之人称为出质人，享有质权的人（一般为债权人）称为质权人。按照质押标的物的种类不同，质押一般可分为动产质押和权利

---

① 杨晨、陶晶："知识产权质押融资中的政府政策配置研究"，载《科技进步与对策》2010 年第 7 期。

质押两种。

（二）知识产权质押

根据我国《担保法》中对于"质押"的相关规定，对比知识产权的财产属性，我们可以这样理解知识产权质押：它是指债务人或者第三人依法以其知识产权的财产权利出质，将该财产权作为债权的担保；当债务人到期不履行债务时，债权人有权依法以该知识产权的财产权利以拍卖、变卖的价款优先受偿。

（三）知识产权质押的特点

作为一种担保物权，知识产权质押与其他动产质押与权利质押有着一些相同的特点。

首先，知识产权质押因主债权的消灭而消灭。由于担保物权是为了担保债权的实现而存在，是依附于主债权的，因此当债权消灭时，担保物权自然也就随之一起消失。

其次，知识产权质押因质权的实现而消灭。当债务人到期不履行债务时，质权人（债权人）有权行使质权，拍卖、变卖质押的知识产权财产权利，以获得价金优先受偿，质权得到了实现而消灭，质押也就随之消灭了。

但是，与有形资产质押的方式比较，知识产权质押在实务过程当中还存在着其专有的特点。

首先，与有形资产相比，知识产权权利不够稳定。由于在知识产权质押融资当中，出质物为知识产权这一无形资产中的财产权利这一可转让部分，它具有无形性、专有性、有价性和时间性等特点，因此，其权利人可以在同一时间当中对其进行占有、使用和处分等，导致知识产权权利不稳定，权属难以明晰，影响银行对出质人知识产权权利状况的监控。

其次，与有形资产相比，知识产权的价值难以确定。资产评估是质押贷款、抵押贷款等融资渠道中的重要过程，一般有形资产的评估方法有市场法、成本法、收益法等，通过相关变量的测算可以较为准确的确定资产价额。然而，与有形资产不同的是，专利、商标、版权等知识产权本身存在着较大的专业性和复杂性，因此对其进行价值评估时更为困难，需要考虑和测算更多的影响因素。加上我国的知识产权评估机制并不健全，专业人才的素质良莠不齐，使得知识产权的价值难以确定。

再次，与有形资产相比，知识产权的价值更不稳定，极易贬值。虽然很多知识产权比如著作权、发明专利、商标等有较高的价值，或者说有较大的增值空间，但是其价值波动性大，价值极不稳定。例如随着高新技术的不断开发，新的专利不断出现，使得先前专利技术被替代，使其丧失预期的经济价值；再如企业发展过程中的突发事件极易使得企业品牌价值大打折扣，曾经价值将近150亿的三鹿品牌就是最好的例子。

最后，与有形资产相比，知识产权流动性差。与有形资产抵押的物品处理机制相比，知识产权拍卖具有价值变动大、流通性差、变现困难等特点。尤其在我国技术交易市场不成熟、交易信息不对称、转让程序复杂的背景下，一旦贷款发生逾期，银行面临质押物难以处置、成本高、债权得不到实现的高风险，以致银行对知识产权质押贷款望而却步，表现冷漠。[1]

三、知识产权质押融资过程中的风险及难点

通过对比知识产权与有形资产质押融资的区别，结合知识产权质押固有的特点，我们不难看出，知识产权质押虽然为文化创意企

---

[1] 杨晨、陶晶："知识产权质押融资中的政府政策配置研究"，载《科技进步与对策》2010年第7期。

业、高新技术企业等提供了新的融资渠道，激活了文化创意企业、高新技术企业的成长生命线，但是在企业和银行等金融机构进行知识产权质押融资实务时，与有形资产质押实务想比，却出现了更多的风险和难点。

（一）知识产权自身风险所产生的质押融资难点

我们知道，知识产权是无形资产，具有权利不稳定、价值难以确定、易贬值等特征，因此，其本身的特质使得在开展知识产权质押业务时出现了种种风险。

1. 知识产权公示方式所衍生出的法律风险

知识产权质押指债务人或者第三人依法以著作权、专利权、商标专用权等知识产权中的财产性权利为标的设定质押的一种形式，由于知识产权是一种无形财产，因此与一般动产质押相比，在公示方式上，无法采用权利人直接占有的公示方式，而只能采用登记的方式进行，正因如此，在开展知识产权质押融资业务时，会引发一系列法律风险。

当前，规范我国知识产权质押登记和管理的相关法律文件有《专利权质押合同贷款管理办法》《著作权质押合同登记管理办法》以及《商标专用质押登记程序》等，而专利权、著作权和商标专用权的出质登记机关分别为国家知识产权局、国家版权局以及国家工商行政管理总局商标局，由于登记机关不统一或者无登记机关，可能会出现知识产权重复质押担保或者因为不能登记而无法质押担保，出现质押登记风险。

此外，虽然要式的登记方法在很大程度上可以保证债权人的权益，但是我们也应该看到，任何法律规则都不可能完美无缺，即使法律规则被立法者设计得天衣无缝，但是实然法和应然法之间也总是存在着一定的差距，使得知识产权质押存在权属风险以及授权和转让争议风险。如在利益的驱使下，知识产权质押人仍可以以质押标的合法所有人的身份向第三人转让权利。虽然从法律的层面分析，这种转让及第三方的权利是不存在瑕疵的，但是质押权人对知识产权的非直接占有仍增加了其风险。而且，在我国，对知识产权质押多头登记的做法也加大了当事人的成本及结果的不确定性。[①]

2. 知识产权价值不稳定所产生的经济风险

质押融资业务得以开展的基础往往是质物所具有的使用价值，因此，知识产权质押融资也不例外。但是，我们还需要看到的是，在债权人的债权无法实现，需要拍卖、变卖质物以求得价金受偿时，落脚点仍在于质物的交换价值。当著作权、专利权和商标专用权等知识产权作为质物出质时，其价值的测量相比一般资产运用市场法、成本法和收益法等进行估算，需要考虑更多的相关因素，这也使得知识产权质押融资过程中出现了更多的经济风险。

首先是专利权等存在着技术替代风险。众所周知，一直以来，科学技术是第一生产力。当今社会，科学技术更是得到了迅猛发展，技术革命无时无刻不给我们带来更多的新技术、新专利，使得在知识产权质押存续期间原有的专利权等知识产权价值迅速降低或变得毫无价值。

其次是存在着强制许可的风险。强制许可，又称强制授权，是指国家专利行政部门根据具体情况，如公共利益等，可以不经权利人同意，直接允许其他单位或个人使用其专利、版权或其他具有排他性权利的一种许可方式。通常而言，权利人根据法律或通过仲裁，可以得到一定的经济补偿。实践中，我国对发明专利、实用新型专利、版权等可以采取强制许可，而不对商标权、外观设计专利权采用强制许可。如果知识产权质押存续期间，质物被强制许可，

---

① 黎四奇：“知识产权质押融资的障碍及其克服”，载《理论探索》2008 年第 4 期。

可能会导致知识产权的迅速贬值。①

最后，版权、商标专用权以及专利权等很多知识产权的经济、交换价值是和很多其他市场因素紧密相连的，这些知识产权经济、交换价值的实现需要得到其他相关市场因素的协同配合，否则其价值将大大减弱或者得不到实现。比如著作权的市场价值可以专业团队的运作通过书籍出版、电影电视的摄制、音像制品的销售得到极大的挖掘和实现；再如某些专利产品市场的成熟会大大增加专利权的市场经济价值。相反，如果这些市场相关因素不够成熟或者没有到位，则会让我们看到相反的结果，出现市场化风险。

（二）知识产权质押融资的外部环境问题

在我国，进行知识产权质押融资推广的最大难题和障碍当属价值评估难和价值变现难。知识产权价值评估和变现这两大任务本应由市场承担和完成，但是，我国的知识产权交易市场却很难完成这两大任务。

首先，我国缺少具有公信力的知识产权评估机构。通过各地不同知识产权质押融资模式操作和具体质押融资业务实践开展过程中得到的经验，我们不难看出，一项知识产权的经济价值在不同评估机构的评估下，其价格千差万别。这样的价格差距很难产生一个使出质人和质权人都满意和信服的合理价格。

其次，我国知识产权交易市场不够成熟和完善，市场功能也不健全，因此知识产权的处置通道不畅大大增加了银行的信贷风险。加上我国知识产权质押融资的风险分散机制没有建立起来，因此银行为了降低风险往往就会把知识产权质押的门槛抬高，如加大对企业资产流动比率、速动比率及主营业务收入的要求等。于是，相当一部分急需融资的中小企业被拒之门外；对于融到资的企业来说，低

---

① 陈莹、宋跃晋："知识产权质押融资的风险控制"，载《金融与经济》2012 年第 7 期。

授信额度只能让他们拿到很少的贷款，却要负担利息、评估费、担保费等额外费用，这些手续费也占据了所获贷款额的一部分。① 这从另一个方面制约着知识产权质押融资业务的开展。

最后，我国开展知识产权质押融资的制度环境有待提高。现行关于知识产权质押融资的法律法规和规章制度不够完善，缺乏严密、完整的操作程序和规定，影响了企业知识产权质押融资工作的开展。同时，政府财政政策支持力度也不够。② 各类制度的不健全和不完善使得文化创意企业、高新技术企业和银行等金融机构在开展知识产权质押融资的尝试时忧心忡忡，继而望而却步。

四、完善我国企业知识产权质押融资的建议

在我国，尽管知识产权质押融资作为文化创意企业、高新技术企业等中小型企业的融资新渠道在各地都进行了尝试和探索实践，但由于这样那样问题的存在，它的发展仍然是制约重重。不容否认的是，知识产权质押融资作为企业融资的新形式，在未来有着广阔的发展前景，但如何克服知识产权自身风险所产生的质押融资难点，同时在坚持政府引导下，强化市场主导机制，不断优化知识产权质押融资的外部环境，构建有效的知识产权质押融资体制，有着更为现实的指导意义。

（一）健全和完善知识产权质押融资的法律及规章制度

首先，要不断完善现有的《著作权法》《专利法》《商标法》

---

① 刘沛佩："谁来为知识产权质押融资的'阵痛'买单——兼论知识产权质押融资的多方参与制度构建"，载《科学学研究》2011 年第 4 期。

② 冯晓青："我国企业知识产权质押融资及其完善对策研究"，载《河北法学》2012 年第 12 期。

《担保法》以及《物权法》等法律，以便为知识产权质押融资提供更多更有利的法律保障，降低法律风险。对于在知识产权质押融资实践过程中发现的如有关许可使用权转让、担保权益的实现等法律条文适用缺陷和漏洞，立法机关应当在参考相关部门、企业以及金融机构的建议的基础上进行修订补充。同时，在立法上不断加强对知识产权的保护力度，降低知识产权质押融资过程中由于知识产权被侵权所导致的风险。在执法方面，不断简化执行程序，如有可能可以设置专门的知识产权法庭，使得知识产权质押融资纠纷出现时，权利人可以通过诉讼及相关司法途径迅速得到解决。

其次，要规范和完善知识产权质押登记的相关制度。我们知道，我国知识产权质押登记和管理的法律文件有《专利权质押合同贷款管理办法》《著作权质押合同登记管理办法》以及《商标专用质押登记程序》，权利权、著作权和商标专用权的出质登记机关分别为国家知识产权局、国家版权局以及国家工商行政管理总局商标局，这一现状对于单一类型的知识产权质押登记问题并不大；但如若涉及多类型知识产权打包质押等复杂情况时，问题便凸显出来了。因此，在总结现有知识产权质押融资实践经验的基础上，尽快制定全国性的《知识产权质押融资管理办法》，统一各类知识产权额登记机关、登记程序、申请标准，构建合理有效的知识产权登记制度和登记平台，有着迫切的需要。

（二）建立和完善全国性的知识产权交易市场

要解决知识产权质押融资中知识产权处置和变现难的问题，最直接的、现有的办法便是建立一个全国性的知识产权交易市场，并且逐步将交易品种由著作权、专利权、商标权等拓展到所有类型的知识产权。

建立全国性的知识产权交易市场，首先要重视政府的支持和引导，充分发挥政府"制定政策、搭建平台、营造环境"的职能；其次要不断完善知识产权交易规则，规范知识产权交易，杜绝违法和虚假交易现象的出现；再次，在新媒体及网络不断发展的今天，利用各类媒体资源和网络资源如建立专门的知识产权交易网站、知识产权交易网络数据库、知识产权交易微信微博平台、创办全国性的知识产权交易报刊等，对于完善知识产权交易市场有着积极的促进作用；最后，全国性知识产权交易市场的建立和完善还需要律师事务所、会计师事务所、担保机构等多方主体的参与。

（三）构建知识产权资产价值评估体系

要构建知识产权资产价值评估体系，首先要完善知识产权资产价值评估的规则。一般资产评估的方法有市场法、成本法和收益法，而对知识产权的资产价值评估则要结合各类知识产权的具体特征，并且充分考虑到以下几点：（1）权属的确定性；（2）知识产权的核心竞争力；（3）知识产权产品的市场前景；（4）持有该项知识产权的企业的经营管理能力；（5）存续期限；（6）是否已进入实质的实施阶段，是否已产业化；（7）未来替代技术出现的可能性；（8）强制许可的可能性；（9）被侵权所可能造成的损失。[①] 只有完善知识产权资产价值评估的具体规则，才能具有针对性地开展知识产权资产评估工作，增强评估结果的合理性和准确度。

其次，要建立专业的评估中介服务机构。知识产权资产评估工作具有较高的专业性，需要具有法律、会计、金融等多方面学科背景的专业人员参与开展，如果由银行来培养此类评估专家，则会大大提升银行的成本。因此，将知识产权资产评估工作交给资产评估公司，发挥专业评估中介服务机构的作用，将一定程度上降低银行成本。但专门资产评估公司的介入仍无法大幅减少银行开展知识产权质押贷款的成本，因此，政府应该以其强大的财力和良好的信誉来牵头组建非营利性的知识产权资产评估中介服务机构，以此来推

---

① 陈莹、宋跃晋："知识产权质押融资的风险控制"，载《金融与经济》2012 年第 7 期。

动知识产权质押融资的发展。

最后，要培养权威知识产权资产评估人才。培养知识产权人才是国家知识产权战略内容之一，当前迫切需要的是专业性，高层次，多元化的知识产权评估人才。在实践中可以发挥高校的作用，加强知识产权人才的培养，为建立专门的知识产权价值评估机构提供高技术性、专业性强的人才。[①]

（四）完善知识产权质押融资担保体系分散风险

由于进行知识产权质押融资的一般为拥有较多版权、专利的文化创意企业和高新技术企业，这些企业在知识产权质押存续期间，极易因知识产权相关产品和市场的不稳定导致较大的风险；同时作为质物的知识产权也因本身的特性存在着较大的评估及违约风险。因此银行往往需要通过各种方式来进行风险控制，如设置特殊的贷款申请条件，对知识产权质押贷款的用途、期限、授信额度、质押率和还款方式等授信条件作出较严格的规定等。但这些方式仍然不能大幅降低银行等金融机构的风险，在债权无法实现需处置知识产权时，银行仍然是最大的风险承担者。因此，完善知识产权质押融资担保体系，可以大大减轻银行的风险承担。通过我国现有的典型知识产权质押融资模式分析，我们可以发现一些值得借鉴的做法。

在北京模式中，联合担保机制大大降低了银行的风险承担。在知识产权质押融资中，律师事务所、资产评估公司、担保公司和保险机构等中介机构进行联合担保，当贷款企业无力足额偿还贷款时，这些机构将分散银行的风险，大大促进知识产权质押融资的实现。

在上海浦东模式和武汉模式当中，都出现了知识产权质押融资反担保、债务人或第三人将其合法所有的知识产权质押给信用担保机构、信用担保机构再为融资人向银行提供担保来取得知识产权质

---

① 田洪媛：《知识产权质押融资问题研究》，山东农业大学 2013 年硕士学位论文。

押贷款等现象。当贷款企业无力偿还贷款时，则由信用担保机构承担补偿担保责任，并获得作为反担保的知识产权的处置变现的优先受偿权。反担保机制虽然没有降低风险，但是转移了担保风险，促进了知识产权质押融资的实现。

（五）政府作用的发挥

在我国各地知识产权质押融资实践过程当中，我们清晰地看到，政府发挥着重大的作用。因此，如何更好地推动下一波知识产权质押融资工作的开展，从中央到地方，政府的作用都不容小觑。

首先，政府要进行信用体系的建设。我们知道，信用是市场经济的重要特征，特别是在银行贷款活动之中，信用的好坏直接影响着企业贷款的难易程度。由于采取知识产权质押贷款的一般是以文化创意企业和高新技术企业为主的中小型企业，他们由于贷款次数少，信用等级低，因此造成其贷款障碍，亟须政府的信用支持。政府应充分发挥其信息资源优势搭建公开的信用公示平台，企业的信用记录统一在信用平台上公开，促进信息畅通互动，提高企业不讲诚信的成本和代价。对于银行来讲，信用公示平台能够减少银企之间的信息不对称情况，减少审查的时间，提高效率；对于信用较好的企业来说能够更快地获得贷款。[①] 此外，政府还要为文化创意企业、高新技术企业等中小型企业提供一定的信用担保，减少银行对于该类中小型企业还款能力大小的担忧，降低该类中小型企业进行知识产权质押贷款的难度。

其次，政府要充分发挥财政杠杆作用，通过财政资源为文化创意企业和高新技术企业等中小企业进行知识产权质押贷款提供财政支持。由政府设立知识产权质押融资专项基金和知识产权质押贷款贴息专项基金，规定申请基金的条件和程序，通过知识产权质押贷

---

① 梁飞：《科技型中小企业知识产权质押融资模式研究》，北京邮电大学 2013 年硕士学位论文。

款贴息等方式降低企业融资成本，同时出台相应的风险补偿政策，降低银行知识产权质押贷款风险。在申请条件上，可以向中小企业和具有自主知识产权的文化创意企业、高新技术企业倾斜。通过这种形式，也可以在一定程度上以政府政策性支持扶持文化创意企业、高新技术企业等中小企业发展。①

---

① 冯晓青："我国企业知识产权质押融资及其完善对策研究"，载《河北法学》2012 年第 12 期。

美国音乐产业中的表演权
集体管理组织研究

——兼谈对中国音乐著作权集体管理的启示[①]

黄虚峰[②]

【内容提要】通过对美国表演权集体管理组织发展历史的回顾和管理模式的剖析，论证了表演权集体管理组织在美国音乐产业发展进程中的促进作用，并深度解析其如何促进的具体因素，借以提出对中国音乐著作权集体管理的启示：（1）引入竞争机制，重构我国著作权集体管理模式；（2）参考美国先进的组织内部管理方式，提高运作效率；（3）确立纠纷处理程序，健全组织内部争议解决机制。

【关键词】美国音乐产业 表演权集体管理组织 中国音乐著作权集体管理

音乐版权是音乐产业的保护神。作为美国音乐版权经营与管理领域中的重要机构之一——表演权集体管理组织，在美国音乐产业的发展进程中发挥了重要的促进作用。

---

① 本文为教育部人文社会科学规划基金项目"美国音乐产业发展进程中的版权因素研究——兼谈对中国音乐产业版权管理的启示"（12YJAZH034）阶段性成果，华东政法大学文化产业管理学科建设项目成果（A－3101－15－121）。
② 黄虚峰，华东政法大学人文学院文化产业管理专业教授。

一、公共表演权的确立与表演权
集体管理组织的发展

从美国版权时间表中可以得知，1897 年公共表演权就适用于音乐作品。但即使在 1909 年的版权法中，也只是规定，若要某一未经授权的表演构成侵权，必须该表演是公开进行的，且具备"营利性"。那么，当时遍布全美的成千上万的酒店、舞厅和餐馆播放背景音乐的行为属于"营利性"吗？对于这个问题，1917 年 1 月 22 日美国联邦最高法院在赫伯特诉尚利案（Herbert v. Shanley）中作出了回答。撰写判决书的霍姆斯大法官写道："如果该项权利只在付费表演的情形下被认定侵权，那么，对它的保护是不够完善的。被告的表演并不是免费的，它们是公众为之付费的一部分。如果这些音乐对客人的付费没一点作用，餐馆早就弃而不用了。音乐不是付费唯一的目的，但是，食物也不是，因为食物在其他地方更便宜。"因此，"无论是否付费，利用音乐的目的就是为了利润，这就足以说明问题了"。①

这个问题的解答确立了商业表演就是"营利性"的原则。接着，对于美国的音乐家和出版商们来说，有待攻克的堡垒就是如何对遍布全国的表演行为进行监控并收费。

随着公共表演权的确立，音乐家和出版商们开始琢磨如何对属下作品在每一家餐馆、酒吧、夜总会、音乐厅等场所的表演进行一一跟踪、授权和收费的办法。1914 年，包括欧文·柏林（Irving Berlin）、维克托·赫伯特（Victor Herbert）、约翰·菲利普（John

---

① David J. Moser, *Moser on Music Copyright*, Boston：Thomson Course technology PTR, 2006. p. 91.

Philip）在内的一群流行音乐作曲家认为切实可行的方法是成立一个组织来确保表演权的版税。结果，他们成立了美国作曲家作者出版者协会，这就是著名的 ASCAP（American Society of Composers, Authors and Publishers）。

ASCAP 是美国第一个表演权集体管理组织。它核心的收费机制就是一揽子许可证（blanket license），赋予被许可人以自由选择权。被许可人在支付一笔数额固定的费用之后，就可以表演任何在 ASCAP 曲目库中收录的音乐作品了，并且表演的次数不限。对被许可人来说，万一猜错而误播了不属于 ASCAP 曲目库的歌曲会受到指控，所以，ASCAP 接下去要做的事情是尽可能多地吸纳作曲家、作者和出版者。

为了使自己的曲目库具有广泛性，ASCAP 章程规定，任何作曲家、作家或者出版者只要符合规定的标准，都能够成为其会员。一旦加入，成员就将许可对其作品进行非戏剧性表演（nondramatic performance）的权利转让给 ASCAP。ASCAP 对被许可人表演的曲目进行抽样，以确定单个作品被表演的频率，并在扣除管理费用（over–head expenses）后，将许可收入在成员之间进行分配，分配的依据就是按成员作品的相对流行程度所制作的一张分配表（distribution schedule）。

ASCAP 就像是一个现代的产业协会，他们雇用了一批专职人员到各地监督表演权的实施，并负责向演出者收版税。当年这个组织笼络了几乎所有美国有名的作曲家和大出版公司，控制了美国的流行音乐市场。

继 ASCAP 之后，美国又发展了 BMI（广播音乐股份有限公司，Broad–casting Music, Inc.）和 SESAC（欧洲剧作家和作曲家协会，Society of European Stage Authors and Composers）两家表演权集体管理组织，从而形成了三足鼎立的局面，经过多年的竞争，今天这三家版权组织在运作方式上已基本一致。

表演权集体管理组织的主要职责有：（1）发放许可和收取许可

费；（2）监视音乐的公开表演；（3）根据词曲作者和出版商名下的音乐作品的被表演数量支付给他们报酬。

世界上有些国家要求表演者对自己表演的作品的版权负责。但是，美国的表演权许可只给演出场所的经营者（performance venue），表演者不仅无须操心表演权是否得到许可，也无须操心表演的节目内容（这是表演权管理组织的事）。通常音乐表演权的许可对象是电台、电视台、网站和现场表演场所。对被许可者来说，可以有不同的付费方式供选择。首先，每一家集体管理组织都有一份非常细化的收费表，有超过 100 种不同的价码。不管你是经营饭馆还是保龄球馆、不管是体育比赛间隙还是商业电话的占线时间，只要你打算商业性地播放音乐，就肯定能找到相应的价格。其次，每一种商业行为内部还因其经营规模和盈利模式不同而有不同的价码。拿电台来说，就分商业电台和非商业电台、地方电台和全美电台、普通电台和网上电台等多种不同类型。每一个类型还有两种付费模式选择：一次付清还是按使用多少付费。如果商业电台选择一次付清，那么如果你的年广告收入超过 15 万美元的，每年应把广告总收入的 1.615% 交给表演权集体管理组织；如果年收入低于 15 万美元，则每年要交付一个固定的费用。选择一次付清的好处就是，电台可以任意播放管理组织拥有的任何音乐制品，包括新出版的歌曲，而不必单独申请。

那么，管理组织如何估算收费的数额？以 ASCAP 为例，对于像电视台（包括有线台）和演出穴头等版税大户，以及互联网电台等容易监控的媒体，ASCAP 会把他们播放的每一首歌，以及播放的时间和长度等进行详细而又准确的统计，并按照统计结果，结合该媒体的盈利情况，向相应的作曲家支付版税。对于地方广播电台等比较不容易监控的部门，ASCAP 则会进行抽查，然后运用统计学来算出每一个作曲家应该得多少钱。而对于饭馆、酒吧和其他小型娱乐场所等无法进行监控的部门，ASCAP 就通过销售许可证的办法获得版税收入，然后把这笔钱划归一个公共基金，作曲家则按照其在其他媒体的热门程度为指标，从这个公共基金里提取相应比例的版税。

ASCAP 和 BMI 是非营利组织。从所有收上来的版税中，ASCAP 和 BMI 会首先扣除运营费用，然后将剩余的版税分发给词曲作者和出版商。运营费用通常占所有收上来版税的 15%，那么，词曲作者和出版商通常享有其中的 85%。SESAC 是营利组织，用于分发给词曲作者和出版商的版税大概占所有收入的 50% 多，但词曲作者和出版商的收入未必比 ASCAP 和 BMI 的少，因为作为营利组织，SESAC 在运营上不像 ASCAP 和 BMI 那样受到很多限制，比如许可费的制定需要得到政府的批准等。

过去，人们通常认为，ASCAP 旗下的音乐以流行音乐为主，BMI 旗下的音乐以摇滚为主。现在，这种差别也越来越小，对一位音乐家来说，选择哪一家做自己的表演权代理，最好的方法是都先接触一下，比较研究一下他们的抽样和付费制度，然后选择最适合自己的就是了。三家组织也都可以代理外国作曲家在美国的版税征收业务。

总体上说，三家组织的运作模式极其成功，一则它们总体的管理成本相对较低，二则大多数会员对它们的许可方式和收益分配表示满意，运作成功的明证就是：至今允许不满意的会员上诉的"许可费法庭"（rate court）很少接到诉状。

二、ASCAP 和 BMI 之争与美国南方音乐的盛行

美国南方音乐囊括所有在美国南方地区酝酿、生成和发展的民间音乐。从大的门类上讲，有拉格泰姆、布鲁斯、爵士、福音音乐、节奏布鲁斯、摇与滚和乡村音乐等七大类。今天，这七类风格的音乐不仅占据美国流行音乐的主流，而且引导世界流行音乐的风

向。但是，在 20 世纪以前，它们因为乡野和本土特色受到美国城市中产阶级的排斥。当时的美国乐坛流行从欧洲传来的音乐形式，包括喜歌剧、舞曲，及用"轻音乐"表现的音乐。"1890 年前所有美国出版的活页乐谱，几乎都是欧洲人所写"①。

美国南方的民间音乐能够从乐坛的边缘走向中心，源于一场表演权集体管理组织间的竞争——ASCAP 和 BMI 之争②。

正当 ASCAP 沉浸在"独揽天下"的得意之时，一项新技术——收音机打碎了它的美梦。

随着 AM 广播的开播，人们发现只要买一台收音机就可以免费听到市面上的流行音乐，而且收音机频道的清晰度也日益改进。于是，美国广播电台的数量直线猛升，从 1920 年 9 月第一家广播电台建立到 1922 年，全国已有 500 多家注册的广播电台，到 20 世纪30 年代末，更是增加到 1 500 家，3 家最大的全国联网广播公司在那时形成，它们是全国广播公司（NBC）、美国广播公司（RCA）和哥伦比亚广播公司（CBS）。③

广播电台提高收听率的绝活就是音乐播出节目，这让 ASCAP 的理事会准确地预感到，从广播电台获得的收入会很快超过向餐厅和舞厅所收取的费用。

于是，ASCAP 与广播电台的第一次交锋围绕"收音机表演是不是公开和营利性?"展开。

广播电台通过它们的行业组织——全国广播组织协会坚持自己的立场：从本质上讲，因为没有任何公众出席电台的演播厅，所以该表演就不能被认为是公开的，并且，因为公众无须为收听节目支

---

① ［美］Charles Hamm，"1940 年前的美国流行音乐"，徐慧林译，载《天津音乐学院学报》1987 年第 2 期。

② 因为电台拒付使用唱片的版税，ASCAP 用了各种手段向电台老板们施加压力，甚至在每张唱片的封面上印"只准家庭使用"的字样，于是电台老板们自发成立与 ASCAP作对的组织——BMI，专门出版 ASCAP 不要的歌曲，这主要是指非商业流行歌曲的南方民歌。

③ 王珉：《美国音乐史》，上海音乐出版社 2005 年版，第 283 页。

付任何费用，故该表演也是非营利性的。

ASCAP 在第一回合的较量中胜出。Bamberger 百货商店为新泽西的一家广播电台提供节目的运转和赞助，作曲家和出版商就起诉这家商店，并赢得一份判决，认定电台表演属于营利性的公开表演。法院完全根据赫伯特诉尚利案中联邦最高法院的意见作出裁决，认为原告只需要表明，该电台意图从其节目中获得一种间接收益，并且，Bamberger 的广播广告有助于该电台达到这一目的。

双方第二回合的较量是司法部对 ASCAP 提起的一项反托拉斯的诉讼，指控该协会不仅破坏了成员与非成员之间的竞争，而且事实上也是成员本身之间的竞争。一家主要的出版商很快介入冲突，将其作品——几乎占 ASCAP 曲目表中的 1/3——全部撤回，还发了一通牢骚，称 ASCAP 的管理存在歧视，偏袒其保守派成员。很显然，诉讼这方背后的推动者是广播组织。但是，第二回合的赢家还是 ASCAP，诉讼无限期中止审理，这家出版商撤回的所有作品再次回到 ASCAP。

眼看着手中的 ASCAP 许可证即将于 1940 年 12 月 31 日到期，并且预期 ASCAP 会在新一轮的许可期内提出更高数额的许可使用费。广播组织发起第三次反击，策略是"以其人之道还治其人之身"，宣布自己成立音乐许可机构，来跟 ASCAP 直接竞争。1939 年 9 月，广播音乐股份有限公司（Broad - casting Music，Inc. 简称 BMI）在纽约成立。

BMI 成立后，致力于培育发展自己的作曲家，打破 ASCAP 对音乐市场的垄断。由于 ASCAP 旗下笼络了几乎所有主流音乐作者，而 BMI 在策反 ASCAP 成员这件事上收效甚微。于是，它把目光转向了美国南方的本土民歌，因为南方民谣被视为 "hillbilly music"[①] 而遭到 ASCAP 长期忽视。BMI 来到南方寻找艺人，签下了好多黑人布鲁

---

① "hillbilly" 是那个年代城市里的市民对南方山区农民的鄙称，暗含粗俗、土气、没有文化的意思。"hillbilly music" 即乡巴佬音乐。如今，"hillbilly music" 已经成为描述早期乡村音乐的一个专门术语，指 20 世纪以前美国南方农家的山区音乐。

斯和白人乡谣的乐手。ASCAP 当然对 BMI 恨之入骨，他们私下里把 BMI 叫作"下等音乐协会"（Bad Music Inc.），并禁止不付版税的电台播放 ASCAP 的歌曲。于是美国听众有 10 个月的时间从电台里听不到任何主流流行音乐。奇怪的是，老百姓不在意，因为他们突然发现以前被忽视了的美国民间音乐挺好听的！这一变故直接导致美国本土特色的南方民间音乐的盛行和繁荣。

没想到，美国音乐版权史上的 ASCAP 和 BMI 之争，无意间促成了美国音乐史上的重大转折：美国南方的本土民间音乐被发现、发掘和发展。

三、表演权集体管理组织对
美国音乐产业的贡献

在 ASCAP 和 BMI 真正起作用以前，流行音乐界最赚钱的是乐手和歌手，他们从表演和唱片中能得到很多收入，而作曲家只能从唱片销售额中分得极少的一块。但自从 ASCAP 等版权组织成立以后，写歌的就成了唱片工业里最赚钱的行当。早期的经纪人在谈判时最关心的就是把自己的名字放在作者栏里，因为他们知道这才是金钱的真正来源。

一首好歌的版税收入有时是很惊人的。例如著名的《生日歌》（《祝你生日快乐》），这首歌的原作者是一对姐妹，她们把这首歌的版权卖给了"萨米出版公司"，后者于 1938 年将这首歌出版，并注册在 ASCAP 旗下。后来"萨米出版公司"被桑斯塔格（Sengstack）家族兼并，这个家族从这首歌中每年都至少获得了 100 万美元的版税收入。1988 年，桑斯塔格家族以 2 800 万美元的高价把这首歌剩下的 22 年版权卖给了华纳通讯公司，又大发了一笔。在版权持有人看来，这样的高收入很正常，因为各种各样的商店和广播等商业

机构从播放这首热门歌曲中获得了数倍于此的利润，版权持有人理应分一杯羹。而美国国会则是版权机构最大的后台，当初就是国会首先通过法律，赋予 ASCAP 收取版税的权力。在国会看来，金钱是保护创造力的最好的办法，而创造力则是一个国家活力的体现。现在看来，这个说法确实有一定的道理，因为美国依照其完善的版权制度，不仅让作曲家们发了大财，吸引了很多有志之士从事这个行当，而且还直接地促进了流行音乐整体的繁荣，使得流行音乐成为美国最赚钱的产业之一。

在如今的美国，游走在表演权集体管理组织之外的"孤狼式音乐家"几近绝迹。大家所知道的几乎所有的美国作曲家都隶属于上述三家管理组织，尤其是 ASCAP 和 BMI。他们的代理人在各地负责和当地的一切商业机构洽谈业务。任何商业机构，只要播放音乐的，一定要向管理组织购买使用许可证，否则就得吃官司。

表演权管理的组织化还引发了音乐产业其他环节的组织化现象，现在更多的作曲家都附属于某个出版商或者某个唱片公司，由他们为自己打点一切。而使用音乐制品的商家也都早就组成了各类行业协会，联合起来和 ASCAP 和 BMI 谈判。现在，不但电视台、商业电台和唱片公司有自己的行业协会，非商业电台和网上电台也有，就连餐饮业、体育场馆和电话公司等都有自己的协会负责统一和表演权代理机构讨价还价。

四、对我国音乐著作权集体管理制度的启示

当前，最困扰我国音乐产业持久发展和蓬勃繁荣的恐怕要数音乐产业保护和管理制度的完善，其中，著作权集体管理组织是音乐版权保护和管理制度的重要组成部分。美国成为世界音乐产业大鳄与其拥有完善科学的著作权集体管理制度分不开，尤其是表演权集

体管理制度以历史悠久，市场化程度高，创作者认可，组织运行高效、透明等而著称。

著作权集体管理制度在我国是个海外引进的新事物。在音乐著作权领域，目前有 1992 年成立的中国音乐著作权协会（简称音著协）和 2008 年成立的中国音像著作权协会（简称音集协）两家。前者主要管理音乐作品的表演权（包括现场表演和播放背景音乐）、广播权和录制发行权（包括制作广播电视节目、背景音乐制作、音像制品制作、网络下载等），后者主要管理音像作品的公开表演权、广播权、出租权、信息网络传播权及经权利人特别授权的部分复制权、发行权。目前，我国音乐著作权集体管理情况不甚理想。这固然有建立时间短，公民知识产权保护意识尚待增强等原因，但是，我国音乐著作权集体管理制度本身的瑕疵是主要原因。他山之石，可以攻玉。从对前文美国音乐产业中的表演权集体管理制度的历史考察和纵面剖析来看，笔者以为，我国著作权集体管理制度可以在以下三个方面加以改进。

（一）引入竞争机制，重构我国著作权集体管理模式

国际上的著作权集体管理模式有两种：以美国、加拿大为代表的自由竞争模式和以德国、日本、瑞士、荷兰为代表的垄断模式。两种模式在实践运作中各有利弊。我国《著作权集体管理条例》第7 条明确规定，设立著作权集体管理组织应当具备的条件中的第 2 项就是"不得与已经依法登记的著作权集体管理组织的业务范围交叉、重合"。以此确立了我国著作权集体管理的垄断模式。但是，对于我国采取何种著作权集体管理模式，学界至今还存在争议。反对自由竞争模式的学者认为，垄断性的著作权集体管理比竞争模式下的集体管理更加经济、更有效率。其理由是：第一，垄断模式能充分发挥集体管理的规模效益，增加权利人的使用费收入，提高著作权集体管理的效率；第二，由于垄断模式能接受全国范围内的众多著作权人及其相关权利人的委托授权，因而，组织的规模更大，

更具有广泛性，从而有更强的谈判能力和维护作者权益的能力；第三，竞争性的集体管理，会造成集体管理组织之间权责界限不清。[1]著作权集体管理组织的管理效率，取决于该组织管理费用的支出与收集的全部许可费收入的比率，其提取的比率愈低，著作权人所获得的利益愈大。但是，根据数据显示，美国 ASCAP 的运营费用占版权费用收入的比例是 11.5%，德国 GEMA 的运营费用占版权费收入的比例是 13.92%，而我国音集协的运营费用占版权费收入的比例高达 50%。[2] 远远高于国际上通行的 20% ~30%。从代表的广泛性来讲，目前，中音著协的会员为 7 632 名（截至 2011 年 6 月 11 日），而美国的 ASCAP 则有 330 000 名（截至 2007 年 8 月）会员，德国音乐作品著作权协会约有会员 60 000 名（截至 2008 年 5 月），至 2008 年 4 月，日本音乐著作权协会约有 14 502 名会员和委托人。[3] 从上述数据可见所谓垄断性模式具有广泛性的立论不攻自破。至于集体管理组织的界限不清问题，倒是我国的音乐作品著作权集体管理的分类不太明确，音著协和音集协的管理范围界限不清，存在一些交叉重复的地方，从而导致在实践中作品使用人不知道应当向哪个团体交费的困扰。

当然，自由竞争最终也会导致少数的集体管理组织处于事实上的垄断地位。但是，这并不能说明我国从一开始就应该关闭竞争的大门，人为地制造垄断。[4] 因为一个经历过自由竞争的组织肌体显然比一个天生就笼罩在保护伞下的组织肌体更有生命力。同时，当集体管理组织取得垄断地位后，给予潜在的竞争对手进入该市

---

[1]　陈建清，"论我国的著作权集体管理模式——基于《著作权集体管理条例》第 7 条的分析"，载《福州大学学报（哲社版）》2007 年第 3 期。

[2]　钟媛："我国著作权集体管理瑕疵及完善——以 KTV 版权利益分配方案为视角"，载《淮海工学院学报（社科版）》2010 年第 7 期。

[3]　董榕萍："发展我国著作权集体管理制度的若干问题——以卡拉 OK 版权费风波未样本的分析"，载《成都大学学报（社科版）》2009 年第 3 期。

[4]　李飞跃："我国应当确立竞争性的著作权集体管理组织"，载《山西农业大学学报（社科版）》2009 年第 6 期。

场的机会，也可以有效地制约那些处于垄断地位的集体组织滥用垄断优势，损害权利人的权益。美国的 ASCAP 和 BMI 之争演绎的正是这样一场垄断与反垄断之战，反垄断迫使美国 BMI 开拓新的音乐作品市场，从而促进了美国本土音乐的中心化。我国有着丰富的民族民间音乐资源，竞争环境能够鼓励非垄断地位的集体管理组织想方设法地挖掘潜在音乐资源，从而鼓励更多更新的音乐创作。

因此，笔者建议修改或删除《著作权集体管理组织条例》第 7 条，引进竞争机制，重新构建我国的著作权集体管理模式。

（二）参考美国先进的组织内部管理方式，提高运作效率

著作权集体管理组织作为著作权经营与管理的中介，一端连着作品使用人，一端连着著作权人。对作品使用人来说，其最大的作用之一就是方便作品使用人获得授权；对著作权人来说，其最大的作用之一就是帮助著作权人实现利益最大化。以 ASCAP 为例，美国著作权集体管理组织一直致力于管理手段的现代化，提高办事效率。比如，它拥有一套完善的作品使用监控系统，包括 22 个固定监测站及 14 个巡回监测站，利用先进数字监控技术来监听 220 家电台及 80 家电视台的作品使用情况，并根据使用人提供的作品使用目录由专业人员计算分配额。对于最敏感的收入分配环节，ASCAP 采用民主的事务管理方式，由会员所选出的 12 个作家会员与 12 个出版家会员所组成的董事会来管理。不同的协会有不同的收入分配决定依据，比如作曲家协会是依被许可人演奏该协会会员作品的方法如何、演奏所使用的乐曲的乐器、该乐曲以前所记录的演奏的次数，这些统计资料来源于：（1）NBC、CBS、ABC 三大广播电视网的书面报告；（2）其他广播网与地方广播电视站，用录音带加以录音、抽样调查，然后由该协会收听录音的受雇人一一加以认定和记录；（3）个别被许可的广播的书面报告；（4）音乐会及

演奏会的书面报告。① 此外，在现代化技术的利用上，美国的ASCAP 于 1993 年建立了可以通过电话查询的著作权权利信息数据库，随着数字技术和网络的发展，现在已经建立了网络版著作权信息数据库，能够为作品使用者提供网上著作权权利信息的查询。同时，权利人也可以通过该系统，在线注册自己的作品，授权 ASCAP管理其作品的有关权利。我国的音乐著作权集体管理组织也已经建立了自己的数据库——MOEP 平台；但是，我国 MOEP 主页更多的是为著作权人提供作品的注册服务，见不到在显著位置为使用者设置的信息检索入口，更没有对作品的使用用途进行细致的分类。相反，使用者仍然需要经过传统的工作流程才能获得所需音乐作品著作权的授权，因此，不能实现权利人、使用者和管理机构之间的互动功能，也影响了著作权集体管理的效率。

（三）确立纠纷处理程序，建全组织内部争议解决机制

由于著作权集体管理组织不是国家行政机关，而是社会团体，因此其内部纠纷应以内部解决为原则。美国的 ASCAP 有一套固定的陈述程序来解决内部纠纷问题：不满的会员向作曲家、作家或出版家分类委员会上诉，如果委员对于分类委员会的决定不服，可向上诉委员会上诉，该委员会是由作家与出版家会员分别从董事会所选出的六位作家或六位出版家候选人的名单中，选出三个作家与三个出版家会员所组成。如果会员对上诉委员会的决定仍然不服，可向全美仲裁协会上诉。会员每年只能利用此种程序一次。正如前文所述，美国的许可费法庭至今很少收到会员的诉状。当前，我国著作权集体管理中出现账目透明度不够、限制会员退出、小作品会员受到歧视等现象，却缺乏一个可供会员诉求的争议裁决机构，这一方面跟我国著作权集体管理的垄断性有关，另一方面也跟我国的著

---

① 蒋祎："美、日集体管理制度对我国著作权保护的启示"，载《特区经济》2008年第 7 期。

作权集体管理组织缺乏内部争议解决机制有关。在这个问题上，笔者以为，美国的模式可供参考。

（四）在与作品使用人协商的基础上确定作品使用的收费标准

目前，我国著作权集体管理领域的纠纷主要集中在向使用者的收费和向著作权人的版税分配上。如果说，内部争端解决机制有助于解决后者问题的话，那么，协商渠道的建立是解决前者问题的必由之路。当前，由于我国著作权集体管理模式的垄断性以及著作权管理组织浓厚的行政色彩，出现了单方定价、强迫接受一揽子许可协议等为使用人所诟病的现象。比如，2006 年 11 月 9 日，音著协和音集协通过国家版权局公告了 KTV 经营行业版权使用费的收费标准，即 12 元/包房/天，一些大中城市的娱乐业协会明确表示抵触。集体管理组织经常要求用户接受一揽子许可，拒绝发放单个许可，因为个性化的许可需要很高的谈判成本和监督成本。虽然从短期看，单方出价和一揽子许可有助于提高办事效率，但长远来看，公平和选择性的缺失最终影响的是著作权集体管理组织自身的影响力和认可度。著作权属于私权，使用标准应当是权利人与使用人共同协商、自由合意的结果。反观美国的情况，按照美国司法部与表演权协会达成的协议，即使版权人委托表演权协会管理自己的作品，仍然可以自己向相关的使用者单独授权。因此，在美国，不仅授权有"一揽子许可"（blanket license）和"特定节目的许可"（per program license）两种，而且，版权使用人既可以和集体管理组织商谈，也可以直接和著作权人约价，而不管该著作权人是否已加入该集体管理组织。一个完全建立在协商基础上的作品使用机制有助于营造一个使用人、权利人和集体管理组织三方合意的著作权使用环境。

不可否认，我国音著协和音集协自成立以来，为保护著作权人和邻接权人的利益做了大量的工作，与国外历史悠久的著作权集体管理组织相比，在一个没有知识产权文化传统的国度里，用了10多年的时间完成从无到有，从确立到走向完善，其成绩实属斐然。但是，如果能够博采众长，汲取更多国外的先进经验，我国的音乐著作权集体管理制度就能够更加获得社会认同，从而增强公民尊重知识产权的意识，鼓励并促进音乐创作的更加繁荣。

媒介·法制

…… ……

云媒资平台的版权管理

——以类媒体的著作权保护为视角

熊颖杰[①]

【内容提要】 随着互联网技术的日益发展，产生了较之以往不同的权利冲突问题，对现行的版权保护提出了新的挑战。在云媒资平台上兴盛的类媒体，其著作权极易受到侵犯，本文旨在通过对常见的类媒体著作权侵权原因和现象作简要介绍，从而对类媒体著作权侵权有更具体、清晰的认识，并从类媒体特性的角度，提出对其著作权保护的设想。

【关键词】 类媒体 侵权 著作权

一、云媒资平台中的类媒体著作权概念

在云媒资平台上，以博客、微博、RSS（聚合阅读）、维基（wiki）等各种网络技术为代表的由普通大众主导的信息传播活动，真正意义上实现了信息传播平民化浪潮。由此产生了较之传统媒介全然不同的新兴媒介——类媒体。所谓的类媒体，是指以个体方式

---

① 熊颖杰，华东政法大学文化产业管理专业 2013 级研究生。

进行信息的采集、加工、制作，借助作为第三方的网络服务提供者，实现网络信息传播的技术群及其应用。① 类似于常见的 QQ 空间、博客、微博等云媒资平台上的终端都可以成为类媒体，而它们的信息传播有别于由专业媒体机构主导的信息传播模式。

著作权在很大程度上是依托作品和传播载体存在的权利，如果没有可供受众感知作品的物质载体或虚拟载体，著作权及其保护也无从谈起。而云媒资平台上的著作权，是传统著作权适应网络时代所产生的产物，是依托类媒体载体发展起来的，它既有传统著作权的内涵，又有强烈的云时代属性。

顾名思义，云媒资平台上的类媒体著作权概念与通常理解的著作权是相同的，只是作品的创作者或者传播的载体不再是过去传统的介质，而是依托云媒资这个新兴的平台。一般来说，网络著作权是指作者对其创作的作品在网络上依法享有的一切专有权利，一般包括人身权利和财产权利。它以传统的著作权为基础，为了适应网络技术的发展而应运而生。②

由于云媒资平台与传统的传播环境不同，类媒体的著作权可以说是著作权的一种特殊表现形式，因而也具有不同于传统著作权的特有特征。

首先，无地域性。由于云媒资平台的全球性特点，互联网中的作品往往可以在世界任何一个有网络的地方传播，通常无法判断该依据哪国法律来保护，因而在著作权侵权诉讼中"侵权行为地"也很难认定。其次，作品的专有性下降。类媒体上的作品往往可以快速地复制和传播，特别是网盘、P2P 软件的普及使得传播的成本变得更低，因而专有权利人很难控制网络中他人对作品的使用和传播，更难对作品的复制数目和范围作出精准的统计。再次，客体形式特殊。受网络著作权保护的作品应该满足著作权法保护的作品的

---

① 汤啸天、李绍章："类媒体既要充分利用又要规范监管"，载《公安学刊——浙江公安高等专科学校学报》2007 年第 4 期。

② 周恒："论网络环境下的著作权保护"，载《合作经济与科技》2003 年第 3 期。

特点，即独创性，但判断一个网络作品是否具有独创性，其载体与形式并不重要，重要的是它的思想内容应具有独创性，比如有些网络上的作品并非在网络上进行创作，而是将存在于传统载体上的文字、图像、声音等信息借助数字技术、存储介质等重现在网络上，这样的作品虽然在载体上并非原创，但其思想内容是符合"独创性标准"的。

二、类媒体上常见的著作权侵权现象

类媒体中著作权侵权行为，指未经著作权人和邻接权人同意而使用他人作品，包括未经授权许可将作品在网络上或者通过网络进行复制、发行、传播等，以及超越著作权许可使用的时间、地域范围、方式等使用作品。[①] 对类媒体著作权的保护，首先涉及《著作权法》规定的各项专有权利在云媒资平台中的适用，这就要考察在网络中哪些行为受到特定的专有权利的控制，如果一种在网络环境中实施的行为落入了一项专有权利的控制范围，则无法定免责理由。目前，我国云媒资平台中可能涉及的著作权专有权利主要有三项——复制权、发行权和信息网络传播权。[②]

（一）类媒体中对复制权的侵权

复制权是传统著作权的核心，也是最早发展起来的《著作权法》保护的专有权利。传统意义上的复制权的构成要件要满足以下几点：第一，在有形物质载体之上固定作品；第二，必须将作品相对稳定和持久地固定在有形物质载体之上。推广到云媒资平台上

---

① 徐佳侃："网络环境下知识产权问题研究——以著作权为例"，载《现代商贸工业》2012 年第 3 期。

② 王迁：《网络环境中的著作权保护研究》，法律出版社 2011 年版，第 6 页。

看，类媒体权利主体所扮演的角色，大致可分为类媒体服务商、服务商授权或许可的管理者以及类媒体用户。

首先，对于类媒体服务商来说，最常见的是未经许可的摘编或转载，即"未经许可把他人博客的内容直接进行复制并转载到自己的公开网页上的行为"①。类媒体服务商常常将他人作品上传至自己的服务器，供用户浏览和下载。2007 年中凯公司经授权取得了电影作品《杀破狼》在中国大陆 5 年独家信息网络传播权，但该公司发现在数联公司开设的 POCO 网上有《杀破狼》的剧情简介、电影类型、上映日期等信息，且 POCO 网专门为用户提供链接，只需要使用该网站提供的专用 P2P 软件，便可以下载影片。中凯公司遂向法院提出侵权诉讼。2007 年 3 月，法院判令被告立即停止侵权，赔偿原告经济损失人民币 5 万元。②

其次，对于类媒体用户来讲，未经许可下载网络资源是最普遍的复制权侵权方式。如今的 P2P 文件共享软件非常多，用户通过这种点对点的方式下载资源非常方便；但也因此面临着严重的版权纠纷问题。比如"BMG Music 诉塞西莉亚案"中，个人用户塞西莉亚使用 P2P 软件在几周时间内下载并保存了超过 1 370 首由原告 BMG 等唱片公司享有版权的歌曲，她下载的歌曲均是未经许可而被上传的，法院最终判决塞西莉亚的下载行为构成版权侵权。

要注意的是，类媒体环境中也存在"临时复制"的现象。用户通过网络在线阅读、观看视频电影或者使用置于网络服务器中的数字化作品时，这些数字化作品会在用户的计算机中进行缓存，以数据形式形成作品片段的临时复制件。这样临时性在计算机内存中存储的行为不应该被视为复制行为。因为作品在内存中的临时存储是客观技术现象，并非行为人意志控制下的复制行为，而且这些临时"复制件"并没有独立的经济价值，用户不能通过有意识的行为加

---

① 陈石、林鸿："浅析博客版权的侵权问题"，载《法制与社会》2007 年第 3 期。
② "版权侵权'十大典型案例'公布"，载《新民晚报》2008 年 4 月 21 日，第 A11 版。

以使用，且绝大部分用户不会使用这类"临时复印件"来获得经济利益。①

（二）发行权无法在类媒体平台中适用

众所周知，"发行"仅指通过转移作品物质载体占有或所有权的方式向公众提供作品原件或复制件的行为。但类媒体平台上传播的结果并非作品有形载体的物理空间的变更，而是在新的有形载体上产生了作品复制件，导致复制件在数量上的绝对增加，因此并不是著作权法意义上的"发行"。

在"王蒙等六作家诉世纪互联案"中，审理该案的两级法院均认识到"发行"的构成是以转移作品的物质载体所有权为前提的，因此两级法院均未认定被告的行为侵犯发行权。二审法院更明确指出："鉴于国际互联网是近几年新兴的一种传播媒介，因此，作品在网络上的使用是制定著作权法时所不可能遇见的……虽然我国著作权法未明确规定网络上作品的使用问题，但并不意味着对在网络上使用他人作品的行为不进行规范。"②

此后在修订《著作权法》时才规定了"通过有线或者无线的方式向公众提供作品，使公众可以在个人选定的时间和地点获得作品的权利"的"信息网络传播权"，这里所说的"向公众提供作品"，就不涉及作品的物质载体所有权的转移，因而发行权无法在类媒体平台中适用。

（三）类媒体中对信息网络传播权的侵犯

我国在 2001 年修订《著作权法》时，规定了"信息网络传播权"，以此来应对网络时代著作权的保护问题。法律上规定的"信

---

① 王迁：《知识产权法教程》，中国人民大学出版社 2011 年第 3 版，第 127 ~ 128 页。

② 北京市海淀区人民法院民事判决书〔1999〕海知初第 57 号。

息网络传播权"是"以有线或者无线方式向公众提供作品，使公众可以在其个人选定的时间和地点获得作品的权利"，而判断类媒体中是否是传播行为的一大关键要素是该行为是否为"交互式传播"。交互式传播是指并非由传播者指定受众获得作品的时间和地点，而是能够"使公众可以在其个人选定的时间和地点获得作品"的传播行为，简而言之，这种行为应当使公众能够以"点对点"的方式"按需""点播"作品。

很多类媒体的服务网站在未经许可的情况下，在其页面上提供文字、视频、图片等作品资源的下载，阻碍了著作权人将作品在网络上传播，侵犯了信息网络传播权。最典型的案例要数视频点播网站。如果视频网站在未经权利人许可的情况下，将电影或者电视剧等影视作品放在其服务器上，供用户点播观看，用户可以在其选定的任意时间、任意地点观看作品，这种行为就是典型的侵犯信息网络传播权的行为。

此外，不得不提的是 P2P 文件共享软件，这是类媒体用户侵犯信息网络传播权的典型行为。以"KaZaa"[①] 软件为例，一旦用户愿意分享自己拥有的音乐、视频或者软件等，只需把这些文件复制至硬盘上划定的"共享目录"下，其他用户就可以通过输入关键词搜索到这名用户放在"共享目录"中的资源，并将其下载到自己的计算机终端上，这种行为显然构成对信息网络传播权的侵犯。因为只要在联网并运行 P2P 软件的情况下，类媒体的其他 P2P 软件用户，就能在自己选定的时间（任何时刻）和选定的地点（在任何一台联网的计算机上），下载获得这些作品的复制件，这完全符合《著作权法》对"信息网络传播权"的界定。

---

① Kazaa（全称 Kazaa Media Desktop）是一款采用 FastTrack 协议的 P2P 文件共享软件，由 Sharman Network 所拥有。近几年来，Sharman Network 和它的商业伙伴们及助手们成为版权诉讼的目标，这些诉讼都是有关 Kazaa 通过 FastTrack 协议传输的内容的版权问题。参见 http：//en. wikipedia. org/wiki/Kazaa，访问日期：2014 年 11 月 14 日。

（四）类媒体中其他侵犯著作权的行为

首先是类媒体平台对著作人身权利的侵犯，比如未经许可将他人的作品通过个人博客公之于众。如果发表的作品未署上真实作者的署名，或者署上了其他人的姓名，则属于侵犯著作权人署名权的行为。如果发布者还对作品进行了歪曲和篡改，则同时侵犯了作者的保护作品完整权。如果用户将作品发表在网络上，大多意味着失去了对作品的实际控制，作品在技术上的管理权限主要掌握在网络服务提供者或经其授权的管理者的手中，这时创作者只有提出充分正当的理由，并征得网络服务提供者或经其授权的管理者的同意，才能修改其作品。

此外，在类媒体上对著作权人经济利益侵害的行为还有很多。比如违法破解著作权人用技术手段防止侵权的行为，未经许可对电影电视剧作品进行改编创造等。2006 年电影《无极》被胡戈改编成《一个馒头引发的血案》就是对电影著作权的侵犯，尽管事后版权方放弃了对胡戈的起诉；再比如，网络上有很多写手会对已经发表或出版的作品进行"同人作品"[①]的创作。我国《著作权法》规定："未经著作权人许可，以展览、摄制电影和以类似摄制电影的方法使用作品，或者以改编、翻译、注释等方式使用作品的应当根据情况，承担停止侵害、消除影响、赔礼道歉、赔偿损失等民事责任。"因此，严格来说在网络上公开发表传播的同人作品是侵犯了著作权人的改编权的。但现实中，由于同人作品的数量巨大，并且在一定程度上推广了原作品，著作权人也鲜有追究其侵权责任的，因此同人作品只要未正规地出版发行，很少会被诉侵权。

跟同人作品相类似的，由影视作品爱好者对影视作品的重新剪辑，制作而成后上传至类媒体平台，从《著作权法》角度看，是侵

---

① 原创作品中的一些被塑造的虚拟人物在二次创作下，扮演不同的故事，二次创作的作者不是原创作品的创作者，此类二次创作的作品被称之为同人作品。参见 http：// baike. baidu. com/view/5997339. htm，访问日期：2014 年 12 月 1 日。

犯了著作权人的汇编权的，但和同人作品一样，除非作品的汇编对作品产生了歪曲、篡改的不利影响，很少有著作权人会追究这类作品的侵权责任，一定程度上属于作品爱好者对作品的善意使用。

三、对类媒体作品传播的保护

"每当著作权遭遇某种新技术时，都向立法者提出了一个全新的选择：扩张著作权从而作者与出版商能够获得作品在市场上的全部价值；或者，抑制著作权，人们在此情况下就能免费使用作品的复制件"①。不论是扩大还是缩小，从实际中看，类媒体上的著作权保护可以通过以下方式进一步推进。

（一）推广创作共用协议在类媒体领域的应用

所谓的创作共用协议（Creative Commons），是美国斯坦福大学法律系教授劳伦斯莱斯格创立的，为了反对美国《数字千年法案》对于网络作品的极端性保护，目的是向公众免费提供作品。创作共用协议不适用于传统作品，它的适用范围仅仅局限在网络数字作品这一类型的作品中。所希望达成的目标是希望网络数字作品能够有机会为更多的人所分享。②

首先，创作共用协议能够很好地满足类媒体作品既追求著作权保护，又追求作品推广的矛盾特性。一方面，对于发布在类媒体平台上的作品，创作者希望自己所发布的网络信息能够被大量用户获取，能够在网络上获得认同；另一方面，创作者不希望自己的创作

①　［美］保罗·戈斯汀：《著作权之道——从谷登堡到数字点播机》，金海军译，北京大学出版社2008年版，第10页。
②　刘文刚：《博客作品著作权保护研究》，中央民族大学2013年硕士学位论文，第21页。

成果被他人剽窃。相对于现在我国大部分 BSP 对于保护著作权要么保留所有权利，要么不受保护的情况，创作共用协议采用的法的授权模式，既满足了保护作者的基本权利，又满足了类媒体作品在网络中广泛传播的目的。

其次，创作共用协议拥有多种搭配模式，可以满足大部分博客作者的授权需求。这主要是因为类媒体作品的创作者对法律法规的了解不多，而 BSP 在拟定授权时，更多的会顾及自身的利益。例如，有些新浪博主会在博文后写上"未经许可，拒绝转载"等，从中不难看出，即便是新浪服务商已经对博客作品作出著作权规定的情况下，部分网民还是会对个人权利作出风格迥异的声明，如此不统一的行为是不利于博客著作权管理的。此外，对于数量庞大的类媒体作品来讲，对每一篇作品都进行权利声明会是繁琐和不可行的。而建立创作共用协议的标准化管理，则可以在作者选定了合适的授权模式后，自动为每篇作品设定授权。

（二）完善诉讼中的举证责任制度

在我国现行的民事诉讼中，对于类媒体著作权案件的审理仍然是施行"谁主张，谁举证"的举证原则，而这种举证形式使被侵权人处于较为不利的地位。例如在搜狐博客使用规定的第 6 条写明："若您认为您的知识产权或其他合法权益被侵犯，请向搜狐提供以下资料：（1）对涉嫌侵权内容拥有知识产权或其他合法权益的权属证明；（2）权利人具体的主体资质和联络信息，包括个人的姓名、身份证或护照复印件、单位的营业执照复印件或者其他资质证明复印件、通信地址及电话号码等。"上述规定要求提供权属证明、资质证明等权利通知书，而对于普通类媒体创作者来说，这一维权过程是十分繁琐和费时费力的。在类媒体著作权侵权案件中，由于作品的呈现方式是数字化形式的，对于搜集和整理证据来说，主要还是通过公证的方式。但是，数字作品的一个重要特点就是时效性较强，为了保住证据就需要著作权人主动公证；而且著作权人的期待利益与诉讼成本之间差距悬殊，有时即使胜诉，著作权人也往往收不回成本，况且还要承担败诉的风险。所以，举证在类媒体上变得十分困难。

《关于审理涉及计算机网络著作权纠纷案件适用法律若干问题的规定》2006 年修正案中第 5 条规定了"网络服务提供商的协助调查"的责任，然而该规定并未明确网站的协助取证责任。类媒体作品著作权人单凭个人力量和所掌握的法律基础去维护自己的著作权利是存在很大困难的，然而大部分的类媒体服务商相对于个人来讲，具有较强从事法律事务的能力。比如，搜狐博客公司就具有相应的法律部门，而且掌握着博客作品的所有数据，能够方便地获取较为有意义的证据。因此，为了较大限度的协助被侵权人采取证据，BSP 应当负有协助作者取得证据的义务。

（三）拟定合理有效的赔偿计算方法

最高人民法院 2000 年 11 月 22 日通过《关于审理涉及计算机网络著作权纠纷案件适用法律若干问题的解释》第 10 条规定："法院在确定侵权赔偿数额时，可以根据被侵权人的请求，按照其因侵权行为所受直接经济损失和所失预期应得利益计算赔偿数额；也可以按照侵权人因侵权行为所得利益计算赔偿数额。侵权人不能证明其成本或者必要费用的，其因侵权行为所得收入，即为所得利益。"

然而，对于如何具体计算和量化被侵权人的损失、侵权人的获益等问题，由于十分复杂，在我国法律中尚未进行明确规定。类媒体作品侵权的形式多样，对于网络侵权中利益的计算还没有形成较为统一的计算方法。而如果设定明确的法律赔偿计算方法有可能会严格限制法官的裁量权，对处理形式多样的侵权案件不利。但是为了维护类媒体作者的权益，应当从以下方面进行考量。

首先，应坚持以被侵权者的实际损失为赔偿原则。类媒体作品侵权案件仍然具有侵权案件的属性，应当坚持弥补损失的主要原则，而不是惩罚性的处罚原则。如果一个网站未经允许转载了他人的博客作品，但同时署上了原作者的名字，由于网站的传播和宣传效益，这就是说，在侵犯博客作者权利的同时，给作者带来了知名度等利益。因此，在进行损失计算时，首先应当考虑到的是作者的实际损失。

其次，应当坚持个案考量计算赔偿额的原则。不同于普通作品按照字数计算稿费，类媒体作品对于字数的要求远没有传统作品那么严格。一篇动辄上万字的作品，可能其具有的价值不多，然而对于享有盛誉的博客作品，即使只有寥寥几百字，所创造的价值是很难计算的。在数字网络中，点击率和作品的价值成正比，但是点击率的计算往往缺乏依据。不同统计网站的统计数据是不同的，且缺乏权威性。所以，对于侵权赔偿额的计算必须坚持个案考量的原则，以保障类媒体作品著作权纠纷案件中法律审判的公平公正。

我国媒介融合规制的现状、困境和策略

——基于国外相关规制制度研究

郑雅宁[①]

【内容提要】 媒介融合已经成为信息全球化不可阻挡的趋势。我国的媒介融合发展远远落后于发达国家，重要原因在于制度建设的落后。发达国家的媒介融合规制呈现出"进行技术融合规制、建立统一的融合规制机构、规制重心从结构规制转向行为规制、放宽市场准入"等四个特征，相关政策和法律法规众多。我国媒介融合规制制度中，实体性法律处于缺位状态，相关政策仅四十余个，面临着体制束缚、利益博弈、垄断产生等难题。我国需要借鉴国外发达国家的规制经验，结合我国媒介融合发展及规制现状，制定一系列规制政策和法律法规。

【关键词】 媒介融合 规制制度 政策 法律法规

1997 年，传媒经济学家罗伯特·皮卡特指出，面对媒介融合带来的各种挑战和机遇，无论是媒介形态的变化还是新闻业务的变革，这些新闻传播活动方面的转型，归根结底都是传媒产业经营模式的改写。[②] 近 20 年的发展显示，媒介融合带来的不只是传媒产业的变革，更是社会制度、文化形态、经济模式等多方面的变化。相

---

① 郑雅宁，华东政法大学文化产业管理专业 2014 级研究生。
② 蔡骐、肖芃："中国语境下的媒介融合"，载《湖南师范大学社会科学学报》（人大复印资料）2010 年第 3 期。

比西方发达国家，我国的媒介融合存在进展缓慢、融合深度不够、相关制度建设落后等问题。我国的媒介融合规制制度需要突破哪些难题？朝着什么样的方向进行设计？这是制定媒介融合规制制度之前我们应该探讨的问题。

一、传媒领域四种"融合"概念的界定

与传媒领域相关的"融合"名词有很多，如三网融合、媒体融合、媒介融合、产业融合，这四个概念之间存在着联系和区别。

"三网融合"是指电信网、广播电视网、互联网在向宽带通信网、数字电视网、下一代互联网演进过程中，其技术功能趋于一致，业务范围趋于相同，网络互联互通、资源共享，能为用户提供语音、数据和广播电视等多种服务。[①] 媒介融合，从狭义上讲，是不同媒介融合形成新的融合媒介，广义上指"在数字技术和网络技术的背景下，以信息消费终端的需求为指向，向内容融合、网络融合和终端融合所构成的媒介形态的演化过程"。[②] 媒体融合，简单地讲是传统媒体和新兴媒体之间的融合。它既包括媒体机构内部的融合或是业务的拓展，也包括媒体机构之间、媒体机构与其他行业之间的融合。[③] 从狭义上讲，媒体融合指不同的媒介形态融合在一起，形成一种新的媒介形态；广义上则包含一切媒介及其相关要素的结合、汇聚和融合，如媒介形态、传播手段、所有权、组织结构等要素的融合。[④] 传媒领域的产业融合，从狭义上讲，包括传媒业内部

---

① 《国务院关于印发推进三网融合总体方案的通知》，http://www.sarft.net/a/43664.aspx，访问日期：2015 年 3 月 8 日。

② 王菲："媒介大融合：数字新媒体时代下的媒介融合论"，南方日报出版社 2007 年版，第 21～22 页。

③ 彭兰："对融合概念的一次升华"，载《传媒观察》2014 年第 10 期。

④ 李良荣、周宽玮："媒体融合：老套路和新探索"，载《新闻记者》2014 年第 8 期。

的产业融合和传媒业与电信业的产业融合两个部分，也就是电信、广播电视、出版业、计算机业四部门之间的融合；广义上讲，既包括电信业与其他信息产业（非传媒）的融合，也包括电信业与传媒业的融合。①

笔者认为，"三网融合"主要指技术融合和网络融合，它会引发业务融合、行业融合、终端融合等，它是媒介融合的基础，同时也是狭义意义上的传媒产业融合的基础。媒介融合除了包含"三网融合"的含义外，还增加了内容融合。媒介融合和媒体融合的狭义意义一致，但从广义上看，媒体融合不仅包括媒介融合，还包括所有权、组织机构等方面的融合，有产业融合中的"传媒业内部的产业融合"之意。从目前我国学者的研究情况来看，对于媒介融合和媒体融合的概念还没有统一，但是对两者几乎不做区分。本文也不再将媒介融合和媒体融合做细致的区分，而是将二者统一看作媒体融合的广义含义。②

二、发达国家的媒介融合规制

国外的媒介融合之路，大致经历了三个阶段：传统媒体与新媒体的内容营销融合、组织机构融合、深度融合。在媒介融合的大背景下，西方发达国家积极地采取与非融合时代不同的制度安排，制定了融合规制的政策和法律法规。如美国《1996 年电信法案》、英国《传播的新未来白皮书》（2000 年）和《通信法》（2003 年）、法国 2004 年《电子通信和视听服务传播法》《数字经济信任法》、日本《IT 国家基本战略》（2000 年）、《新 IT 改革战略》（2010

---

① 肖赞军：《西方传媒业的融合、竞争及规制》，中国书籍出版社 2011 年版，第 23～24 页。

② 本文中出现的"媒介融合"和"媒体融合"视为同一概念。

年）、《促进开发通信广电融合技术法》（2004 年）等，其中不乏实体性的法律，其制度设计安排均有别于自由化浪潮时期，是媒介融合的时代产物。仅在数量上，西方发达国家媒介融合规制的政策和法律法规就远远超过我国，例如美国在 1978 年以后对互联网管理的法律就有一百多项，其覆盖范围甚是广泛。纵观西方发达国家对媒介融合的规制，呈现出以下四个趋势。

第一，制定法律法规和相关政策专门进行技术融合规制。技术融合是媒介融合的必要条件。消除技术壁垒，合理分配技术主体间利益，成为实现技术融合的关键。早在 1993 年，美国就提出"国家信息基础设施"（NII）计划，指出要建设信息高速公路，该"公路"是指将电信网、广播电视网、计算机网等有限和无线网络无缝连接的融合网络。《1996 年电信法案》则解除了电信公司与有限电视公司交叉进入的禁令。[1] 日本 2001 年颁布的《利用电信服务广播法》解除了对卫星电视、有限电视使用电信设备的规制。[2] 解除广电和电信之间的交叉进入禁令，是西方发达国家融合规制的共同选择，这不仅促进了广电和电信之间的技术融合，也促进了自由竞争、平等竞争，有利于融合时代出现更好的产品和服务。然而，我国 1999 年的《关于加强广播电视有线网络建设管理的意见》还在禁止广电和电信交叉进入，直到 2008 年才有文件开始推进"三网融合"。政策上的落后阻碍了我国媒介融合的发展。

第二，西方发达国家普遍建立了统一的融合规制机构。西方发达国家将传统媒体时代分立的规制机构进行重组、合并，转变为统一的融合规制机构，既避免了出现多头管理、职权交叉、职权真空的现象，又提高了管理效率。如英国通过 2003 年的《通信法》成立通信管理局，澳大利亚于 2005 年成立澳大利亚通信媒体管理局，

---

① 肖赞军：《西方传媒业的融合、竞争及规制》，中国书籍出版社 2011 年版，第 163～164 页。

② 肖赞军：《西方传媒业的融合、竞争及规制》，中国书籍出版社 2011 年版，第 190 页。

日本于 2001 年组建总务省，韩国 2008 年成立韩国广播通信委员会。但是，在我国，不仅没有统一的融合规制机构，而且在对媒介实行的多头管理体制当中还存在着分散而复杂的体系。我国的媒介融合规制机构包括不同级别的政府和行业主管部门，例如工业和信息化部、公安部、文化部、新闻出版广电总局、国务院新闻办公室、国家发展和改革委员会等。媒介的自由运作力度和市场化程度降低。同时，在涉及如此众多的规制机构的情况下，政策及法律法规的出台势必要考虑行业利益、地区利益之间的妥协和均衡，使得博弈时间和战线被拉长，造成效率低下。

第三，规制重心从结构规制转向行为规制。媒体融合一方面改变了信息的生产、传播、接收模式，使信息数量更加庞大、传播范围更加广泛，另一方面也使媒体更加集中化、统一化，由此可能造成信息的垄断。结构主义和行为主义是两种反垄断规制理念。前者主要测量垄断主体的市场份额或对市场价格是否具有控制地位，后者同时考察主体的市场份额和市场主体是否具有反垄断法所禁止的违法行为。① 近年来，西方发达国家倾向于行为规制，相对地弱化了反垄断规制。英国在新的《通信法》当中放宽了对媒体所有权的规制，对广播电视加强了内容规制，将其分为基本要求、特殊要求和自律要求 3 个层次。澳大利亚的《2005 年广播服务（澳大利亚内容）标准》，从内容环节（如节目传输配额、儿童节目等）进行了规制。日本于 2003 年和 2004 年两度修改《大众传媒垄断排除原则》，分别放宽了无线电视塔对卫星电视的出资规制、放松了大部分地方电视台之间的所有权规制。② 在我国，国家是媒体产权的主体，拥有媒体资产，国有资产保持着绝对控股的地位，因此结构规制在我国的意义不大，对媒介融合可能造成的垄断行为采取一定的行为规制或许是可行的。

---

① 肖叶飞："传媒产业所有权融合与反垄断规制"，载《国际新闻界》2013 年 4 期。
② 肖赞军：《西方传媒业的融合、竞争及规制》，中国书籍出版社 2011 年版，第 174～191 页。

第四，取消或调整许可证制度，放宽市场准入。许可证制度曾经一度是西方国家进行媒介管理的有效措施，在一定时期发挥了不小作用。但随着全球化、信息化的发展，传媒产业逐步在市场中占据了一定位置，媒介融合的发展使许可证制度在一定程度上成为一种阻碍。自媒体时代，公众都可以成为信息的发布者，但不可能对他们一一审查许可。融合时代下的广播和电信，在技术允许又不违背竞争原则的情况下，已经实质上可以自由出入想介入的领域。鉴于现实情况，国外发达国家逐步取消或调整了许可证制度，放宽了市场准入。英国新的《通信法》废除了许可证制度（无线频谱除外），代之以一般授权。德国2004年的《电信法》和法国的《电信法》均规定了类似做法。加拿大于1999年颁布《新媒体豁免令》，规定利用因特网传播广播电视可以免予申请许可证。在西方发达国家取消或调整许可证制度之时，我国的许可证制度压力对媒介融合时代的市场主体来说有增无减。尤其是那些传媒公司，它们发展的业务通常涉及许多领域，为了在这些不同的业务领域取得许可，要到不同的地方部门办理，导致成本增加、发展速度减缓。

三、我国媒介融合规制现状、困境和策略

（一）我国媒介融合规制现状

媒介融合在我国大致经历了传统媒体建设新媒体、二者互动发展、二者融合发展三个阶段，① 也就是传统媒体办电子版、报

---

① 中央宣传部部长刘奇葆将传统媒体和新兴媒体的关系总结为三个阶段：一是传统媒体建设新兴媒体，二是传统媒体和新兴媒体互动发展，三是传统媒体和新兴媒体融合发展。参见刘奇葆："加快推动传统媒体和新兴媒体融合发展"，载《人民日报》2014年4月23日，第06版。

（台）网互动、多媒体发展三个阶段。目前，我国正处于第三个阶段。传媒产业是一个特殊产业，政治、文化和经济的三种属性增加了其发展的复杂性。在我国，传媒的发展经历了三次改革：二元制体制改革、采编分离、产事分离。每次改革都离不开政府的政策推动。"传媒产业所具有的经济学特征决定了其属于政府规制的产业范畴。"① 当前，我国处在社会转型时期，各种矛盾凸显，传媒产业的发展需要政府的政策引导，这些政策包括指导意见、行政法规、规范性文件和部门规章等。

就媒介融合而言，政策在推进"三网融合"方面发挥着双重作用。"三网融合"于 1998 年在我国正式提出，引发了广播和电信之间的利益纷争。1999 年《关于加强广播电视有线网络建设管理的意见》中明确规定"电信部门不得从事广播电视业务，广播电视部门不得从事通信业务"。"三网融合"的发展一度处于停滞状态。2008 年《关于鼓励数字电视产业发展的若干政策》中，第 22 条和第 23 条规定建立"三网融合"的统筹规划和运营服务机制，首次明确提出推进"三网融合"。2010 年，温家宝主持国务院常务会时指出要加快推进"三网融合"，融合进入实质性发展阶段。随后，国务院出台印发《推进三网融合的总体方案》的通知，该方案将"三网融合"纳入国家发展战略，明确了"三网融合"的指导意义、总体目标、阶段目标、主要任务和政策措施等，提出要加强政策扶持，制定相关法律法规。同年还出台了《关于三网融合试点地区集成播控平台建设有关问题的通知》《三网融合试点工作方案》。2010 年 7 月和 2011 年 12 月先后公布了第一批 12 个试点城市和第二批 42 个地区（城市）名单，"三网融合"基本覆盖全国范围。2014 年，中国广播电视网络有限公司成立。在政策一步步的安排下，"三网融合"从被阻止、开放、实质开展、试点进行直到全面

---

① 郭小平："欧洲新媒体规制对中国三网融合的启示"，载《现代视听》2010 年第 4 期。

推广。然而，这对于"三网融合"来说只是开始，全国有线电视网络之间的互相通联、国家利益和地区利益之间的博弈、融合后的新业务由谁管辖等问题，还需要政策的进一步明确和指引。

除了"三网融合"的规制政策，我国关于媒介融合的相关政策和文件仅有40个左右（详见表1"我国媒介融合规制政策概览"）。媒介融合规制政策涉及的范围和领域有限，具有不全面性。政策出台主体具有多样性，因此也存在着政策的不完整性和不稳定性的风险。

相对于政策来说，有关媒介融合的实体性法律在我国尚处于缺位的状态。

表1　我国媒介融合规制政策概览

时间	部门	政策或文件名称
1997	国务院新闻办公室	《关于利用国际互联网络开展对外新闻宣传暂行规定》（国新办发〔1997〕1号）
1998	国务院新闻办公室、新闻出版署	《关于利用国际互联网络开展对外新闻宣传的补充规定》
1999	中共中央办公厅	转发《中央宣传部、中央对外宣传办公室关于加强国际互联网络新闻宣传工作的意见》（中办发〔1999〕33号）
1999	国家广播电影电视总局	《关于加强通过信息网络向公众传播广播电影电视节目管理的通告》
2000	中宣部、中央外宣办	《国际互联网新闻宣传事业发展纲要（2000—2002年）》
2000	国务院	《互联网信息服务管理办法》
2000	国务院新闻办公室、信息产业部	《互联网站从事登载新闻业务管理暂行规定》
2000	信息产业部	《互联网电子公告服务管理规定》
2001	中共中央办公厅、国务院办公厅	转发中央宣传部、国家广电总局、新闻出版总署《关于深化新闻出版广播影视业改革的若干意见》（中办发〔2001〕17号）
2002	中共中央办公厅、国务院办公厅	《关于进一步加强互联网新闻宣传和信息内容安全管理工作的意见》

续表

时间	部门	政策或文件名称
2002	国家新闻出版总署、信息产业部	《互联网出版管理暂行规定》
2003	原国家广播电影电视总局	《互联网等信息网络传播视听节目管理办法》
2003	文化部	《互联网文化管理暂行规定》
2003	中共中央办公厅	《关于进一步改进和加强国内突发事件新闻报道工作的通知》《中共中央宣传部关于当前思想理论领域的形势和下一步工作措施》
2004	中共第十六届中央委员会第四次全体会议	《中共中央关于加强党的执政能力建设的决定》
2004	中共中央办公厅、国务院办公厅	《关于进一步加强互联网管理工作的意见》
2005	信息产业部	《非经营性互联网信息服务备案管理办法》
2005	国家版权局、信息产业部	《互联网著作权行政保护办法》
2005	国务院新闻办公厅、信息产业部	《互联网新闻信息服务管理规定》
2006	中共中央办公厅、国务院办公厅	《国家"十一五"时期文化发展规划纲要》（第四部分）
2006	国务院	《信息网络传播权保护条例》
2007	中共中央办公厅、国务院办公厅	《关于加强网络文化建设和管理的意见》
2007	国家广播电影电视总局、信息产业部	《互联网视听节目服务管理规定》
2009	国务院	《文化产业振兴规划》
2009	国家广播电影电视总局	《关于加强互联网视听节目内容管理的通知》
2009	国务院新闻办公室	《关于重点新闻网站转企改制试点工作方案》
2009	文化部	《关于加强和改进网络音乐内容审查工作的通知》
2012	中共中央办公厅、国务院办公厅	《国家"十二五"时期文化改革发展规划纲要》（第七部分）
2013	国务院	《信息网络传播权保护条例》、国务院关于修改《信息网络传播权保护条例》的决定

时间	部门	政策或文件名称
2013	国务院	全国人民代表大会常务委员会关于加强网络信息保护的决定
2013	中共中央	《中共中央关于全面深化改革若干重大问题的决定》
2013	文化部	《网络文化经营单位内容自审管理办法》
2014	中央全面深化改革领导小组第四次会议	《关于推动传统媒体和新兴媒体融合发展的指导意见》
2015	国务院	《中国政府工作报告》（协调推动经济稳定增长和结构优化）

（二）我国媒介融合规制的困境及策略

麦克卢汉把媒介看作"人体的延伸"，媒介融合给人带来的从视觉到听觉以及更加全方位的感觉体验，恰恰证明了这点。这离不开技术进步。物质工具（技术）的发展已经超越了社会工具（组织、政策、法律法规），这种发展的差异性使媒介融合处于一种过渡期。社会工具的落后在一定程度上阻碍了媒介融合的发展。制度经济学认为制度能够防止那些不可预见的行为产生，减少协调人类活动的成本，是经济增长的关键。制度是指各种带有惩罚措施、能对人们的行为产生规范影响的规则。[1] 政策和法规是制度的表现形式。在我国，社会工具正处于这种落后状态，因此建立媒介融合规制的政策和法律法规显得尤为迫切。

在媒介融合规制政策及法律法规的制定当中，以下问题成为难点和重点。

第一，媒介融合使媒介的体制束缚问题突显。在我国，媒体是"事业化单位，企业化管理"，国有资产占据着绝对控股的地位。这种体制很大程度上形成了意识形态和市场化的矛盾。为了保证媒体

---

① 柯武刚、史漫飞：《制度经济学　社会秩序与公共政策》，商务印书馆2000年版，第4～6页。

的意识形态，我国实行"党管媒体"的原则，同级党委对媒体单位具有人事任免权、管辖权。但是，随着生产力的发展，市场的基础性作用越发明显，尊重媒介市场的发展规律已然十分必要。在媒介融合的作用下，国家对市场化程度较高的新兴媒体的信息传播掌控难度加大，此时应如何划分意识形态领域的安全问题和市场化程度之间的边界？市场化达到何种程度能够保证不侵害意识形态领域的安全？相关法律难以出台的原因可能正在于此。政府政策总是包含着"政治"和"经济"的双重导向，媒介融合加剧了它们之间的矛盾。在体制无法改变的情况下，政策应该明确区分融合媒介在内容生产、投融资等方面所能触及的边界，在边界之内提供促进竞争的政策。同时，提供建设公共媒介的政策和媒介发展可能造成的风险预防政策，以保证意识形态安全，在尊重市场规律的情况下满足社会需求。

第二，媒介融合过程中触及行业利益、地区利益和国家利益，难以平衡。这主要是由我国在媒介管理主体上的复杂性造成的。多头管理、条块管理使传媒产业受制于各级党委、各级政府、各个部门甚至是不同行业，媒介融合使得这些管理者的职权出现交叉、重叠抑或真空，利益之间的博弈阻碍了媒介融合的发展。保护谁？损害谁？偏袒还是均衡？这不仅需要博弈中的各个主体的妥协，也需要强有力的机构或制度设计。在市场这个"无形的手"的作用下，这个设计的力度要有多大？能够起到什么样的作用？这尚需要进一步的考察和检验。可以确定的是，现有的媒介管理模式已经不能适应媒介融合的发展，建立一个统一的媒介融合规制机构，实现从纵向管理到横向管理的转变可能是不错的解决方法。

第三，媒介融合导致的媒介集中可能会造成不同程度的垄断。地方的媒介集团垄断现象已经存在，新一轮的媒介融合使得媒介的形态逐步统一、媒介资本逐步整合、媒介制作人员流向逐步一致，这很有可能造成信息实质上的标准化、统一化。"如何保持媒介融合的平衡发展，对任何现存的媒介体制都是个难题"①。媒介融合初期，可以主要靠行政力量的推动，使得主流媒体、传媒集团具有政策的先天性优势，但当媒介融合发展到一定程度时，是否也需要政策对可能产生垄断的媒体采取一定的行为规制措施？进一步制定放宽市场准入、促进竞争的规制政策，将为传媒产业的发展提供一个自由、平等的市场环境。

尽管困难重重，但媒介融合的大趋势不可阻挡。相比发达国家的媒介融合之路，我们已经落后了。如果不能赶上信息全球化的步伐，我们将在新一轮的竞争当中继续落后，信息安全和经济安全也无法保证。复杂经济学告诉我们，市场的复杂性和不均衡性，通过传播，会创造出一系列技术解决方法、带来一系列挑战。在这样的环境下，产生了各种政策。随着这些政策的变化，会带来更新的技术和更进一步的变化。② 媒介融合技术的发展，必然也会产生新的规制制度（政策和法律法规）与之相匹配。在建立这种制度之前，有必要对规制对象进行调查研究，并通过实践的检验不断修订。

---

① 郜书锴：《媒介融合下的国际传媒业》，人民日报出版社 2012 年版，第 180 页。
② ［美］布莱恩·阿瑟："复杂经济学——经济思想的新框架"，辛衍君、钱金美译，载《比较》2014 年第 5 期。

大数据时代隐私保护与数据利用的博弈

任孚婷①

【内容提要】 大数据时代，隐私保护的问题日益重要。本文分析了在大数据时代隐私保护在现实中遭遇的困境：隐私的概念是随着时代不断变化的，其保护措施也必须随之改变；同时，在大数据时代，隐私保护困难是数字化的"二阶效应"之一。本文从数据的来源、特征、产生流程三个方面进行了具体阐述。在解决措施上，本文认为对隐私的保护应当上升到对个人数据的保护，并分析了个人数据的法律特征。首先，提出将个人数据划分为个人敏感隐私数据与个人一般数据分别进行保护；其次，通过个人数据保护的权利—利益矩阵分析，保护个人、数据企业、政府的核心利益，并让渡部分非核心利益，实现隐私保护与数据利用的平衡。

【关键词】 大数据　隐私权　二阶效应　个人数据　利益平衡

随着大数据、社交网络和云计算等新技术的广泛使用，公民的隐私面临巨大的威胁。尽管互联网的发展给我们的生活带来了极大的便利，但深层次的担忧仍然萦绕着我们。互联网并没有我们想象得那么安全，尤其是进入了大数据时代，信息传播的碎片化使得个人信息遍布社交网络、搜索引擎当中，数据和个人信息的获取难度

---

① 任孚婷，华东政法大学社会主义法制教育与传播专业 2013 级研究生。

大大降低。大数据具有的 Volume（数据量大）、Velocity（高速）、Variety（多样性）、Value（价值）等特点对隐私的保护提出了更大的挑战。在个人层面，个人在网上的任何行为都可能留下"数字痕迹"。大数据技术对于"数字痕迹"的聚合，使得个人隐私的保护面临更大的威胁；在社会层面，我们已经跨越模拟时代进入数字时代，每天有大量的数据产生、流动，数据已经成为直接的社会资源和宝贵财富。以企业为代表的信息业者和政府机构对于公民数据利用的需求不断增大，公私领域对于数据利用的需求比以往任何一个时代更加迫切。如何调节个人隐私保护与数据利用之间的利益平衡，成为亟须解决的问题。

一、大数据时代的隐私保护困境

（一）变化的隐私

从历史的角度考察，人们对于隐私的容忍度是随着社会的开放和时代的进步而不断扩大的。在 20 世纪 90 年代刚刚有互联网的时候，照片就算公众的隐私。如果谁将你的真实照片传到了 BBS 论坛上，人们竟然看到了你的真实形象，你会觉得自己的隐私被严重侵犯了。2004 年，Facebook 正式上线，在自己的主页上贴照片就成了理所当然的事情，照片不再是人们认为难以公开的隐私。而到了 2012 年 Instagram 在 Apple Store 中上线供用户下载，人们开始热衷于在社交网络中分享自己的形象。甚至你随时随地可能被别人拍下了并上传到 Instagram 上，而这个平台是全球共享的，任何人都有可能看到你的照片。从中可以看出，隐私这个概念的内涵和外延会随着时代不断变化。

（二）数字化的二阶效应

大数据时代，数据呈现爆炸式增长。数据可视化公司 DOMO 用一些熟悉的例子，让我们直观地感受人类每分钟生产的数据量有多大：在 2014 年，每分钟有 2.04 亿封电子邮件被发出；谷歌接收到400 万条搜索查询；Facebook 上有 246 万条内容被分享；72 个小时的新视频被上传到 YouTube 上……①实际上，这些数据也已经过时，2015 年生产的数据量一定会更巨大。世界正在制造出远超以往的数据，而且速度越来越快。用肖恩·杜布拉瓦茨的话说，"在我们某些人的有生之年中，以字节计的数字世界规模将超过物理宇宙。换句话说，在我们孩子成长的世界中，宇宙中最大的东西不是宇宙，而是人类推动的数字世界"②。

数字数据爆炸有许多原因，而最主要的有六个，这六个"引擎"推动我们走向"数字命运"：计算能力的提升，无处不在的互联网，迅速兴起的数字通信网络，数字消费品的激增，数字存储成本的降低和容量的上升，传感器的应用。技术的进步推动了各种事物的数字化，我们能更加容易得到各种信息，可加以利用的数据也更多。这些都是数字化的"一阶效应"，它是数字化信息最初引发的效应。但是，这些效应会继续发酵，引发一些其他的效应，这就是数字化的"二阶效应"。在大数据时代，隐私保护变得更加困难就是数字化的"二阶效应"之一。下面从数据的来源、特征、产生流程三个方面具体阐述：

1. 数据的来源

隐私的泄露是大数据发展的过程中公认的棘手问题之一。大数

---

① Josh James, "Data Never Sleeps 2.0", Domosphere, April 23, 2014, http://www. domo. com/blog/2014/04/data – never – sleeps – 2 – 0/.

② ［美］肖恩·杜布拉瓦茨：《数字命运：新数据时代如何颠覆我们的工作、生活和沟通方式》，电子工业出版社 2015 年版，第 51 页。

据的来源大致可分为如下三类：（1）来自于人。人们在互联网活动以及使用移动互联网过程中所产生的各类数据，包括文字、图片、视频等信息；（2）来自于机。各类计算机信息系统产生的数据，以文件、数据库、多媒体等形式存在，也包括审计、日志等自动生成的信息；（3）来自于物。各类数字设备所采取的数据。如摄像头产生的数字信号、医疗物联网中产生的人的各项特征值、天文望远镜所产生的大量数据等。数据来源的多样化和复杂性，让隐私保护不能再采用传统的单一模式，隐私保护的难度大大增加。

2. 数据的特征

大数据具有众多的特征，肖恩·杜布拉瓦茨将其概括为七个特征：永久性、可复制性、即时性、高效性、倾向秩序性、动态性、无限可分性。①

本文认为，与隐私保护最密切相关的是大数据的永久性、可复制性和无限可分性。数据追求永久性。随着数字化时代的到来，越来越多的数据被存储起来。技术不断地进步，正在建立起一个信息能够被无限量存储的环境。谷歌、Facebook、百度、淘宝这些大公司掌握了大量公众的个人信息。企业长时间的数据积累，让其具备了分析用户行为规律的能力。用户在这些企业面前其实没有多少隐私可言；数据的价值决定了它想要复制自身。哪里有数据，哪里就有复制它的动力。过去的模拟数据时代，数据的复制难度较大，且速度很慢。数字化的到来让数据能够得到指数式的复制。Spotify②里的一首数字歌曲能够被"拷贝"到无数个不同的播放列表里；数据是无限可分的。它可以被打包在一起，也可以拆开，或者细分成更小的部分。

---

① ［美］肖恩·杜布拉瓦茨：《数字命运：新数据时代如何颠覆我们的工作、生活和沟通方式》，电子工业出版社2015年版，第16~17页。

② Spotify是全球最大的正版流媒体音乐服务平台之一。

3. 数据产生的流程

除了数据的性质，从数据收集、处理、呈现的整个流程中也可以考察当前隐私保护遭遇的困境。大数据如果未被妥善处理会对隐私造成极大的伤害。人们面临的威胁除了现有的个人信息被泄露以外，还有政府、企业、社会组织等基于大数据技术对人们状态和行为的预测。目前用户数据的收集、存储、管理与使用均缺乏规范，更加缺乏监管，只能依靠企业的自律。当前企业常常认为经过匿名处理后，信息不包含用户的标识符，就可以公开发布了。事实上，仅仅通过匿名保护并不能很好地达到隐私保护目标。例如，AOL 公司曾公布了匿名处理后的 3 个月内部分搜索历史，以供人们分析使用。虽然个人相关的标识信息被精心处理过，但其中的某些记录还是可以被准确地定位到具体的个人。

二、大数据时代个人数据的法律保护

（一）从隐私到个人数据

在大数据时代，人们越来越觉得"隐私"不仅是对私人生活的保护，还包括对个人数据扩散范围的控制。有观点认为，对个人数据的保护实际就是对隐私的保护，完善现有的隐私权制度就能解决问题。本文认为，个人数据与隐私是两个不同的概念，不能一概而论。

隐私又称私人生活秘密或私生活秘密，是指私人生活安宁不受他人非法干扰，私人数据保密不受他人非法搜集、刺探和公开，包括私生活安宁和私生活秘密两个方面。[1] 个人数据是指与一个身份

---

[1] 张新宝：《隐私权的法律保护》，群众出版社 2004 年版，第 7 页。

已经被识别或者身份可以被识别的自然人相关的任何数据，包括个人姓名、住址、出生日期、身份证号码、医疗记录、人事记录、照片等单独或与其他数据对照可以识别特定的个人的数据。① 隐私与个人数据呈交叉关系，有些隐私属于个人数据，有些不属于；涉及个人私生活敏感领域的个人数据属于隐私，而那些高度公开的个人数据则不属于隐私。有学者认为，"在大数据背景下，可被关联起来用以锁定某一特定个人，或将其确定在一个极小的人群范围之内的与其相关的文字、图片、视频等数据，则视为隐私"。② 在法律上，个人数据、个人私事、个人领域构成隐私权的三种基本形式。利用现有的隐私权保护模式来保护个人数据存在很多不足，具体表现为以下几个方面。

（1）个人数据，无论其内容是否涉及私人秘密，都具有保护价值。例如电话号码、家庭地址、工作单位等个人数据，这些个人数据在小范围内是公开的，并不属于公民的私人秘密；但是这些数据的泄露也可能威胁到个人的生活安全。电信诈骗、QQ诈骗、社交软件中的身份冒充等都是由于个人数据的泄露造成。

（2）现有的隐私权保护法律对于个人数据使用和公开之后的维护缺乏规定。依照《侵权责任法》第15条，侵害隐私权的主要责任方式包括：停止侵害、消除影响、赔礼道歉和损害赔偿。但是，在大数据时代，由于数据的动态性、可复制性和无限可分性，个人数据一旦在网上被泄露，想要限制就十分困难。只要公民的个人数据在社交网站上被泄露，其他人复制它只需点一下鼠标。因此停止侵害、消除影响、赔礼道歉等模拟时代的救济方式在大数据时代可操作性不够，而且缺乏针对性。

---

① 参见《中华人民共和国个人信息保护法（专家建议稿）》第9条，转引自周汉华：《〈中华人民共和国个人信息保护法（专家建议稿）〉及立法研究报告》，法律出版社2006年版，第3页。

② 王忠、殷建立："大数据环境下个人数据隐私治理机制研究——基于利益相关者视角"，载《技术经济与管理研究》2014年第8期。

（3）背后价值偏向的不同。隐私强调的是对于人格尊严和自由价值的维护。个人数据除了其背后的人格尊严价值，还有公共管理价值和商业价值，涉及的利益主体和利益内容更加多元化。政府需要收集个人数据来进行公共管理，传统的隐私权保护法律中，政府处于超然中立的地位。在大数据时代，政府是最大的个人数据收集、处理、储存和利用者。政府不再是传统隐私权保护时期中立超然的裁判者，而是拥有了管理者和利用者的双重身份，成了一个新的利益主体。企业也要收集和利用消费者的个人数据来进行定向营销、发放广告。社会上对于个人数据的广泛需求还催生了专门的个人数据服务提供者，如信息查询平台、各种类型的数据库等。这些信息业者与个人的利益冲突也需要法律的调节。在大数据时代，需要对个人数据的保护和利用问题进行新的利益衡量。

（二）个人数据的法律特征

根据上文的分析，个人数据与隐私不能一概而论。个人数据自身的独特性，要求我们必须单独分析个人数据的法律特征；同时，要想更好地保护个人数据，首先必须对个人数据的法律特征进行分析。

1. 个人数据的所有权属于数据的生成者

阿兰·威斯汀将隐私区分为决策性的隐私和信息性的隐私。他认为，信息性的隐私就是"个人、群体或组织的这样一种主张：他们自行决定在什么时候、以何种方式、到什么程度，把有关自己的信息透露给他人"①。个人数据在所有权的问题上，与信息性的隐私具有一定的承接关系。根据所有权的原理，个人数据的所有权人享有对个人数据的占有权、使用权、收益权、处分权。由于个人数据是一种信息，具有非实体性，个人数据的所有者与提供者有时候会

---

① 胡泳：《众声喧哗：网络时代的个人表达与公共讨论》，广西师范大学出版社2008年版，第163页。

被混淆。通常情况下，个人数据的所有者与提供者是同一人。但是，某些情况下，两者可能会分离，即个人数据的所有者与提供者是不同的主体。无论数据的提供者是否经过了所有者的合法授权，他都不是个人数据的所有权人。因为个人数据体现了鲜明的个人特点，被打上了深深的个人烙印，个人数据的所有权只能属于数据的生成者。

2. 个人数据中反映的信息必须具有可被识别性

对于个人数据的概念，各个国家的表述各不相同。但是有一个共同点，都强调了个人数据的"可被识别性"。个人数据应是足以对主体构成识别的信息。通过数据反映出来的内容，加上人们的一般判断，就可以将该主体从人群中"认出来"。通常情况下，仅凭单一的个人数据对主体进行识别是相对较困难的。因此，数据库会对个人数据进行多方位、多角度、多层次的采集。只有一个例外，那就是个人的基因图谱。基因图谱是对个人具有最高识别能力的个人数据。"个人的基因图谱就是一个人生命的全部秘密，它可以被用于对人的品格、智力、健康水平尤其是某种潜在素质的解释，对个人基因图谱的不正当使用，会给他的升学、就业、保险和婚姻等方面带来歧视或不合理待遇，从而在个人生活的各个重要场合向人类尊严发起挑战。因此，个人基因图谱的保密是至关重要的"。① 在大数据时代，药品公司可以利用患者的基因信息来为其定制疗法和药品。未来的医疗专家甚至可以通过设计来精确具体地修正基因表达，从而治疗任何种类的疾病。正是因为个人的基因图谱具有如此高的识别度和重要性，其应该被当成个人数据中最重要的数据加以严格保护。

3. 个人数据的控制权丧失后很难恢复

个人数据具有信息的一般属性，一旦与人分享，个人数据的控

---

① 郭自力："人类基因组计划与人权保障"，载《法学家》2000 年第 2 期。

制权就会丧失。个人数据的控制权丧失后，就算恢复，也只具有形式上的意义，而实质意义则永远失去了。数据具有即时性的特点，一旦被他人复制，它会立马释放自己的影响力，主体作为数据生成者的利益可能会受到侵犯。主体对个人数据所有权的麻痹和忽视，除了直接导致个人数据控制权不可逆转的丧失，自己的隐私还面临被暴露的危险。

4. 个人数据的集合价值具有倍增性

数据的可复制性和无限可分性决定了个人数据可以无止境地被重复利用，这也就意味着对个人数据的占有可以重复获取经济利益。单一的个人数据带来的经济利益因人而异，但是个人数据的集合体具有的经济利益远大于单个数据之和，即"1+1>2"。数据库收集大量的个人数据，从数据的集合体中可以反映出一个群体的共性，以及从个体中挖掘不出的特点。进行加工、开发以后，将处理后的数据卖给商家，可以实现巨大的经济价值，个人数据的价值得到了指数式的倍增。"单个数据的汇聚是数据集合体价值倍增的基础，而众多个人向数据收集者提供数据是数据库得以形成规模效应的前提"。[①]

三、个人数据保护的新思维

（一）先区分，再强化

根据德国的"领域理论"，私人的生活领域按照同心圆的形式

---

① 汤擎："试论个人数据与相关的法律关系"，载《华东政法学院学报》2000年第5期。

可以划分为私密或秘密领域、私人领域以及公共或社会领域。① 对于私密领域的内容，由于其关系到个人的人格尊严，应当受到严格的保护。本文认为，对于个人数据的保护不应一概而论，可以将其区分为个人敏感隐私数据和个人一般数据。区分不同的个人数据是为了便于划定保护和利用程度的不同，调和个人数据的保护与利用的利益冲突，寻求利益的平衡。

1. 强化个人敏感隐私数据的保护

什么样的数据可以算作个人敏感隐私数据？本文想借用张新宝教授对于"个人敏感信息"的定义。"所谓个人敏感隐私信息是指关涉个人隐私核心领域、具有高度私密性、对其公开或利用将会对个人造成重大影响的个人信息，如有关性生活、基因信息、遗传信息、医疗记录、财务信息等个人信息。"② 虽然个人信息与个人数据两个概念有所不同，但是差别不大。有观点认为数据是信息的基本单位，区别在于数据可以计量而信息不能。但是对于划分个人敏感隐私领域，本文认为两者可以混用。

划分个人敏感隐私数据与个人一般数据之后，法律可以为个人敏感隐私数据提供高强度的保护。在大数据时代，数据的挖掘、整合、应用技术使得个人数据可以被轻易获取。个人敏感隐私数据的泄露会对个人造成不良影响。2015 年 7 月 14 日晚，北京三里屯优衣库试衣间的不雅视频在社交网络上疯传。视频的上传者实际上将双方当事人的个人敏感隐私数据在网上公布出来，除了涉嫌传播淫秽物品罪，上传者还侵犯了当事人的隐私权。当事人的行为虽然有违道德，但是视频上传者的行为实则更加恶劣。试衣间的视频刷爆网络之后，当事人的其他信息遭到网友"人肉搜索"。可见个人敏

---

① Vgl. Rupert Scholz/Rainer Pitschas, Informationelle Selbstbestimmung und Staatliche Informationsverantwortung, Berlin, 1984, S. 66.

② 张新宝："从隐私到个人信息：利益再衡量的理论与制度安排"，载《中国法学》2015 年第 3 期。

感隐私数据的泄露会造成连锁反应，引发一般数据的泄露，对当事人的人身权益造成更加严重的侵害。

法律如果要为个人敏感隐私数据提供高强度的保护，必须要对网络服务商加强监管。2014 年 5 月，欧洲最高法院对谷歌的侵犯隐私诉讼作出裁决，提出了"被遗忘权"。该判决认为人们有权要求网络服务商在搜索结果中删除不相关的个人多余信息。同时，服务商具有告知用户其个人数据被采集的情况的义务，它们可以在获得用户授权后使用个人数据，对于未经用户授权，擅自使用和出售数据的企业应当追求其法律责任。这一判决实际上是想将个人数据的控制权交还到用户手中，让人们在大数据环境中获得更多安全感。

在大数据时代，法律为个人敏感隐私数据提供高强度的保护，也有益于加强对一般数据的利用。个人的敏感隐私数据能够获得严格保护时，个人才更可能放心将一般数据公开和使用。

2. 强化个人一般数据的利用

对于非敏感隐私的一般数据，加强利用是社会发展的必然选择。如今我们正处于一个大规模生产、分享和应用数据的时代，数据已经逐渐渗透到社会的各个行业和领域。首先，在个人层面，利用大数据技术，可以实现定制化的生活。可穿戴式设备可以捕捉我们身体的数据，监测睡眠状况，我们就可以根据监测的反馈调整生活作息、生活方式；利用医疗传感器，我们的个人数据会被收集、整理、汇总给医生，大部分的基础健康检查我们自己在家就可以完成。其次，对于企业来说，利用传感器数据开发出的无人驾驶汽车可以极大地降低交通事故的死亡率，挽救成千上万人的生命；Netflix 公司利用收集的用户数据来决定对未来连续剧制作的投资，根据数据创作出用户喜欢的连续剧。最后，政府可以通过收集公民数据，更好地了解社会的运行状况，便于进行公共管理的决策。因此，强化个人一般数据的利用，可以在最大程度上实现数据的商业价值和公共管理价值。

（二）先区分，再平衡

1. 利益矩阵分析

从隐私发展到个人数据，其背后的价值取向也发生了流变。个人数据涉及的利益主体和利益内容更加多元化。因此，在调节隐私保护与数据利用的平衡之前，有必要对各个利益主体和利益内容进行梳理。本文将利益主体划分为个人、数据企业、政府和媒体四块：

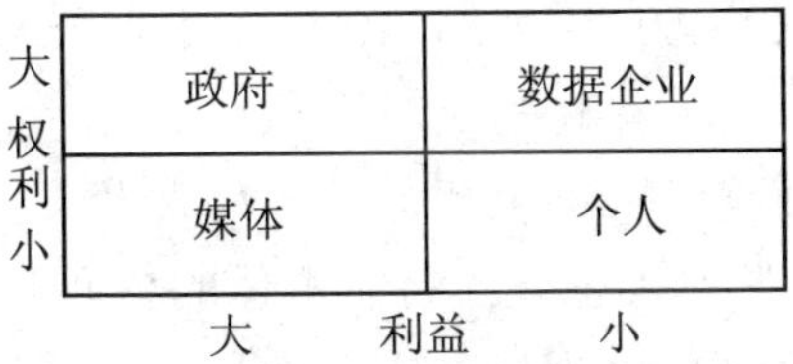

图1　个人数据保护中的权利—利益矩阵

（1）个人。个人作为数据的生成者，享有个人数据的所有权。如图1所示，个人数据保护中，一旦隐私泄露，会危害到个人的切身利益。虽然个人对数据保护的诉求最大，但是拥有的权利却最小。作为直接的利益相关者，个人主张的利益内容主要有两点：一是要求对隐私进行保护；二是在隐私泄露之后，主张获得相应的赔偿。

（2）数据企业。数据的产生需要经过收集、处理、应用等一系列流程。本文所称的数据企业，是数据收集企业、数据处理企业和数据应用企业的统称。数据企业作为以数据收集、处理、应用为主要业务的数据服务提供者，它们在个人数据保护中的利益相关度也较大。同时，数据企业掌握了大量数据的控制权和先进的数据处理技术，因此它们在个人数据保护中的权利也较大，能力相比个人、媒体来说要强得多。

（3）政府。过去在隐私保护领域，政府是作为一个中立的裁判者的角色。而在个人数据保护时期，政府的角色发生了转变，从中立的裁判者转变为管理者和利用者的双重身份。政府利用公权力可以对个人数据提供强有力的保护，规范个人数据的使用，维护公民的隐私安全，这是作为管理者的角色。同时，政府利用个人数据，提高行政效率，加强公共安全，推进公共福利，积极探索个人数据利用的价值。

（4）媒体。相比较而言，媒体在个人数据中涉及的利益和拥有的权利都较小。但是一旦政府和数据企业滥用职权，侵犯个人隐私时，媒体会成为个人维权的有力武器。在日常的个人数据利用的过程当中，媒体也是作为监督者的角色，来维护公民的隐私安全。

2. 实现四方平衡，维护利用与保护的张力

"平衡是一种张力状态，各利益主体的核心利益得到保护和实现，并让渡非核心利益作为他方实现其核心利益的条件和基础。"①个人、数据企业、政府作为个人数据保护中最重要的三个角色，有必要对自己的核心利益加强保护，同时让渡部分非核心利益，实现数据利用与隐私保护的平衡。

其一，个人的核心利益就是对于敏感隐私数据的加强保护和对于一般数据的加强利用。加强保护个人敏感隐私数据，根本上是为了保护个人的内在价值和人格尊严；对于一般数据，个人可以将其让渡给数据企业，数据企业具有专业的数据处理技术，正当地处理个人数据，实现商业价值，是数据企业的基本利益需求。

其二，通过提供优质的数据服务来获得利润，是数据企业的核心利益；同时，数据企业也需要付出一定成本，保护个人的隐私，避免隐私泄露导致的企业信誉度降低。而且，在提供服务的同时也要接受政府和媒体的监管。但是政府也应避免以监管的名义对数据

---

① 张新宝："从隐私到个人信息：利益再衡量的理论与制度安排"，载《中国法学》2015 年第 3 期。

企业进行过多干涉。本文相信，强加政府指定的严格的隐私规则只会阻碍公司创新和提供独特用户体验的能力，数据企业采取何种数据保护和安全措施方面，应有最大的灵活性。

其三，政府的核心利益在于利用数据进行社会管理，维持社会稳定。首先，政府应加强对于个人数据保护的制度建设，规范数据收集、处理、应用、交易的流程，确立个人数据保护的门槛标准。其次，政府在使用公权力的同时，必须接受个人和媒体的监督，不能过分利用国家强制力干涉个人生活，妨碍数据企业正常的经营活动。

四、小结

从模拟时代进入大数据时代，我们生活的各个方面都遭遇到极大的颠覆。过去的隐私保护方式在大数据时代遭遇了一系列困境，已经不能适应当前的社会需要。有必要对于个人数据的法律特征进行分析概括，针对其特点，提出个人数据保护的新思维，对于如何进行个人数据保护进行创新性的思考。

隐私保护与数据利用的博弈并不是一场"零和游戏"。首先，对于个人数据避免一概而论地保护或利用，通过对个人敏感隐私数据的保护和个人一般数据的利用，可以缓解保护与利用之间的矛盾冲突；其次，个人数据保护主要涉及个人、数据企业、政府和媒体四个利益主体，保护各个利益主体的核心利益，让渡其部分非核心利益，有利于维持数据利用与隐私保护之间的张力，实现这场博弈的共赢。

探究法治社会建设中的
法制媒介素养教育

郑　彦①

【内容提要】　　随着法治理念的不断强化，配合法治社会建设，提出法制媒介素养教育的概念。本研究的主体对象着重放在传播媒介的两端——传者与受众上，从信息生产和信息消费这两个根源环节来进行分析。就我国法制媒介素养教育的现状来看，一方面，有积极的带有普法目的性的尝试，并且新闻传播中的法律问题也得到了社会和学界的关注；另一方面，尚有诸如人肉搜索、媒介审判、新闻侵权等问题还亟待更有效的解决。加强法制媒介素养教育，有利于促进普法教育、提高公众法律素养、缓和社会矛盾并维护社会稳定氛围。

【关键词】 法制媒介素养教育　普法教育　媒介审判　新闻侵权　法律素养

自提出中国特色社会主义法治体系，到今天所强调的依法治国理念，"法治"已成为公民生活中不可回避的要素。尤其是2014年10月20日至23日召开的十八届四中全会，首次以全会的形式专题研究部署全面推进依法治国。即便如此，与依法治国、依法执政、依法行政的党政法治建设相比，增强全民法治观念却始终未见显著

---

① 郑彦，华东政法大学社会主义法制教育与传播专业2014级研究生。

成效，法治社会建设也在一件件冤假错案、舆论影响司法审判的面前让人渐失信心。对于中国社会和公众而言，道德和法律本就是含混不清地反映于每个人的价值判断。尤其是新媒介技术使每个个体都可以介入信息传播之后，道德和法律在意识形态中的界线更加模糊，并在传播机制中被放大，其影响也辐射到更广泛的社会范围。针对全民传播这一客观现实，提高公众参与传播时的媒介素养和法律素养对转型中的中国社会而言就具有根本性价值。

一、法制媒介素养教育的主体对象

所谓媒介素养是指人们对各种媒介信息的认知解读和批判能力以及使媒介信息为个人生活、社会发展所用的能力。[①] 而所谓法律素养是指一个人认识和运用法律的能力。综合媒介素养和法律素养的概念，试为法制媒介素养下这样的定义：人们运用法律思维对各种媒介信息进行认知、解读、批判的能力，以及合法合理地生产、使用媒介信息的能力。

经过近十年的繁荣发展，国内传统的媒介素养教育研究已趋近成熟，其研究对象细化为大学生、未成年人、公务员、媒体人等不同主体，主要议题集中在研究如何辨别、抵制大众传媒时代的负面信息对个人和社会的影响。就法制媒介素养教育这个概念而言，对其主体对象的研究，应该着重放在传播媒介的两端——传者与受众上，从信息生产和信息消费这两个根源环节来进行法制媒介素养教育研究。

---

① 李军林等：《信息时代的媒介素养》，湖南人民出版社 2010 年版，第 4 页。

（一）传者：法制媒介素养的起点

首先需要明确界定，在信息时代，传者的定义范围已经被网络和移动媒介颠覆性地改写了，即除了传统媒体外，还包括更为活跃、影响力不断扩大、群体不特定性的自媒体。

对于传统媒体而言，法制媒介素养教育的对象也不能仅仅是针对法律领域的专业采编人员，而应该扩大到所有新闻专业从业人员。尤其是伴随着社会转型、市场化改革所带来的机遇与挑战，新闻传播领域在应对外界环境骤变的同时，也不得不进行内部改革重组的尝试。其中，对专业人才的需求也从单一专业型逐渐转变为跨领域结合型，甚至是全技能综合型。一方面，在专业技能上，一个记者就要具有完成采访、拍摄、撰写、编辑或是剪辑的能力，但这样就增加了其触犯法律底线的概率。例如杨武案中，众多媒体记者擅自闯入当事人家中采访侵犯了受害当事人人格权、隐私权。另一方面，在新闻内容上，随着普法教育的深入和网络媒介的冲击，专线记者虽然仍然有其存在的必要性，但是其界线已经不似以往那样泾渭分明，事件的复杂性决定了报道的宽领域，在涉及专业性的报道中也很可能因为用词、叙事准确性等原因造成侵权。

自媒体是网络媒介蓬勃发展的产物，尤其是伴随着信息技术的快速革新，自媒体仍表现出强劲的发展态势和难以预测的发展空间。尤其是经过 10 年间的几次演变，自媒体又分为两类：We Media，指人人参与内容生产和传播，但大多数人未必有媒体的自觉意识；Self Media，指借助微博、微信、移动客户端等平台，一些个人或团队所创办的不同于体制内媒体的独立媒体。① 自媒体时代，是以个人传播为主的媒介时代，自媒体凭借其独有的交互性、自主性特征，使得信息传播的自由度显著提高。但同时，"成也网络，败也网络"，自媒体的诸多问题也来自网络特质本身。网络的低成

---

① 彭兰："推动中国网络媒体变革的七大博弈"，载《新闻与传播》2014 年第 10 期。

本、低门槛使得自媒体群体良莠不齐，进而导致其传播的内容参差多样，加之网络信息量巨大，难以做到实时监管，由此引发了很多诸如侵犯他人隐私权、名誉权的法律问题。自媒体时代呼啸而至，网络等虚拟空间的管理监督体制还未得到完善，网络立法也滞后于网络传播的快速发展，公众的认知水平还有待加强。

（二）受众：法制媒介素养的归宿

受众是香农—韦弗传播模式①中信息的最后归宿，而受众的重要性则体现在拉斯韦尔模式②中最后的"取得什么效果"，即信息作用于受众所产生的社会综合效果。法治社会建设中，最根本的就是人民群众，也就是信息传播的广大受众。一方面，法制类新闻作用于受众，起到普及法律知识的作用；另一方面，受众也反作用于新闻媒体甚至司法审判，起到或促进监督，或干预司法公正的作用。

在互联网络的推动下，目前我国的传播受众呈现出以下特性。

年轻化。根据中国互联网络中心发布的《中国互联网络发展状况统计报告》显示，截至 2013 年 12 月，我国网民规模达 6.18 亿，互联网普及率为45.8%。使用网络的人口最低年龄也在不断降低，表明信息传播中的受众年龄也在逐渐降低。受众的年轻化使低年龄受众更容易受到复杂的网络社会舆论的引导和潜移默化的认知暗示。及早的法制媒介素养教育可以培养年轻受众在接触媒介信息时的法律价值观念，进而规范其使用媒介时的行为方式和行为内容。

移动化。截至 2013 年 12 月，我国手机网民规模达 5 亿，网民中使用手机上网的人群占比由 2012 年底的 74.5% 提升至 81.0%，

---

① 在香农—韦弗传播模式中，传播被描述为一种直线性的单向过程，包括了信息源、发射器、信道、接收器、信息接受者以及噪声六个因素。

② 拉斯韦尔模式即"5W"模式：谁（Who）—说什么（Says What）—通过什么渠道（In Which Channel）—对谁（To whom）—取得什么效果（With what effects）。

手机网民规模继续保持稳定增长。在智能终端快速普及、电信运营商网络资费下调和 WiFi 逐渐全面覆盖的情况下，移动网络极大地增加了人们接触网络媒介的时间，人们获取信息也不再受时间、地点的限制，变得更为自由。同时，人们对网络的依赖性也不断增强，这就需要法制媒介素养建构起法律思维下的理性、客观、独立的媒介认知。

全球化。互联网络使地球村的进程加快，网络空间基本上是一个无地域、无国界的地方。不仅个人可以通过网络获取世界各地的信息，而且同一媒介信息在网络上也可以为世界各地的受众所获取。受众的全球化和信息的全球化除了要求信息的制作、获取、使用要符合法律规范外，还要求人们了解国际上的通用基本法律原则。这不仅关系到个人的法律问题，也关系到法治国家这一国家形象的树立。

二、我国法制媒介素养教育的现状

整体来看，我国法制媒介教育尚处于启蒙时期。一方面，我国法制媒介素养教育有积极的带有普法目的性的尝试，并且新闻传播中的法律问题也得到了社会和学界的关注；另一方面，尚有诸如人肉搜索、媒介审判、新闻侵权等问题还亟待更有效的解决，这有赖于立法、媒体、公众三者的共同注力。

（一）积极：普法教育类新闻传播

我国媒体在社会普法教育中发挥着积极的作用，纸媒有《法制日报》以及《法制晚报》等各省级及以上法制类报刊，电视有《大家看法》《今日说法》以及《今日开庭》等省级电视台栏目。普遍都是以真实案例作为切入点，以案说法，法理结合。从具有普遍性的社会法律问题入手，引导公众以法律的眼光看待生活中的纠纷，逐渐以法律思维取代"杀人偿命，欠债还钱"这种朴素的公平观念。

以《今日说法》这一央视法制栏目为例。该节目具有以下几个特点：目的是普及法律知识；由工作在立法执法或法律教学科研第一线的著名专家学者对相关问题进行讲解；案例来自社会生活的方方面面，具有很强的社会现实性可以调动起受众的好奇心和积极性；聚焦当下热点问题，时效性强；时间长短具有适宜性。[①] 这类法制节目通过案例选择、叙事手法、解读角度来调动公众对学习法律知识的热情，由被动教育转变为主动学习。经过长期的法律知识积累，达到整体上提高公众法律素养的目的，进而促进法治社会的建设。

(二) 消极：网络舆论影响司法审判、新闻报道频繁侵权

在社会中的一系列普法教育的潜移默化下，公众开始把注意力分散到法律意识上。这是法治社会建设的良好开端；但是，在公众法律意识觉醒的萌芽时期——尤其是对法律一知半解的情况下，其危险性是不容小觑的。尤其是近些年影响颇大的几件典型的媒介审判案例，例如"药家鑫持刀杀人案""河南张金柱酒后交通肇事案""云南李昌奎案"，使这种危险性变得尤为突出，其恶性影响更是在社会上引起激烈的探讨。

法治社会的根本精神就是法律至上，即民众对法律的绝对尊重和绝对信任。法律作为社会公约属性的约法，是具有形式合理性的普遍化标准，可能难以避免牺牲掉某些个案的实体正义，但是它追求的是保证实质合理性在总量上获得最大限度的存在。[②] 而公众的朴素公平正义价值观，例如杀人偿命，则更看重的是法律的工具价

---

① 于素云："论《今日说法》节目的法律基础课程教学适用"，载《教学研究》2004 年第 3 期。

② 朱剑飞：《当代传媒管理研究》，中国社会科学出版社 2013 年版，第 117 页。

值，追求个案的绝对公平。这就产生了法治社会建设中宏观和微观的法律认知矛盾。就药家鑫案为例，本来是一起普通的杀人案件；但是经过被害方代理人利用敏感词语在网络上的舆论炒作，引起了广大网民的关注。信息的片面性加上主观心理上的偏见，甚至一度出现了全民喊杀的景象。忽略药家鑫该不该杀的道德讨论，就法律而言，定什么罪，量什么刑，都应该是法官根据案件情节、法律依据和双方当事人意愿来判定的。如果事实认定、法律适用没有错误，公众是不应利用舆论压力甚至是舆论暴力来影响司法审判的。再如李某某案中，在李某某被刑事拘留的第二天，实名认证为"香港《南华早报》网站编辑"的网友"王丰—SCMP"爆料海淀公安分局昨天晚上（2013 年 2 月 21 日）以涉嫌轮奸刑事拘留了一名叫作李冠丰的年轻男子，并附上李双江之子李某某的网页链接。① 尽管有怀疑，但是在李某某年龄造假被证实之前，他就是未成年人，理应按照保护未成年人的标准在信息传播中避免其真实姓名、个人基本信息的对外透露。

在公众舆论频频涉法的同时，新闻报道的侵权现象也屡见不鲜。以浙江省金华市的"子杀母"案为例。在新华社的报道中，将该 17 岁当事人的姓名、就读的学校、母亲的姓名等个人资料全部公之于众。虽然《人民日报》2 月 14 日的署名文章《不要"逼子成龙"》没有提及当事人的真实姓名和校名，但是该报 2 月 15 日全文刊发新华社的新闻稿时，却将此和盘托出，以致前功尽弃。② 除此之外，新闻报道中的用词也欠缺妥当，相关报道中并没有使用"犯罪嫌疑人"字样，并且在法官定罪量刑前就言之凿凿地认定是该 17 岁当事人杀害了其母。准确地讲，在法院终审判决未生效前，新闻报道只能称之为犯罪嫌疑人或被告人，而不能在认定其有罪的基础上进行报道。

---

① 姚广宜、吴珂："涉法事件的微传播舆论场：多元意志的冲突与碰撞——以'李某某案'为例"，载《当代传播》2014 年第 5 期。

② 陈中原："'子杀母'案报道的反思"，载《新闻记者》2000 年第 3 期。

三、试提出法制媒介素养教育的对策

（一）法律素养已经成为新闻专业素养的题中应有之义

无独有偶，新闻报道侵权并非我国特有，该问题在世界范围内都是普遍存在的。因此可以明确，新闻报道侵权问题的本质是法律素养与新闻专业素养之间的平衡、衔接问题。随着新闻业发展和媒介技术的不断创新，法律素养已经成为新闻专业素养的题中应有之义。一方面，法律素养的培养本就是对法治社会中每个成员的基本要求，属于全民教育的范畴；另一方面，针对新闻专业的信息传递、开启民智、社会监督的特殊社会职能，对新闻从业人员的法律素养的要求应该更加严格。

因此，把与新闻传播活动密切相关的法律原则和规则纳入新闻专业从业的基本规范可以在根源上解决新闻报道侵权的问题。甚至，对整个社会的法律价值观念的塑造也具有积极的指导性和暗示性。

（二）提高公民的法制媒介素养

十八届三中全会的决定中提到："健全社会普法教育机制，增强全民法治观念。"普法教育是法制社会建设的一个宏观层面，随着媒介影响力的不断扩大，法制媒介素养教育作为普法教育的一部分，其促进作用也越来越明显。法制媒介素养教育不仅包括内容教育，即法律知识的教育；还包括能力教育，即在媒介接触中以法律思维认知、解读、批判的能力，以及合法的媒介行为。法制媒介素养教育是普法教育的一个重要途径，媒介信息的频繁接触可以快速培养公众法律素养的形成，并通过反复实践与操作得到强化。

媒介传播通过碎片化的法制信息、长期稳定的法制信息传播，潜移默化地培养公众的法律素养。并且，随着公众的法律意识的觉醒，必要时，更多的人会选择通过法律途径来进行权利保护和纠纷解决。伴随着法治社会建设的深入，法律素养成为公众参与社会生活的必备素养之一。但系统地学习法律课程很难实现，因此，综合多方考虑，公众也更加积极主动地接触媒介信息中所提供的法律信息，进而提高自身的法律素养。

四、结语

民间舆论场的势头越来越强。虽然说真理掌握在少数人手里太过绝对，但是群体集聚势必会产生优势意见，削弱其他制衡的声音，进而导致舆论的超强一致性。而这种一致的舆论往往是混杂着情感和一定诉求的。这种现象的出现，在一定程度上表明了我国当前法制教育的缺失以及公民法律素养有待加强。而法制媒介素养教育一方面可以在一定程度上弥补法律知识教育的缺失，另一方面也可以在当前侵权行为高发地——网络信息传播上来减少侵权事件的发生。

关于聚合媒体引发版权问题的思考

江　湉①

【内容提要】 聚合媒体是文化产业中近年出现的新生技术产品。它依据用户自主订阅，提供内容抓取服务，或者依靠互联网、大数据技术对用户进行个性化阅读推荐。由于聚合媒体并没有内容生产组织，它的商业模式有天生的寄生性。聚合媒体的代表"今日头条"就陷入与传统媒体的版权纠纷之中。对于聚合媒体的转载行为，可以援引我国著作权法相关条款和民法不当得利制度进行分析和规范。今年，国家版权局也出台《关于规范网络转载版权秩序的通知》来规范网络聚合媒体的商业操作行为。对于聚合媒体，立法者和行政管理者需要减少违法性预判，改革传统版权体系，尽快跟进适当的立法规制、政策规章。传统媒体与网络媒体之间需要探讨授权许可模式，建立新的价格交易体系。

【关键词】 聚合媒体　版权　问题　对策

聚合媒体是近年成长速度很快的新生事物，它能帮助搜集整理新闻资讯，提供给读者友好的阅读体验。但是由于其转载机制缺少法律正当性，导致新旧媒体间的冲突不断发生，其中代表性的事件就是"今日头条"案。如何给予聚合媒体适当的法律规制又保证其

---

①　江湉，华东政法大学文化产业管理专业 2014 级研究生。

创新不被抑制，则成为当下需要面对的问题。

一、"今日头条"引发聚合媒体侵权问题

2014 年 6 月初，"今日头条"的新闻 APP 与传统媒体的著作权纠纷引发舆论关注。事件缘起"今日头条"（北京字节跳动科技有限公司）在宣布 C 轮融资后，关于其内容版权的质疑接踵而至，一些传统媒体质疑其版权问题。因为从直观来看，"今日头条"没有向其他媒体付费，也没有得到授权就转载了媒体的新闻。从客户端实际使用情况来看，"今日头条"提供的新闻内容调用的是原网站的链接，但是点击后提供给用户的是一个经过二次加工的页面。"今日头条"曾声称"我们不修改合作网站页面内容""将合作网站页面完整展现给用户"，这种说法和其行为自相矛盾。国家版权局根据权利人的投诉和反映，于 6 月 16 日，依法对"今日头条"涉嫌侵权案立案调查。最终，经调查确认，权利人投诉的部分新闻作品及相关图片均由该网站存储和传播，而非链接跳转方式，构成侵犯著作权人信息网络传播权。

新媒体出现伊始，传统媒体友好热情地"拥抱"新媒体，也开始发展新媒体业务。但随着新媒体业务投入巨大又无法收到预期回报，传统媒体由盲目乐观逐渐变为审慎从事，甚至开始排斥新媒体，化友为敌。新旧媒体间的冲突开始不断发生。"今日头条"案是传统媒体与移动互联网新兴媒体的一次冲突，也是一件有代表性的新老媒体权利磨合案例，互联网的发展使得新闻生态发生变化，而版权制度也需要相应地作出应对。

"今日头条"新闻 APP 是一种内容聚合的媒体形式。聚合媒体是指通过搜索引擎、数据挖掘、网络链接、转码等网络技术，将分散在网络空间的文件资源整合起来，使得网络用户能够通过一站式

平台访问该文件资源的提供网络服务的媒体。① 聚合媒体的出现有其必然性。互联网的快速发展使得网络上的信息呈现爆炸的趋势，天文数字级别的大体量信息对于我们普通个体来说实在难以识别、筛选、消化。我们有限的物质资源、时间精力只能分配给有限的信息，而随着生活节奏的加快，我们的阅读时间被压缩、被碎片化，我们希望在有限的零碎时间能看到更多更好的信息。聚合媒体充当的就是一种信息过滤器，它运用多种现代技术抓取网络上的信息数据，通过再次的编辑排版显示在移动终端上，节省了我们大范围浏览内容的劳动，让我们高效方便地阅读。当然此类聚合媒体在抓取内容的同时，也涉及被转载方的版权利益，罗伯特·列文在 Free Ride② 一书中就关注了文化产业中的此类"搭便车"现象，即一些互联网企业利用他人的版权内容盈利，但并未获得授权。究竟聚合媒体是创新产品还是游走在法律边缘涉嫌侵权？需要我们从多个角度分析观察。

二、以我国法律视角看待聚合媒体

（一）著作权法角度

我国的《著作权法》第 5 条规定："本法不适用于：……（二）时事新闻。"这里暂不考虑时事新闻的定义争论，取其比较广义的范围来考察。既然新闻被排除在著作权法之外，那么著作权法对聚合媒体的规制只能体现在聚合媒体对聚合内容处理的手段方式之上，

① 崔国斌："著作权法下移动网络内容聚合服务的重新定性"，载《电子知识产权》2014 年第 8 期。

② Robert Levine, Free Ride: How Digital Parasites are Destroying the Culture Business, and How the Culture Business Can Fight Back, Doubleday, 2011.

也即加框链接和网络转码。

加框链接是指"设链者将自己控制的面向用户的网页或客户端界面分割成若干区域，在其中部分区域利用链接技术直接呈现来自被链接网站的内容。用户在浏览被链接内容过程中，依然停留在设链者控制的页面或客户端界面上。这样，用户所获得的浏览体验与设链者自己直接提供相关内容时的体验大致相当"①，也就是说加框链接技术可以使聚合媒体在自己的框和网站地址均不改变的情况下使别人网站的内容出现在自己的网站中，让用户访问别人的网站，而自己在边框上展示的广告却不受影响。

对于加框链接，可援用信息传播权来进行规制，但是我国对网络信息传播权采用"服务器标准"即侵权方将版权作品上传至服务器则侵害了权利人的网络信息传播权，但是由于加框链接技术并不需要完全上传服务器作为支撑，所以版权方将举证困难，难以追究侵权方的直接侵权责任。

而网络转码主要是针对电脑端和移动端之间互相的性能、阅读感受不同而起作用的。我们知道电脑的屏幕尺寸较大，性能表现较为全面，而手机、平板等移动端相对地图文处理能力要低一些，所以聚合媒体在移动端呈现内容时要通过转码技术将图文重新排版以适应移动端的阅读，实际上扩大了作品的受众范围。网络转码技术涉及版权内容在服务器中的复制、再制作等程序，此类程序将会被纳入作品的复制权规制部分。如果此种转码的复制、传播行为使得版权作品的扩散范围和程度脱离了作者的预期，损害了作者的利益，那么就涉及侵犯作者的复制权，会被追究相应的责任。

以"今日头条"APP 为例。为了受众的阅读体验，今日头条APP 对所抓取的网页内容进行了优化，并加入了相关阅读、评论等功能，实际上已经形成了一个自己的页面。虽然今日头条辩称"合

---

① 崔国斌："著作权法下移动网络内容聚合服务的重新定性"，载《电子知识产权》2014 年第 8 期。

作网站页面完整展现给用户"，但是显然客户端呈现的内容和原生网页的内容从直观上就可以发现有所不同，对新闻内容的复制、再编辑、排版势必会涉及权利方的网络信息传播权等权利，转码的行为也使得版权作品的扩散范围和程度脱离了作者的预期，有侵犯作者权益的嫌疑。

（二）民法角度

民法角度主要从不当得利入手。聚合媒体在抓取、转载内容之后，不论通过加框链接还是转码的形式，为了使阅读效果得以更好呈现，必然会将原先页面上的一些广告等元素筛选过滤，甚至如上述"加框链接"所述，聚合媒体可以设立自己的框，在框外设置自己的广告而仅显示转载页面的文字内容。如此，聚合媒体就可能涉及不当得利的范围。

首先，当前的媒体产品除一部分通过订阅收费外，时事新闻多是免费提供给受众的。媒体网站原生的广告是媒体营收的一种重要来源，将此种广告过滤、筛去之后，原本通过吸引读者点击阅读文章的同时附带浏览广告的期望无法达成，对于原本的媒体是一种利益上的损失，也是对广告主合理期望的广告流量的一种缩减。同时，在聚合媒体的 APP 内就能完成对原有文章的阅读而无须转到媒体网站，使得媒体网站的流量也减少，尽管这种流量不能直观地通过变现来衡量，但是作为媒体，产生的新闻产品需要足够的流量作为支撑，通过广告、订阅或其他方式来完成营收。尽管聚合媒体会辩称会添加明显的跳转提示或者按钮等，但是对用户来说，时事新闻获取之后一般不会再另行选择访问原生网站，这种"已阅"的态度已经能够满足我们对一般信息的求知欲。

其次，聚合媒体的聚合行为没有合法性的基础。像"今日头条"的转载行为没有建立在与其他媒体的合同之上，也没有其他合法的依据。这种商业模式有天生的"寄生性"，国外也将聚合媒体说成数字寄生虫（digital parasite）。由于缺乏合法的依据，聚合媒体没有产生原生内容的功能组织，只能靠"吸血"，抓取其他媒体的内容再次引流来进行营收活动。

正是由于聚合媒体在聚合内容的过程中，侵害了他方合法合理的利益，又无合法依据，故而落入了民法"不当得利"的范畴之内，权利方可以通过此种角度寻求合理利益的补偿。

三、美国的热点新闻盗用归责和新闻时效价值

聚合媒体和传统媒体的争议主要是在时事新闻转载的问题上。时事新闻由于它的"时效性""新鲜度"，故而有一种时效上的价值利益。在美国，hot news misappropriation 是针对具有时效性新闻盗用的一种归责，我们可以借鉴美国对热点新闻的处理方法。针对热点新闻的"盗用"，在美国并没有全国性的法令，只是在各州由不正当竞争法进行规范，在一些案件中，热点新闻盗用作为一种违法行为逐渐确立，比如 1918 年 INS 诉 AP，首先提出了"misappropriation doctrine"。

但是，对于新闻的时效价值一直很难明文确定。尤其在互联网时代，信息一旦发出便很容易被搜索引擎、各大媒体、互联网用户所捕捉，进而再次传递。借由互联网，当下的信息传递速度相当快，几乎可以做到没有延时性。在以前，传统媒体采集到新闻，到报道、刊印之前，存在一定的时间差，这种"独家"的新闻必然带有时效价值。但是在互联网时代，很难确定在多久的时间内新闻还具有独家性，怎样的新闻算是"热点"也很难衡量。

当然，美国对热点新闻的保护，表明新闻事实尽管不为版权法所保护，但是新闻的采编仍然需要大量的人力物力，并且"时效性"正是新闻的价值所在。对于聚合媒体来说，比较容易忽视的就是新闻本身的采集成本，聚合媒体采用技术抓取其他媒体内容，并

不需要太多采集成本，并且抓取时差基本无延迟。一旦用户在聚合媒体的客户端阅读过此类新闻信息之后，便很难再给传统媒体带去足够的关注度。因为在这个信息爆炸的时代，我们面对新闻的态度往往是"知道了"便罢，然后选择自己所需进行深度阅读，这又是另一种情形而非热点新闻所能提供的。

四、互联网时代的版权变革

传统的版权模式是一种基于许可或者法定合理使用的体系，转载、复制、改编作品都要有合法的基础、得到权利人的许可方可实施。但是互联网改变了信息的收集和使用方式。比如，现在搜索引擎成为链接网民与信息之间的桥梁。搜索引擎通过自己的爬虫程序在互联网上收录信息，然后将链接、图文等提供给使用者，然后使用者通过连接跳转到网页。除非网页的所有者或内容的权利人在网站中排除 Robots 协议，即不允许搜索引擎来收录自己的网站，而用户也不能通过搜索引擎找到自己网站的内容，只能通过网站门户访问。但是随着搜索引擎的广泛使用，它逐渐演变成互联网的入口，让用户觉得它也是内容的提供方，模糊了真正的来源。这种界限模糊的趋势也促使版权需要相应作出调整。

互联网发展至今一直呈现出开放、自由的特征，使得互联网的数字内容不能完全按照原有的版权体系，先授权再使用，那样效率太低下，而且版权成为限制与垄断的工具。互联网可以采用类似 Robots 协议那样排除许可的择出模式（opt – out permissions）与默示授权（implied licenses）①，如此可以大大提高授权效率或者降低侵

---

① JASIEWICZ, MONIKA ISIA, Copyright Protection in an Opt – Out World: Implied License Doctrine and News Aggregators, Yale Law Journal 122. 3, 2012.

权概率。

择出模式，即事先添加不许可协议，排除未授权者的使用权，如同网站事先添加 Robots 协议；如果事先未明示这种许可排除，则表示内容提供方采用了默示授权，任何人可以获取、阅读、编辑、转载相关的内容。如此，任何希望采集内容的组织、个人可以先查询内容提供方是否添加了排除协议；如没有，则默认获得了自由使用的权限，可以在法律范围内使用。这样提高了对作品内容流通的效率，也符合互联网时代公众对信息的知情权。对于择出模式和默示授权的法律地位，如果立法者将违背类似 Robots 协议的"排除许可"协议作为一种违法行为，那么版权人就能够更加放心地将作品内容数字化，选择合适的数字版权保护方式封装，然后发布在网络上。借助网络的流通性，能够面向更多的读者，吸引购买或者订阅。

如果采用了择出模式与默示授权，那么聚合媒体也能够形成有合法基础的商业模式，聚合媒体可以仍然遵照传统的授权方式，先前寻找版权方的许可，将新闻、评论等内容以付费方式购买进而转载，或者按照版权方在网站的版权协议明示或默示进行是否抓取内容的操作。在 Marina Krakovsky 的 Just the Facts[1] 一文中，我们看到了国外较为成熟的一种商业模式，力图修正现在的新闻市场，使得聚合媒体能够合法地使用新闻内容。文章以 Newsright 作为例子，Newsright 建立了一种 7×24 小时的不间断新闻供应链，像一个新闻批发商，向聚合媒体贩卖新闻。目前，已经有 20 多家新闻媒体组织和 Newsright 签约。虽然新闻事实本身不受版权法的保护，新闻聚合媒体可以免费使用，但是产生新闻的过程消耗了劳动力、物资，需要一定的补偿。此外，新闻本身也具有时效价值，随意盗用或者转化使用，涉及不正当竞争。基于此，如果有个类似 Newsright 的平

---

① Krakovsky, Marina, Just the Facts, Communications of the ACM, Vol. 56 Issue 1, pp. 25 – 27, 2013.

台能够提供一种便捷、价格合适的合法途径，新闻聚合媒体会开始习惯付费使用，也可以规避法律风险。这样，聚合媒体就不再背负着"寄生虫"的骂名，既是一款优秀的解决人们新闻阅读需求的创新产品，也有了足够充分的法律基础。

五、结语

互联网深刻地改变了人们的交往方式、人际关系，也在逐渐变革我们的生活方式、社会体制。人们通过互联网获得了越来越丰富的信息、知识，也极大地提高了工作效率和生产效率，我们的生活从未变得如此便捷，也从未与技术如此紧密地联系在一起。当我们接触的信息都开始数字化，爆炸般的数据冲击着我们的感官，我们需要有效的过滤器来处理这些庞杂的数据。聚合媒体的出现可以说是互联网发展的一种必然产物。它通过技术抓取、转载、转码新闻信息，可以根据我们的兴趣在移动终端呈现给我们，免去了我们查找、浏览的麻烦，是极具创新性的产品。但是聚合媒体的商业模式在当前还没有完全成熟，它需要慢慢摸索出独立的一套商业模式，同时也找到一条解决法律纠纷的途径。这既需要企业间的协商，行业协会的监管，也需要立法者根据社会发展实际及时跟进立法措施。我们相信，未来会是一个友好的双赢局面。

新媒体环境下我国政府
突发事件新闻发布机制优化路径探析[①]

高　雁[②]

【内容提要】 突发事件以突发性、破坏性、紧迫性等特点备受媒体和公众关注，是媒体传播和舆论的焦点。在新媒体环境下，政府突发事件新闻发布面临更为复杂和严峻的挑战，存在不适应新常态的状况。面对实践中存在的诸多问题，亟待从理念、内容、手段、维度、机制等方面改进方式方法，从而不断提升传播能力、实现预期传播效果。

【关键词】 新媒体　突发事件　新闻发布

我国已经进入改革攻坚期和社会转型期，突发事件呈多发态势。突发事件，简单来说，就是突然发生的天灾人祸。突发事件的常态化决定了政府突发事件新闻发布的经常化。这里的新闻发布是广义上的含义，不仅包括举办官方新闻发布会，还包括散发新闻通稿、政府网站发布、官方微博发布等方式与途径。

"危机事件一旦发生，你我都无法阻止和改变。我们能做的就

---

① 本文是华东政法大学科研项目"全媒体背景下我国政府突发事件舆情处理机制研究"（项目编号：12HZK030）研究成果。
② 高雁，华东政法大学人文学院法制新闻专业讲师。

是减少损失和影响传播"①。我国政府突发事件新闻发布实践还存在着许多不尽人意之处。特别是进入网络传播以及微博、微信等自媒体传播时代后，如果政府突发事件新闻发布响应等机制存有不足，不仅可能未实现传播事实、以正视听、引导公众、争取支持、稳定社会的目的，反而还会制造出新的舆论热点甚至激化矛盾。因此，在新媒体环境下，政府应建立契合突发事件传播特点的政府新闻发布新机制。

一、新媒体环境下我国政府突发事件发布
面临的挑战

（一）突发事件的固有特点对政府新闻发布机制的影响

突发事件在时间、影响、处置等过程中，具有突发性、破坏性、紧迫性、重构性等特点，要求政府必须打破日常既有思维和模式，构建适应非常规性、快速消除不确定性、逐步降低高关注性和尽量避免不可控性为要求的非常态新闻发布机制。

（1）突发性特点要求政府建立适应非常规性的新闻发布响应能力。突发事件发生、发展的速度很快，将立刻影响人们生产生活甚至人的生命。政府在实施救援处置的同时，必须同步考虑突发事件的新闻发布工作。从新闻规律来看，突发事件恰恰是媒体记者追逐的兴奋点和公众聚焦的关注点，特别是媒体之间首发新闻的相互角逐，更考验政府对突发事件的快速传播反应能力和"化危为机"水平。如果政府不及时发布信息，记者或公众只能传播道听途说的内

---

① 孙玉红、王永、周卫民：《直面危机——世界经典案例剖析》，中信出版社2004年版，第191页。

容，即有可能在突发事件自身还没得到解决的同时，又衍生出新的传播危机，陷入舆论谴责的风波。

（2）破坏性特点要求政府通过新闻发布快速消除不确定性。公众关注突发事件，除了迫切知晓事件发生时间和地点等基本要素之外，更关心和确定突发事件对自己或他人或社会是否会产生破坏性影响，是否需要采取相应的应对行动。媒体根据新闻价值规律和公众接受心理，在内容选择上更倾向于传播破坏性强、社会影响大的突发事件信息，同时期望通过信息传播，使公众了解事件的破坏性状况以及与公众的关联。因此，政府新闻发布要尽快公布突发事件给人们生命财产已经造成或者潜在存在的破坏性影响，在发布的内容上要契合媒体和公众的需求。

（3）紧迫性特点迫切需要政府通过权威新闻发布逐步降低社会的高关注性。从政府层面来说，突发事件往往带有负面或悲情的传播价值。在事件刚刚爆发的时候，由于"首因效应"的作用，公众往往对第一时间获取的第一手资讯有较大的接纳度和准入度。如果政府不能及时发出权威声音，或者刻意隐瞒突发事件信息，各种流言和谣言就会以几何级数的方式迅速扩散，并在媒体传播作用下，会引发更多的公众关注和聚焦，政府将陷入被动的泥潭之中。因此，政府应重视突发事件的紧迫处置特征，从社会公众角度出发，及时权威发布事件信息、回应关切，争取社会公众的同情、理解和支持，妥善化解危机。

（4）重构性特点需要政府新闻发布营造有利舆论环境，避免不可控性。尽管突发事件发生在某个地点或某个地区局部，但事件均涉及一部分人的切身利益，还有许多公众从不同角度出发成为利益关联方，关注突发事件的进程，解读政府处置事件方式。例如，因强制拆迁、环境污染等引发的群体性事件，不仅引发现场公众的聚集与围观，也可能会诱发周边地区乃至更大范围的抗议与暴力事件。因此，需要政府采取及时公布事件真相、原因、处置措施、政府立场、社会要求等内容，为事件处置、恢复秩序、维护稳定、重构常态营造有利舆论氛围。

（二）新媒体环境下政府突发事件新闻发布机制受到的新挑战

随着科技的飞速发展，新媒体越来越为人们关注和使用。随着智能手机等通信工具的普及和传播的便利性，使自媒体已经成为新媒体阵营中的生力军。新媒体的特征简要概括来说就是平民性、交互性、即时性、海量性、多媒体、社群化等，使公众从"旁观者"转变成"参与者""传播者"。正是这些新媒体特征导致的新传播环境，使得突发事件新闻发布信息传播面临更为复杂和困难的局面。"互联网深刻改变了我国的信息传播格局和突发事件的舆论生成模式。"①

（1）在传播时效上，新媒体考验政府抢占突发事件传播先机的能力。一方面，突发事件本身的突发性特点要求政府立即从媒体和公众角度发布事件信息，另一方面，任何现场人员或者目击者都有可能成为利用新媒体手段，在网络社区、微博、微信等传播载体上传播突发事件信息的第一信源。因此，政府应当牢固树立新闻发布赛跑争第一的意识，遵循突发事件传播"黄金四小时"规律，并尽可能压缩发布的时间差，抢得新闻发布的传播主动权。"如果按照传统危机处理程序和事实真相及调查程序，先调查事件真相再向社会公开政府……决策及意见，那么在事件真相没有公开前各种猜测和谣言将充斥社会，使政府和主流媒体失去舆论引导主动权。"②

（2）在传播主体上，多元化特性要求政府新闻发布成为权威信息。在传统媒体管控时代，一旦发生突发事件，政府从舆论引导的立场出发，对发布内容层层把关审核，最后呈现在公众眼前的是

---

① 张红菊："浅析互联网时代政府的突发事件舆论引导"，载《当代传播》2013 年第 2 期。

② 林凌："昆明'3·01'暴力恐怖事件舆论引导机制及启示"，载《编辑学刊》2014 年第 3 期。

"豆腐块"信息，信息容量有限。在新媒体环境下，传播主体既有传统媒体，又有许多自发的、具有传播意识的公众，还有众多关注突发事件事态发展的公众讨论。如果政府在新闻发布中试图遮盖或者隐瞒，除了引来的是质疑、责难和骂声之外，公众还将通过发布相关事实、进行信息对比、专业解读等方式，将政府拖入不负责任、威信扫地的尴尬境地。

（3）在传播地域上，全球性特征决定政府新闻发布必须公开事件真相。新媒体将全球变成"地球村"，某个地点的突发事件会引发全球关注效应。人们聚焦的重点除了事件本身之外，还将目光锁定政府如何应对突发事件。因此，政府在突发事件新闻发布中，不仅要及时公开事件发生时间、地点、经过等基本要素外，还要有政府立场、处置措施、初步分析、薄弱环节等相关要素，特别是对事件发生原因和需要公众支持配合事项要公布及时、全面、准确。

（4）在舆论阵地上，互动性特征要求政府新闻发布及时回应社会关切。社群交互讨论等传播特点，使新媒体成为公众虚拟社会的信息集散地、话题讨论的舆论场。政府应当及时搜集分析新媒体环境下的舆情，对公众关注度高、质疑性强的突发事件舆情内容，要及时、持续发布新闻，回应社会关切，以主动姿态消除传播杂音甚至谣言。如果在突发事件预防和应对过程中政府管理存有疏忽，必须坦诚承认错误，不敷衍塞责、诿过于人，以积极回应姿态赢得舆论引导的主动权。

二、我国政府突发事件新闻发布机制问题分析

从近年来我国突发事件新闻发布实践以及部分案例来看，在新闻发布机制上还存在诸多缺陷。

（一）把关机制影响发布时效

我国政府在突发事件新闻发布过程中，尽管已由压制传播向主动传播逐步转变，但在操作上仍然延续传统模式，即在相关领导到达现场先商定新闻报道口径，甚至再上报一级领导审定后，交由新闻宣传部门统一对外发布。这种层层审核的把关机制，使得政府新闻发布的时效远远迟滞于公众自媒体和专业新闻工作者已经传播或报道的信息。"对信息的瞒报和滞后有可能会造成两种后果：一是流言或谣言盛行；二是公众非理性情绪表达和恐怖性行为。"[1]

（二）口径内容与公众需求错位

有些地方政府不是从公众的需求角度拟定新闻发布口径，而是延续官本位的思想，过分强调领导的重视，忽视事件可能对公众带来的破坏性影响。例如，2015 年 1 月 2 日哈尔滨仓库火灾事故发生后，在 585 字的政府新闻发布稿中，用了 258 字浓墨重彩表明领导重视，在网民中遭到了"领导与死人抢版面"的舆论谴责[2]。

（三）过分依赖新闻发言人

新闻发言人制度的建立，在一定程度上提高了我国政府突发事件新闻发布的信息质量和专业水平。但有时候一些地方政府或部门，把新闻发言人当作拒绝媒体采访的理由，使得完全可以通过散发新闻通稿或接受采访等途径实现第一时间权威传播的信息变得迟滞或者缓慢。在一些重大突发事件新闻发布会中，有些新闻发言人由于对现场情况了解不全面，但受领导指派，准备不足，仓促上

① 郭力华："突发事件传播中的公众知情权与媒体策略"，载《当代传播》2011 年第 4 期。

② 来电和断电博客：http://blog.sina.com.cn/s/blog_55d803000102vm1r.html。

阵，使得发布的信息与媒体和公众关注的焦点错位。在 2011 年温州动车特别重大事故中，铁道部原发言人正是由于对现场状况的不熟悉以及信息的不对称，导致他在面对记者质疑时，不能列举事实理由说服人，而是以"不管你信不信，反正我信了"之说招来公众非议。

（四）滥用新闻发布技巧

在突发事件发布实践操作中，有的地方政府不敢正面回应社会关切和舆论焦点，只重视形式的运用而忽视事实的信息，使发言人对记者的问题王顾左右而言他，避重就轻、避实就虚，滥用新闻发布技巧。例如，突发事件发生后，在尚不充分掌握情况的基础上应当坚持"快讲事实、慎讲原因"的原则，但是北京有关部门"7·21"特大暴雨事件新闻发布中，不是诚恳检讨政府预警不及时、城市管理设施陈旧等事实，而是始终强调"北京市抗击强降雨的有益经验"①。

（五）未与记者建立良好合作关系

尽管我国政府强调要打造公开、透明、法治、责任、服务型政府形象，但是在突发事件新闻发布中，"捂、盖、掩"的理念和方式依然存在，甚至个别地方政府和工作人员仍然视媒体记者和社会公众为对立面，认为他们只是找茬试图制造不安定因素。2014 年 1月 8 日，《华西都市报》报道了四川达州罐子乡党委书记罗颂在接待村民来访时，发现还有记者参与后顿时暴怒喊出："威胁我就是威胁党！"

---

① 姜春媛："北京市召开 7.21 强降雨新闻发布会"，http://news.xinhuanet.com/2012－07/22/c_112500548.htm。

三、新媒体环境下政府突发事件 新闻发布机制的优化路径

突发事件对政府的正常管理提出了严峻的挑战。即使事件本身得到及时妥善处置，如果政府新闻发布失当，也会可能损害政府形象、激发社会公众情绪、影响社会问题。政府应当以公众需求为导向，不断完善突发事件新闻发布机制，争取最佳传播效果。

（一）提高实效，及时主动发布

突发事件发生后，"'突发'决定了'紧急'，'紧急'考验着'应急'。"① 突发事件新闻发布考验政府的智慧和应对能力。在新媒体环境和人人都是麦克风背景下，突发事件的发生，就意味着一场"信息战"的序幕已经拉开。政府在第一时间响应应急处置的同时，应遵循"黄金四小时"甚至更短时间的传播规律和适应突发事件舆论主动权的新常态，第一时间主动发布第一手的事件权威基本信息，维护和保障公众的知情权，而不是等待媒体追问或公众铺天盖地的呼吁之后被动发布新闻。

（二）减少把关环节，同步发布事件信息

根据我国相关法律规定，政府在突发事件应对过程中，承担向上一级政府书面上报事件情况的责任。为缩小与新媒体等第一发布的信息时间差，应当减少层层审核把关的环节；可以采取授权救援处置现场负责人的方式，在向上级报告事件信息的同时，同步发布

---

① 吴佶、姚晓晨、李鹤："专家解析'黄金四小时'：谁来给突发事件'第一定义'"，http：//politics. people. com. cn/GB/1026/11003991. html。

突发事件发生的事件、地点等基本要素，第一时间公布事件实情。把关层次的减少，可以在时效上将已知情况和正在采取的行动迅速公布于众，有助于形成"先声夺人"效果。

（三）全面客观，注重过程中的事件信息发布

突发事件会对社会造成危害，极易引起媒体和社会各方关注与议论。新闻发布形式固然重要，但关键在于内容。如"以探究事件真相为主线，还原事件真相和要求追究当事者的责任"。[①] 政府发布突发事件新闻时，要尽可能将掌握的事实信息全面客观告知公众。对于一些复杂的突发事件，可以根据进展情况以及公众舆情关注焦点，把握好节奏有效发布过程信息。在操作上，首先要第一时间发布事件信息的基本要素，包括事件发生的事件、地点、类型、人员伤亡情况或可能造成的后果、已经采取的救援处置措施等。其次，如果事件可能波及其他人群或者周边地区，应及时发布事件危害信息，传播事件可能存在带来的潜在风险，避免公众受流言或谣言的影响。最后，根据突发事件处置进程，注重过程信息的传播，陆续发布事件原因、处置措施等。

（四）建立信息共享机制，人人都是事件新闻发言人

突发事件的紧迫性以及现场目击者可能成为信息传播第一信源的压力下，要破除只有新闻发言人才能接受记者采访或者发布新闻的固有观念，通过专业知识培训全面提升政府人员媒介素养，或者鼓励公务人员利用微博、微信等途径发布事件信息提高媒介使用能力，使人人都能敢于面对镜头、利用新媒体发布事件信息，使人人成为事件新闻发言人。"判断一个新闻发言人是否合格的根本标准是看他是否在相当大的程度上减少和消除了人们对于公共事务认知

---

① 林凌："网络群体事件传播机制及应对策略"，载《学海》2015年第5期。

上的不对称状况"①。政府内部关键要建立突发事件信息的共享机制，互通事件的基本事实情况以及相关背景资料。同时，要避免过分强调发言人发布技巧而造成公务员无形压力的增加。"受众对事件本身（时效、内容、价值、影响、结果等）的关注度远远超越事件传播的载体（发布会、媒体）"②。因此，新闻发布的核心在于及时向社会公开事件信息，而不是以"请联系我们新闻发言人"或者"我们正在调查中"等作简单而原则性的回应。

（五）多管齐下，运用多种渠道发布信息

政府发布突发事件新闻时，一方面向现场记者散发新闻通稿或者组织召开新闻发布会等传统手段外，另一方面要积极运用新媒体传播载体，在政府网站、官方微博、官方微信上快速发布内容。同时，要把握补充新闻发布的频率与节奏，视情适时补充发布事件信息。此外，政府还应借势借力，可以向拥有众多网民或者粉丝的网站、微博等提供新闻、请求支持等，扩大传播覆盖面。"传统媒体与网络媒体呈现出的联动机制，可谓是优势互补，强强联合。"③

（六）改单向发布为互动传播，提高事件舆情引导水平

突发事件发生后，政府需要处置的不仅仅包含事件本身，还包括事件引发的舆情聚集效应。"诸种情绪、意见、态度和情绪一旦集结于互联网平台而产生网络舆情，民意聚合的效应往往异常强大。"④ 要适应新媒体互动性等传播特性，改变以往由我发布、媒体和公众被动接受的传播模式，组织力量监测分析舆情，对记者和公

---

① 喻国明："与时俱进建设好政府新闻发布制度"，载《学习时报》2011 年 8 月 29 日，第 6 版。

② 侯迎忠、庞巧利："地方政府应对突发事件新闻发布效果研究"，载《今传媒》2012 年第 12 期。

③ 刘扬："突发公共事件网络舆情的引导策略"，载《编辑学刊》2012 年第 2 期。

④ 胡朝阳："论网络舆情治理中维权与维稳的法治统一"，载《学海》2012 年 3 期。

众关注度较高甚至质疑的问题，要及时补充发布相关事实信息，回应社会关切，实现与媒体和公众的良性互动，赢取舆论引导和舆情处置的主动权。平时要注重与突发事件新闻报道记者和新媒体意见领袖建立良好的工作合作伙伴关系，必要时主动提供事件信息等便利。

行业门类·
法制
…　…

网络游戏产业政府规制问题析论

马明飞①

【内容提要】 网络游戏产业在我国从形成到发展壮大已有十多年时间，它在带来巨大经济利益的同时，也给社会带来了许多负面效应，其发展一直面临巨大的争议。网络游戏不同于一般的静态文化产品，其参与性、互动性、创造性使得网络游戏呈现出"虚拟社会"的特点。网络游戏商在做强做大的同时，也承担着传播与引导网络文化的重要社会责任。倡导积极健康和谐的游戏文化氛围，仅靠游戏行业的自律是不够的，还需要政府的政策保障和强有力的法律规制。

【关键词】 网络游戏　社会责任　政府规制

一、网络游戏产业的定义与特征

（一）网络游戏的定义

游戏的定义包括五个要素：一是自觉自愿地进行，无外界压迫；二是在一定时间、空间进行；三是游戏有别于日常生活，只是

---

① 马明飞，华东政法大学文化产业管理专业 2014 级研究生。

对日常生活的模仿；四是游戏伴随着紧张和愉快；五是游戏的目的在游戏本身，不在游戏之外。① 作为文化产业的一部分，游戏产业属于我国新兴的高新技术产业。游戏产业及相关产品包括网络游戏、手机游戏、电视游戏、PC 单机游戏等，网络游戏是目前最风靡，最受玩家喜爱的一种游戏产品。根据中国互联网络信息中心的定义，网络游戏是指以电脑为客户端，互联网络为数据传输介质，必须通过 TCP/IP 协议实现多个用户同时参与的游戏产品，用户可以通过对于游戏中任务角色或场景的操作实现交流、娱乐的目的。网络游戏与单机游戏一同构成 PC 游戏，网络游戏又可以分为网页游戏、大型多人在线角色扮演型游戏、休闲类网络游戏。② 本文中的网络游戏指大型在线多人角色扮演类网络游戏（MMORPG），此类网络游戏能够使多个玩家同时进入某个游戏场景，操作具有某种社会特性的游戏角色，并能与其他游戏玩家控制的游戏角色进行实时交流互动。

（二）网络游戏的特征

网络游戏与单机游戏一同构成 PC 游戏，网络游戏是在互联网普及后在单机游戏的基础上发展演变而来的，可以说网络游戏是互联网与原始单机版游戏相结合的产物。除了单机游戏的一些特征外，网络游戏还具有以下四点特征。首先，从游戏主体来看，网络游戏的参与人数往往非常庞大，往往是数万人、数十万人甚至上百万人同时在线玩同一款网络游戏。其次，从玩家地域范围上来看，网络游戏打破了地域限制，使网络游戏行为主体分布极为广泛，只要有电脑与互联网，不同玩家在不同区域甚至不同国家就可以在线对同一款网络游戏进行操作。再次，是网络游戏的进入成本很低，网络游戏消费的低价格使得玩家初期参与并不需要投入很大的成

---

① 西门孟编著：《游戏产业概论》，学林出版社 2008 年版，第 13 页。
② 中国互联网络信息中心：《2009 年中国网络游戏市场研究报告》，资料来源 www.cnnic.cn，访问时间：2015 年 3 月 1 日。

本，利于游戏的普及。最后网络游戏具有很强的"黏性"，玩家很容易上瘾沉迷。由于网络游戏的玩家体验具有连续性，成果具有累积性，游戏等级的提高、经验的增长都需要长时间的积累。然而等级与经验越高的的游戏角色在游戏中的能力就越强，玩家也会从此获得成就感。所以网络游戏具有极强的"黏性"，或是"成瘾性"，这应该是网络游戏的最大的特点。

二、网络游戏产业的双面性

（一）网络游戏产业的正面效应

1. 网络游戏带来巨大的经济效益

网络游戏由于其开放性大、可玩性高、参与性广、竞争性强等特点而拥有极大的消费市场。据中国互联网信息中心发布的第 35 次《中国互联网发展状况统计报告》显示，截至 2014 年 12 月底，我国网民数量达到 6.49 亿，互联网普及率为 47.90%，2014 年末网民数量较 2013 年末增加了 3117 万人，普及率提升 2.10%。然而其中网络游戏的网民使用率高达 54.70%，网络游戏市场规模达到 891.2 亿元人民币。① 在我国，网络游戏从 1996 年的准备到 1997 至 2001 年的起步，再经过 2002 年到 2006 年的飞速发展阶段，经过十多年的发展，到 2014 年已经成为规模庞大的成熟产业。

2. 网络游戏带动相关产业的发展

网络游戏产业处于技术创新和研发等产业价值链高端环节，以

---

① 中国互联网信息中心：第 35 次《中国互联网络发展状况统计报告》，数据来源 www.cccic.cn，访问时间：2015 年 3 月 2 日。

创意为源头，同时和信息技术紧密结合，属于高附加值的知识密集型产业、低耗能绿色产业。网络游戏产业本身属于互动娱乐产业也属于休闲产业，同时网络游戏产业又是一个横跨计算机、软件、互联网、消费电子等诸多领域的综合体。网络游戏产业拥有巨大的渗透力，影响着许多相关的产业，如电信业（固化业务运营商及移动运营商）、信息产业（硬件、软件、电信 ISP 供应商）、传媒业（广告业、报业、电视业、网络媒体）、传统出版业、制造业（饰物及玩具生产商）、展览业（E3、GAMESHOW）等。作为一个正蓬勃发展的产业，网络游戏产业不仅创造了大量的就业岗位，还与其他经济生产方式与运营方式结合在一起，推动着传媒、IT、电信等产业的发展，间接产生大量的人才需求，增加就业岗位。

（二）网络游戏的负面效应

1. 青少年网瘾问题

"网络成瘾综合征"（Internet Addiction Disorder，简称 IAD），1994 年由纽约的一位精神医生 Goldberg 提出，临床上是指由于患者对互联网过度依赖而导致明显的心理异常症状以及伴随的生理性受损的现象。其症状可发展为食欲不振、头昏眼花、情绪低落、精力难以集中等，严重的可导致神经紊乱，免疫功能降低，引发心血管疾病、抑郁症及眼睛方面的疾病等。日前，笔者尝试以"网瘾"为关键词在百度搜索上进行搜索，共得到相关网页 175 000 000 篇，而且这些报道大多数是与青少年相关的。据互联网数据中心（DCCI）对我国网络游戏玩家的年龄分布统计数据显示，我国网络游戏玩家主要集中在青少年群体，其中 18—24 岁玩家所占比例最高，达到 57.26%，18 岁以下的玩家数目也很可观，比例占到 25.37%；25—30 岁的玩家比例为 12.63%；30 岁以下的玩家已占据了玩家总数的 95% 以上的绝对份额，而且占了 30 岁以下网民分布比例的 73.4%。① 由此可见，30 岁以下的玩家数量庞大，且分布密度高，是网络游戏的核心用户群体，同时也是网络成瘾的集中人群。为了解国内青少年网瘾的状况，2009 年中国青少年网络协会联合中国传媒大学进行了第三次全国青少年网瘾调查研究。调查报告数据显示，我国城市青少年网民中网瘾青少年约占 14.1%，人数约为 2404.2 万，在城市非网瘾青少年中，约有 12.7% 的青少年有网瘾倾向，人数约为 1858.5 万。其中 18—23 岁的青少年网瘾比例（15.6%）最高，其次为 23—29 岁的网瘾比例（14.6%）及 13—17 岁的网瘾比例（14.3%）。而且在对非网瘾群体与网瘾的具体活动的比较中发现，在玩网络游戏上，网瘾用户要比非网瘾用户高出 17.5 个百分点。②

2. 网络游戏中的暴力、色情诱发青少年犯罪

青少年的身体和心理都处在重要的成长时期，该时期的青少年对外界充满好奇，模仿能力特别强，尝试心理也很重。然而目前网络游戏的内容普遍充斥暴力、色情等内容，这些一旦被青少年接触，极易触发他们的神经，刺激他们做出一些非理性的事情，对社会与家庭的危害极大。据中国青少年犯罪研究会的统计资料显示：目前，青少年犯罪总数占全国刑事犯罪总数的 70% 以上，其中的 14 岁到 18 岁的未成年犯罪人数又占到青少年犯罪总数的 70% 以上；有 70% 以上的少年犯因受网络色情暴力内容的影响而诱发盗窃、抢劫、强奸等几类严重犯罪行为。另外从法院了解的情况来看，目前盗窃、抢劫等侵犯财产类犯罪占未成年人犯罪案件类型的 3/4 左右，他们之中的一部分人的犯罪目的仅仅是为了搞点钱去网吧。上海某少管所干部讲，在少管所里所有少年犯都曾迷恋过暴力、恐怖、凶杀、色情文化，前些年是书刊、录像、电影，近年来

---

① 数据来源：http://www.dcci.com.cn，访问时间：2015 年 3 月 2 日。
② 中国青少年网络协会：《中国青少年网瘾调查报告》，http://edu.qq.com/edunew/diaocha/2009wybg.htm，访问时间：2015 年 3 月 2 日。

则是因为网络游戏。该少管所里 70% 的少年犯有过玩网络暴力游戏的经历，每天玩网络游戏超过 5 个小时的占 50%，因筹集上网费用而诱发犯罪的占到了犯罪总数的 70%。

3. 网络游戏冲击中国传统道德价值观念

网络文化在改变人们的生活方式与心理状态的同时，也对传统的价值标准、社会化规则和行为规范产生了巨大的影响与冲击。尤其是在青少年人生观、价值观处于形成的阶段，他们分辨是非能力差，模仿能力却很强，当他们沉迷于网络游戏之中时，极易形成错误的暴力观念与帮派意识，混淆网络虚拟与现实社会的差别。目前我国的网络游戏主要引自美国、日本，由于文化背景的差异，我国传统的人伦规范"仁、义、礼、智、信"等观念在游戏中被推翻了，游戏中宣扬的将敌人赶尽杀绝，将帮助过自己的人杀死以换取更多经验值的例子数不胜数。由于青少年对网络游戏的痴迷，会不自觉地被游戏所宣扬的不健康文化所同化。目前在我国一些青少年在网络游戏中迷失自我以至于向亲人朋友举起屠刀的事件屡见报端，这应该引起我们的重视。

三、我国网络游戏政府监管体系发展历程

在我国网络游戏发展的初期，它并没有引起政府部门的注意，也没有政府部门来监管。一位业界的资深律师介绍说："早年的单机游戏属于电子出版物，所以归当时的新闻出版总署来管，而对网游国家并没有硬性规定。"① 由此可见，网络游戏在最初的发展阶段

① "'魔兽事件'发展始末 让网游回归单纯和快乐"，资料来源 http://www.sootoo.com/content/17226.shtml，访问时间：2015 年 3 月 5 日。

存在一个政府监管的空白期。

我国政府开始对网络游戏进行监管始于 2000 年。这一年 9 月国务院颁布了《互联网信息服务管理方法》，确认了新闻出版总署在网络游戏的主管地位。2002 年 8 月，新闻出版总署依据《互联网信息服务管理办法》和《出版管理条例》颁布并正式实施《互联网出版管理暂行规定》，其中规定，"从事互联网出版活动，必须经过批准"，必须申请"互联网出版许可证"。自此，新闻传播总署开始对网络游戏出版物进行前置审批与监督管理，成立了全国游戏出版物审查委员会，对网络游戏，特别是境外引进的网络游戏进行前置审查批准制度。2004 年 6 月，国务院第 412 号令《国务院对确需保留的行政审批项目设定行政许可的决定》（以下简称《决定》），首次对两个部委针对网络游戏的审批权做出分配，文化部负责设立经营性互联网文化单位和进口互联网文化产品内容审查，新闻出版总署负责审批出版境外著作权人授权的电子出版物（含互联网游戏产品）。至此新闻传播总署和文化部成为我国网络游戏政府监管体制中最为主要的两个部门，这种局面一直持续到 2008 年。2008 年我国中央政府大部制改革进入关键性一年，在 2008 年 7 月国务院办公厅分别印发的《"三定"规定》中对国务院各部门的主要职责做了相应的调整。其中在印发的国家新闻出版总署的《国家新闻出版总署（国家版权局）主要职责内设机构和人员编制规定》中的职责调整部分规定："将动漫、网络游戏管理（不含网络游戏的网上出版前置审批），及相关产业规划、产业基地、项目建设、会展交易、和市场监管的职责划给文化部。"新闻出版总署保留"对游戏出版物的网上出版发行进行前置审批"和"对出版境外著作权人授权的互联网游戏作品进行审批"两项许可权力。按照上述规定，网络游戏政府监管格局发生了根本的逆转，文化部成为网络游戏的主管部门，而新闻出版总署则在文化部的统一领导下负责"网络游戏的网上出版前置审批"。

四、我国网络游戏政府监管存在的问题

从 2000 年以来，我国网络游戏的政府监管体系从无到有，且得到了不断地发展和完善，它对于我国网络游戏产业快速发展起到了很好的推动作用。但是我们也应该清醒地认识到现存的这套政府监管体系还存在与我国网络游戏产业发展不相适应的地方，如不及时完善，将会阻碍网络游戏产业的健康发展。

"依法行政"是行政主体行使职权的基本原则，对行政主体而言，"法无明文规定即禁止"，据此理念，网络游戏的监管主体在行使监管职责时必须有明确的法律法规作为依据。通过相关检索，笔者发现目前我国有关网络游戏的立法严重滞后于网络游戏产业的发展现状。其落后主要体现在以下几个方面。

（一）立法数量上

笔者分别在中国法律信息网和北大法宝这两个网站中分别输入关键词"网络游戏"，结果显示符合要求的法律法规信息分别只有 39 和 40 项；经过整理，有关网络游戏的专门立法一共是 33 项，而且其中主要都是国务院及其部委所制定的具有管理性质的行政规章与行政法规，缺乏阶位上的法律，立法主体多，层次低。虽然这两个网站收录的内容并不能囊括我国所有的网络游戏法律法规，但在一定程度上显示我国的网络游戏专门立法是很少的。

（二）立法体系方面

笔者依据立法主体的不同对上述 33 项关于网络游戏的专门立法进行了分类整理，发现关于网络游戏的专门法律、行政法规、地方性法规的缺失十分严重，现有的网络游戏专门立法都是部门规章和地方示范性文件，其中部门规章 22 项，地方性示范文件 12 项。其中与网络游戏立法联系密切的互联网法律、行政法规也极为匮乏，至今也只有一部准法律性质的《全国人大常委关于维护互联网安全的决定》，由国务院制定的行政法规也只有《互联网信息管理办法》《互联网服务营业场所管理条例》《国务院关于进一步加强互联网上网服务营业场所管理的通知》《出版管理条例》等。网络游戏立法的位阶低，高阶位的法律法规缺失的现状，导致目前网络游戏立法体系支离破碎，缺乏足够的法律权威，这种情况则不利于行政机关严格执法，无法在网络游戏的监管中发挥应有的作用。[1]

（三）立法理念方面

在少量的现有网络游戏立法中，虽然也有《关于实施"中国民族网络游戏出版"工程的通知》《成都市网络游戏动漫作品出版扶持资助资金管理办法》以及《广州市科学技术局、广州市新闻出版和广播电视局关于印发〈关于加快发展广州网络游戏动漫产业的指导意见〉的通知》之类注重激励产业发展的网络游戏立法；但从总体来看，关于网络游戏立法中的管制、限制权力的立法占了绝大多数。例如《国家广电总局禁止播出电脑网络游戏类节目的通知》《新闻出版总署关于加强对进口网络游戏审批管理的通知》等都规定了大量强化政府管理，限制权力的内容，而对于权力保护的规定则很少。这体现了政府过分强化对网络游戏的管制而漠视相关网络主体的保护。

---

[1] 罗尔男："论我国网络立法的现状及完善建议"，载《法律与社会》2013 年第 7 期。

五、对我国网络游戏政府规制的建议

政府使用行政强制和法律手段来管理网络游戏市场有其必要性，但仅仅依靠政府的相关规定则很难解决根本问题，有时还会产生适得其反的效果，所以对于网络游戏的政府规制应该适应其自身的特点。

（一）行政手段与经济、法律手段相结合

从目前的情况看，国家无论是关于网络游戏企业的审批，还是网络游戏产品的审查，以至于对网吧采取的一系列规制手段，大多数都是运用行政强制手段，而经济与法律手段则明显运用不足。

首先，完善网络游戏产业的法律环境十分重要，网络游戏产业作为一个新兴行业，而且跨度较大，所以一方面需要受国家传统法律的约束，另一方面也应有一些专门针对网络游戏产业管理的立法。政府需要制定针对网络游戏产业服务的相关法规，或修订已有法规，或联合互联网游戏从业者制订相关的行为准则和指导原则。这些法律法规需要包括以下内容：网络游戏产业的内容规范，网络游戏著作权保护，网络游戏产业交易行为管理及网络游戏产业的税收政策等。[①]

其次，运用税收杠杆对网络游戏产业进行调控。对于网络游戏的管理者而言，目前最大问题在于如何保持网络游戏正面效应的同时克服网络游戏的负面效应。网络游戏的生产者强调自己具有生产网络游戏并以此获利的权利，但是却忽视了消费者在消费网络游戏

---

① 陆地、陈学会编著：《中国网络文化产业发展报告》，新华出版社 2010 年版，第 365 页。

的同时也具有身心不受伤害的权利。因此，政府有必要对网络游戏的生产者进行约束，促使其在享受权利的同时履行补偿的义务。[①]具体做法是，在明确区分绿色游戏与非绿色游戏的前提下，通过税收的方式来实现资金的转移支付，这些税收可以优先用于建立网络游戏心理治疗、咨询或矫正机构，帮助沉迷网络游戏的青少年走出"网瘾"困境。

（二）健全相关行业协会制度

行业协会是发达市场经济国家普遍存在的一种旨在促进行业发展、规范行业秩序的社会经济组织形式。行业协会的作用是"减政放权，把有限的政府资源放到最必需的方面，提高工作效率和权威，同时更好的发挥非政府组织在社会生活中的作用，由它们来负担某些原来政府负担的责任"。虽然我国目前还未设立专门针对网络游戏领域进行管理的行业协会，不过在网络和游戏领域分别设立了相应的协会，前者如中国青少年网络协会，后者有中国软件行业协会游戏软件分会。但是在实际上二者都无法起到一个行业协会应有的作用。

（三）建立游戏分级制度

分级制度的健全依赖于行业协会的成立和法律法规的监管，分级制度应有行业协会组建评级机构，设定评级规则，选拔评级人员等，最重要的是将评级结果与相关的法律法规挂钩，是评级结果能够准确地体现到相应的年龄用户身上。分级制度也有利于游戏厂商在运营游戏时参考。由于缺乏分级制度，厂商在将游戏交予行政机关审查之前，对色情度、暴力度等标准没有可供判断的依据，如果建立了分级制度，厂商对何种程度的色情、暴力内容将被取缔有个客观参考，可以从一定程度上避免相应损失。分级制度的评级机构

[①] 宋玮：《中国网络游戏产业发展研究》，首都经济贸易大学 2012 年硕士学位论文。

应当具有独立性和非营利性,并且需要制定科学的评级流程与准确的划分年龄受众层级。

(四)加大监管力度,规范市场秩序

首先,继续推进"净网""剑网"等专项行动,严厉打击违法违规网络游戏出版活动,严禁淫秽色情、赌博暴力等违法违规内容和侵权盗版作品的出版传播。其次,探索创新日常监管方式,加大动态监测审查比重。建立"大型网络出版运营企业通气会"工作机制,展开包括网络游戏出版运营企业在内的网络出版机构年度核验,加强地方监管部门间的沟通协作。最后加强网络游戏防沉迷系统的实施力度,扎实推进网络游戏防沉迷系统的动态监控和实名验证工作,确保该项措施落实到实处。

结　语

长久以来,我国社会对网络游戏一直存在偏见,导致行政管理部门对网络游戏相关领域实施的监管过于严厉,在一定程度上阻碍了网络游戏的自我调节和健康发展。但是,网络游戏本身及其发展过程中存在的负面影响也是客观存在的,关键的问题在于如何建立适当的网络游戏政府规制体系对其进行规范和引导。网络游戏作为一项新兴的文化创意产业,在我国未来经济发展中有其值得期待的一面。但是,由于其涉及不同的领域,所以必然需要多个部门对其实施监管。因此,只有通过合理的制度设计,建立科学、职责明确的政府规制体系才能使这个产业持续健康的发展。

我国电影版权证券化的法律困境

——基于美国经验的启示

李 金[①]

【内容提要】美国是世界知识产权证券化的先驱，电影行业更是其知识产权证券化市场中的领头羊。推行影视版权证券化能够在版权保护和经营的基础上，有效地吸引投资并降低投资风险。但在我国电影版权证券化推广的过程中，还面临着诸多法律障碍，如版权纠纷、证券发起人的规定过于严格、真实销售与破产隔离的问题等。当下，我国已具备推广电影版权证券化的法律条件，只有通过完善相关法制环境，才能消除我国电影版权证券化过程中的法律障碍，才能促进我国电影产业的繁荣与发展。

【关键词】电影版权证券化 SPV 法律困境 版权池 破产隔离

资产证券化被称为 20 世纪最伟大的金融创新之一，它对于缓解融资困境具有重要意义。随知识产权国际市场价值的不断提升，知识产权相关产业所占的比重越来越大，知识产权证券化也作为金融创新的新手段应运而生。2013 年，我国国务院常务会议决定，将进一步扩大资产证券化试点工作，盘活存量资金，以求更好地支持实体经济的发展。[②] 可见我国资产证券化的试点工作也已开始提速。

---

① 李金，华东政法大学文化产业管理专业 2013 级研究生。
② "李克强主持召开国务院常务会议研究部署促进健康服务业发展决定进一步扩大信贷资产证券化试点"，http://news. xinhuanet. com/politics/2013 – 08/28/c_117133075. htm.

知识产权证券化是资产证券化的一种重要形式，而电影版权证券化又是知识产权证券化中证券化程度最高的领域：一是由于影视拍摄制作者的拍片成本日增，需要的资金投入庞大，许多影视制作机构存在着强烈的融资需求；二是影视作品的未来收益现金流相对容易预测且其变动较稳定，能够对投资者产生吸引力。电影版权证券化自 20 世纪从美国开始产生以来，在欧美等发达国家的电影融资中扮演着越来越重要的角色，为推进欧美电影产业的发展起到了举足轻重的作用，好莱坞电影风靡全球进程中少不了电影版权证券化的功劳。因此，笔者选取电影版权证券化作为我国知识产权证券化的突破口，期望通过借鉴美国电影版权证券化的成功经验，探究我国电影版权证券化面临的法律困境，并提出相应建议，以推动我国电影版权证券化的发展。

一、电影版权证券化在美国的实践

美国的电影行业极为发达，好莱坞大片一向引领世界电影发展的潮流；但它又是一个巨大的烧钱机器。好莱坞大片的拍摄常常需要投入巨额的资金成本，因而电影行业自然而然成为美国知识产权最大的市场。

美国电影产业证券化最早可以追溯到 1995 年由 Fox 公司进行的资金融通。从 1995 年到 2006 年连续进行了 13 起交易，如表 1 所示。这些交易中的大多数并非为了营销和出版的费用，而是为了弥补制作影片的制作成本。因此，投资者所承担的风险可以说是小于电影公司的。在电影版权证券化案例中，最著名的就要数梦工厂（DreamWorks Animation SKG，Inc.）的证券化融资。

表 1 1995—2003 年美国电影版权证券化案例基本情况①

交易项目	电影公司	规模（百万美元）	时间	次级债券等级
Millenium Investors LLC	Fox	1000	1995. 11	Aaa（打包）
Galaxy Investors LLC	Universal	1100	1997. 6	Aaa（打包）
Hollywood Funding No 5 and 6	Destination	300	1997. 10	—
DreamWorks Film Trust	DreamWorks	425	1997. 12	Aaa（打包）
Village Roadshow Films（BVI）Ltd	Village Roadshow	900	1998. 6	Aaa（打包）
DreamWorks Film Trust Ⅱ	DreamWorks	550	2000. 1	Aaa/Baa3
Palisades Partners	Sony	300	2000. 3	A1
Galaxy Investors Ⅱ LC	Universal	1000	2000. 5	Aaa（打包）
Village Roadshow Films Ⅱ（BVI）Ltd	Village Roadshow	1000	2003. 2	Aaa（打包）
Melrose Investors LLC	Paramount	300	2004. 8	Baa2
Kingdom Films LLC	Disney	500	2005. 8	Baa2
MVL Film Finance LLC	Marvel	525	2005. 9	Aaa（打包）
Gun Hill Road LLC	Relativily Media（arranger）	625	2006. 5	Baa2

"梦工厂"的第一笔版权证券化发生在 1997 年。摩根大通（JP Morgan Chase）为"梦工厂"此后拟拍摄的 14 部影片付出了 10 亿美元的制作费用。这批债券的发行采用了当时精确的数据模型来预测，精确的还本付息压力使得电影公司不得不严格控制制作成本。

2002 年 8 月，梦工厂以已经发行和旗下工作室将要制作的部分电影未来利润为支持，又发行了 10 亿美元的债券。由于波士顿舰队金融公司（Fleet Boston Financial）和摩根大通集团（JP Morgan Chase）这两家著名投资银行的介入，权威的金融分析机构标准普尔（Standard & Poor's）和穆迪（Moody's）将该债券评为"AAA"

① Bruce Berman, *From Ideas to Assets：Investing Wisely in Intellectual Property*, John Wiley & Sons Inc, 2003, p. 103.

级。摩根大通旗下一家财务公司和波士顿舰队金融公司（Fleet Boston Financial）旗下的鹰基金（Eagle Fund）买下了其中1.2亿美元债券，其余由另外7家金融投资公司包揽。

2003年，美国好莱坞的威秀影业（Village Roadshow Limited）公司将其子公司制作的27部电影版权转让给特殊目的机构，并由特殊目的机构以这些电影的版权收入为基础，由保证人美国债券保险商姆比亚（MBIA）提供保险，发行了9亿美元的循环融资债券。这些债券被评为投资级别，共有3年的循环期，计划周期为8年，法定周期为10年。

随着电影版权证券化技术的成熟和信用评估、信用增级机制的完善，又出现了以电影未来版权为对象的证券化案例。2004年，派拉蒙（Paramount Pictures）电影公司通过特殊目的机构 Dubbed Melrose Investors（Melrose）募集资金，用以购买其在未来3年内制作的电影版权。当电影制作完成后尚未发行前，Melrose公司购买了该部电影25%的净生产成本，同时分享其25%的权益，以获得该电影未来产生的相应比例的净收益。这一交易过程由穆迪公司通过派拉蒙电影的历史表现以及未近两年的预期电影名单，再加上由维亚康姆集团（Viacom Inc，派拉蒙的母公司）提供支付保证的信用增级等因素，将该证券评定了投资等级 Baa2。

2006年的交易方式又有了新的不同。如交易项目"冈希尔路（Gun Hill Road）"就是由实体发行公司相对论传媒（Relativity Media）负责安排的，并为将要制作的18部影片筹集部分资金，这些影片则由索尼（Sony）和环球（Universal）两家电影公司来分配。在这一交易过程中，相对论传媒则能够主动地，有选择性地购买符合其预期利润目标的影片。

值得一提的是，在电影版权证券化中，版权经营所得现金要优先偿还出版成本和广告费用。那么债券的持有者所承担的风险相较于以往交易必然是有所增加的。此时，风险评估机构就成了促成交易链条中极为重要的一环，并且以往的评估重点也要随势而变，如

"穆迪公司就更为注重对证券交易的本身而不是电影公司的评级"。①

可以说，电影版权证券化是以电影版权的相关权益作为基础资产的一种知识产权证券化，是指发起人将缺乏流动性但能产生可预期现金流收入的电影版权之未来收益权或其他基于该版权之商业化收益权，转移给一个特殊目的载体（SPV）；该特殊目的载体通过一定的结构安排，对资产中的风险和收益要素进行分离与重组，而后由该载体发行基于该收益权而产生的现金流为支撑的证券。②

总结来看，美国电影版权证券化的运作流程参考图1③可简化概括为：电影产业投资人向电影公司投资拍电影，电影公司将拟证券化的版权（未来出版等收益权，通常以打包的形式）真实销售给特殊目的机构SPV④（Special Purpose Vehicle）。此时的SPV暂未支付对价，但开始聘请相关信用评估机构对资产池的信用进行评级，再由信用增级机构进行信用增级（通常是商业银行担保）。再将担保后的资产池重新评级，并对投资者公布。最后，SPV通常会通过证券承销商（银行）发行证券，并由银行提供担保，若是SPV存在操作失误，那么银行将对投资者提供损失保护。投资者向SPV购买债券，所得债券资金作为支付给交易发起人的对价，其余用来支付信用评级机构、银行机构担保费用等。电影上映后，由SPV收取版权相关收益，通过服务商或委托管理人向投资者偿还本息，多余的收入再偿还最初的电影投资人。

---

① 熊春红、肖海："知识产权证券化的国际借鉴与路径依赖"，载《改革》2009年第8期。

② 徐佳璐："电影版权证券化中的资产真实销售问题探析——以好莱坞电影版权融资模式为鉴"，载《北方经济》2013年07期。

③ 蒋芊如："关于电影资产证券化问题的思考"，载《淮阴工学院学报》2014年第5期。

④ SPV：全称Special Purpose Vehicle，指特殊目的的载体，也称为特殊目的机构/公司。它一般是专门为资产证券化而设立的机构，用于从发起人处购买基础资产，持有该笔财产并进行管理，并以该资产产生的现金流担保发行资产证券的载体，它的设计主要为了达到发起者与投资者"破产隔离"的目的。SPV的业务范围被严格地限定，所以它是一般不会破产的高信用等级实体。

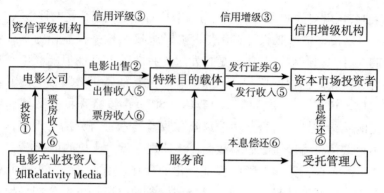

图1　好莱坞电影版权证券化模式结构图

二、美国电影版权证券化的特点与经验分析

2010 年，通过穆迪、标准普尔、惠誉国际三大信用评级机构的信用增级以及证券商贝尔斯登、渣打、摩根士丹利、雅高的有效运作，"美国电影业通过知识产权证券化融资的债券发行量占到全部总额的40%"。[①] 此外，在美国电影产业发达的市场，票房、品牌合作、电影版权及衍生品的市场各占盈利的1/3。[②] 而在中国，大部分盈利还是依靠票房的。由于中国的盗版业猖獗，因此电影版权和衍生品市场开发不足。通过对美国电影版权证券化实践的梳理，笔者以为，美国电影版权证券化的成功发展积累了一定的经验。

[①]　王晓东："美国知识产权证券化融资的成功经验及对中国的启示"，载《管理现代化》2012 年第6 期。

[②]　"2013 中国影视娱乐行业概况介绍"，http://www.chinadmd.com/file/tetropaptvouoizswv6oapa6_4.html.

（一）选择版权从属清晰且商业化途径多元的电影作为基础资产

音乐开创了知识产权证券化的先河，但美国电影版权证券化能在发展中呈后来居上的态势主要原因便在于，相对于音乐，电影版权产生的现金流相对稳定。音乐版权往往从属于多个作者，这为音乐作品证券化增加了难度与风险。投资者对美国电影版权的信任就源自于其背后的美国《版权法》《伯尔尼公约》《TRIPS 协议》《跨世纪数字版权法》等版权保护相关法律制度的支撑。美国实施了版权保护战略，并予以严格落实，使得电影版权从属清晰，更适合作为证券化的基础资产。此外，电影作品产生收益的渠道更加多元。在美国电影市场，票房的一次性收入只是反映了公众对于该部电影的喜爱程度，投资商更看重的是利用这种喜爱，进行二次开发所产生的周边活动、商品等带来的可持续性收入。这才是美国电影版权商业运作的成熟体现。

（二）电影版权证券化需要法制保障和政府推动

虽然美国并没有专门调整电影版权证券化的法律，但与之相关的事项由众多法律清晰地共同规制。如版权法、破产法、证券法、证券交易法、信托契约法、投资公司法、不动产投资信托法等。参考学者潘攀译著的《证券化：美国结构融资的法律制度》①，我们可具体得知，美国关于贷款的法律负责管辖即将被证券化的电影版权资产的创立以及贷款的发放；关于公司、合伙、信托设立的法律负责特殊目的载体（SPV）的设立；《美国统一商法典》规制版权资产转让给特殊目的机构（SPV）的过程；《美国证券法》指导特殊目的机构（SPV）所发行证券的销售流程。可以说，这些法律明确规定了版权资产证券化的法律关系、操作流程、相关当事人的权

---

① ［美］塔玛·弗兰科：《证券化：美国结构融资的法律制度》，潘攀译，法律出版社 2009 年版，第 16 页。

利和义务等，因而，美国调整电影版权证券化的法律制度是比较完备的。

与此同时，美国政府也积极推动美国知识产权证券化的发展。除由政府全资拥有或授权的机构直接参与外，美国政府还提供了一系列优惠政策，如美国联邦储备银行的会计系统、储蓄信托公司和欧洲清算系统为这些"机构"发行的抵押贷款证券提供清算服务；"机构"发行质押贷款证券不用向美国证监会登记和获得批准；由政府授权"机构"发行的资产支持证券可以作为无风险投资工具；"机构"的利润免交州和地方所得税等。①

（三）版权证券化的关键：有效的破产隔离机制及信用增级手段

参见图1，SPV是美国电影版权证券化过程中的核心机制。由于SPV的业务范围被严格地限定，所以它的破产风险较低，那么，发起人将电影版权真实出售给SPV，SPV就成了发起人与投资人之间的一道"防火墙"。它不仅自身稳定降低了证券化的风险，还能使投资者免受发起人经营状况的影响，同时也能避免因发起人的信用问题影响证券持有人的利益。可以说，美国电影版权证券化的健步发展离不开SPV在美国的广泛应用及有效的风险隔离。

电影版权的信用增级主要是通过第三方为版权证券提供信用证明、担保、保险等。在美国，增级主体多以专业且资本雄厚的商业银行和保险公司为主。这样一来，信用增级不仅能够使证券在质量、时间等方面与投资者的需求相匹配，同时也能够满足发起人在融资数额、融资成本等方面的需要。从而大大增加证券对投资者的吸引力，甚至降低融资成本。

---

① 祝小芳：《欧洲全担保债券不败的传奇———欧美模式资产证券化对我国的启示》，中国财政经济出版社2011年版，第65页。

（四）电影版权证券化应以版权资产池作为基础资产

基础资产过度单一必然会导致风险集中。美国电影版权证券化应对单个电影版权风险的对策就是把多部电影的版权打包出售，集中成版权资产池，从而消除投资者对固定单一电影产生的未来现金流的担忧。通过这样的方式，可以实现电影投资的多样性，以满足未来多种消费者或版权购买者的多样化需求，从而分散风险。在美国电影版权证券化的实践中，如果一家公司能成功地实现它的版权资产池的多样化，那么它的发行将得到较高评级，也就更容易证券化成功。

三、我国推行电影版权证券化面临的法律困境

当下，我国在证券化的法律框架方面有了良好的开端。由网络可查资料，我国关于实施证券化的部分相关制度如表2所示。这些法制规章建立了中国实施证券化的基本制度。由于我国目前电影版权证券化发展相对不足，所以缺少这方面的专门立法，但电影版权证券化亦是资产证券化的形式之一，它同样需要遵循证券化的基本原理和规则，因此我国现行的资产证券化法律规范为电影版权证券化提供了制度框架。

表2　关于实施证券化的相关制度

年份	关于资产证券化的法律规范
2005	《信贷资产证券化试点管理办法》
	《信贷资产证券化试点会计处理规定》
	《资产证券化信息披露规则》
	《资产支持证券操作交易规则》
	《金融机构信贷资产证券化试点监督管理办法》

续表

年份	关于资产证券化的法律规范
2006	《关于信贷资产证券化有关税收政策问题的通知》
2009	《证券公司企业资产证券化业务试点指引》
2013	《证券公司资产证券化业务管理规定》

"证券化是市场经济条件下追求利益最大化的产物，而在法律层面上，它也体现为各种制度组合的金融创新工具。"[①] 没有完善的法律制度，就无法有效地保护各方参与者的权利，还会引发诸多风险。我们必须认识到，就我国现行法律制度而言，要推行电影版权证券化还面临诸多法律困境，具体而言：

（一）版权问题阻碍了电影版权证券化

电影版权从属清晰是版权成功证券化的绝对基础。我国《著作权法》明文规定，著作权（版权）的转让应当签订书面合同。著作权转让合同也包括了转让的权利种类、地域范围，转让的价格，违约责任双方需要约定的其他内容等。也提及了电影版权中各项分权利的归属。但问题在于我国没有规定著作权转让合同必须登记或备案，转让缺乏有效的对外公示方式。这就难以保证发起人是否有版权的处分权，甚至出现"一权"多卖的问题，给证券化链条上的其余参与者带来极大的收益风险。同时，由于中国法制体系对于电影版权保护的力度不足（不够细致），使得盗版业猖獗，很大程度上影响了电影版权和衍生品市场的开发。

（二）证券发起人的规定过于严格

《金融机构信贷资产证券化试点监督管理办法》规定，只有金

[①] 秦亚东、杨健："论我国资产证券化的法律风险"，载《当代法学》2009 年第 2 期。

融机构才能将资产证券化。① 《信贷资产证券化试点管理办法》中又提及受托人起码是经过中国银监会批准的投资公司和信托公司或者信托机构，不允许其他的商业组织成为特殊目的机构。② 依据我国《公司法》，注册资本最低限额为有限责任公司 3 万元，股份有限公司 500 万元。同时还规定：发行债券的有限责任公司的净资产额不低于 6000 万元人民币，并且要求累计债券总额不超过公司净资产的 40%。如此高的门槛为公司成为特殊目的机构设立了障碍，进而极大地阻碍了我国电影版权证券化的发展。而美国特殊目的实体可以基于特定目的，采取新设有限责任公司、信托基金的形式，或者采取现有公司形式，对企业也没有特定的标准限制。

（三）真实销售与破产隔离问题

电影版权证券化的核心在于将版权可能产生的现金流与发起人公司的营运状况隔离开来，这一过程靠"真实销售"的方式来实现，即发起人以出售的形式将版权可能产生的收益和风险全部转移给 SPV，这样，SPV 对基础资产拥有了完全的所有权。

我国于 2011 年明确版权等知识产权可以作为信托财产③。目前，我国银监会主导的信贷资产证券化设立了信托型特殊目的实体。中国证监会主导的企业资产证券化没有采用信托模式，而是由券商成立专项资产管理计划作为特殊目的机构。《信托投资公司管理办法》《信托投资公司资金信托管理暂行办法》规定，信托投资公司不能签发受益凭证，不能发行债券。如此一来，也就无法实现其融资变现的目的。专项资产管理计划倒具有破产隔离的效果，根

---

① 《金融机构信贷资产证券化试点监督管理办法》第 11 条："信贷资产证券化发起机构是指通过设立特定目的信托转让信贷资产的金融机构。"

② 《信贷资产证券化试点管理办法》第 16 条："受托机构由依法设立的信托投资公司或中国银监会批准的其他机构担任。"

③ 《信托投资公司管理办法》第 20 条：（二）受托经营动产、不动产及其他财产的信托业务，即委托人将自己的动产、不动产以及知识产权等财产、财产权，委托信托投资公司按照约定的条件和目的，进行管理、运用和处分。

据《证券公司客户资产管理业务试行办法》，专项计划需设立专户，让计划资产与其自有资产及其管理的其他资产严格分开。但"由于专项资产管理计划不具备法律主体资格，难以实现资产的真实销售，所以同样影响到特殊目的实体的破产隔离"。[①]

四、我国电影版权证券化法律未来发展初步构想

我国电影版权证券化还在摸索阶段，推行电影版权证券化在法律层面还面临诸多挑战，借鉴美国电影版权证券化的成功经验，不失为完善我国电影版权证券化法律体系的一条捷径。笔者由此提出我国电影版权证券化法律未来发展的初步构想。

（一）以"打包"的方式对多个电影项目组合融资

这种多元融资模式的最大优点即规避单一电影投资带来的风险。另一方面，每部电影的拍摄周期、进度及市场生命力各有不同，多个电影项目的融资可以大大增强资金的流动性，版权产生的高低收益之间能有效地填补亏损，以保障盈利。在操作层面，不同的公司，尤其是中小型电影机构，在力求影片质量上乘的前提下，可以试图联合市场信用高的大型电影公司，采取电影版权打包的方式进行证券融资。这在一定程度上能够缓解中小型电影公司贷款难的问题。

（二）完善电影版权配套法规

关于版权保护相关法律法规的完善已有诸多学者讨论，在此不

---

① 葛培健主编：《企业资产证券化操作实务》，复旦大学出版社 2011 年版，第 37 页。

再赘述。笔者要强调的是，要尽快设立版权登记制度，明确版权归属问题；建立版权鉴定机制，防止侵权；还要在信托合同中加入相关规定，避免来自第三人的风险，甚至可以考虑规定电影版权的担保物权属于无须登记的绝对优先权。此外，面对版权可能出现权益人纠纷的问题，要增强著作权集体管理组织（中国电影著作权协会）的有效职能，"经权利人授权，集中行使权利人的有关权利，并以自己的名义与使用者签订著作权许可使用合同，向使用者收取使用费，向权利人转付使用费，进行涉及著作权及与著作权有关权利的诉讼、仲裁，从而保护权利人的合法权益，推动中国电影产业的发展和繁荣"。①

（三）明确规定公司可以成为资产证券化的发起人

我国资产证券化发起人的门槛较高，不利于我国资产证券化业务的开展。而降低门槛的举措可参照美国相关法律的规定，即允许有限公司可以成为资产证券化的发起人。这就涉及我国《公司法》与《证券法》的完善，在建立一个较低的资本金标准的前提下，赋予具有有限责任公司性质的特殊目的实体享有发行证券的资格。

（四）明确 SPV 的法律地位实现"破产隔离效果"

与专项资产管理计划相比，建立 SPV 信托模式的优势明显。首先，在信托模式下，基础资产能够具备独立法律地位，真正脱离发起人的控制。其次，我国目前的政策已明确规定信托模式下的信贷资产证券化能够享受一定的政策优惠，从而降低证券化的成本。因而笔者建议中国证监会同样采用 SPV 信托模式。

值得一提的是，SPV 在我国还处于发展的初级阶段，因此更需要法律明文界定其法律地位，以及加强对 SPV 的治理机制的监管。

---

① 中国电影著作权协会官网：http：//www.cfca‐c.org/xhgs.php.

如由证监会制定宏观的信息披露规则及相应的 SPV 治理指引，严格限制 SPV 的经营范围，并且禁止 SPV 自行申请破产等。在当前我国的环境下，此类 SPV 的设立过程最好是要有一定的政府背景，这样不仅利于提高资产支持证券的信用等级，降低运作成本，更有利于开拓证券化市场，规范证券化运作。

"审查"与"分级"的博弈：浅论中国[1]
电影分级制的现状、困境与未来发展趋势

秦培玲[2]

【内容提要】在文化与传媒领域，以审查制度为焦点的中国电影监管问题，多年来一直是一个充满争议并获得持续高度关注的公共话题。在经济发展与文化传播日益全球化、思想与道德观念日趋多元化的大背景下，随着中国电影产业的快速发展，尤其是中国电影进入"大片时代"之后，电影内容管理所激发的种种矛盾越发凸显。多年来电影业内人士一直呼吁电影分级制，就连每年"两会"期间，各位代表有关建立电影分级制度、要求加快电影立法的发言或提案也屡成传媒热点。本文将着重分析目前我国电影分级制的现状、为什么要建立电影分级制、建立电影分级制的困境，以及该如何由审查制过渡到分级制。

【关键词】电影分级　电影审查　困境　发展趋势

一、目前中国电影的分级现状

电影分级制是指电影生产和电影管理的一种规范与模式，是将

---

① 中国：本文中指中国大陆地区。
② 秦培玲，华东政法大学文化产业管理专业 2014 级研究生。

电影按照内容表现的性质，分成不同的级别，以适应不同年龄层次的观众欣赏。其结果一方面可以保护未成年观众不受充斥在电影里的暴力、色情、吸毒、恐怖等镜头话语的影响；另一方面，可以更好地尊重艺术规律和艺术个性，提升艺术表现能力和鉴赏能力，提高广大电影艺术生产者的积极性。

中国目前并没有明确的电影分级制度，取而代之的是"电影审查"。"电影审查"通常指的是电影成片审查，即拍摄完成的影片送交审查以获取公映许可证。但是严格来说，中国电影的审查制度并不仅指内容审查。中国电影实行的是全面的许可制度，而许可制度在实质上也是一种审查制度。我国电影业的行政许可具有两个特点。第一，全面的许可制度。所谓全面，是指既包括针对企业的准入许可，也包括针对内容的审查许可。西方国家传统上很少针对电影企业的准入许可，主要是对电影产品内容的审查许可，而中国同时包括了这两者。自电影产业化改革以来，电影企业的市场准入门槛大大降低，但电影企业仍然需要事先得到行政部门的准入许可才能合法从事电影产业活动。第二，细分化的许可制度。即将完整的电影传播活动分阶段、分类型地拆分为若干具体的环节，每种稍具独立性和特殊性的传播行为都设置单独的许可。除了企业从事制作、发行、放映的准入许可外，对于每一部影片，还包括剧本许可（备案或审查）、公映许可（内容审查）、进口许可、出口许可、涉外合作拍摄许可、参赛参展许可等。正是通过这种全面囊括、事事许可的管理形式，国家得以掌握了对于整个电影传播活动的全面而完整的控制权。

在全面和细分化的电影许可制度当中，针对内容的许可即内容审查处于核心地位。当前中国电影的内容审查制度具有以下几个基本特点：第一，在国家层面实行审查。《电影管理条例》（1996年颁布，2001年修订）第24条规定："国家实行电影审查制度。"这使中国成为目前世界上少有的明确规定对电影实行国家审查制度的国家。此后我国颁布的所有涉及电影管理的行政法规和部门规章都强调是"国家实行"审查。针对电影内容的控制在国家层面实施，执行的主体是政府的专门职能机构，在控制类型上属于行政管理的范畴。第二，以审查为基本手段，拥有对于影片内容的禁止功能。审查遵循的是"是或否"的过滤机制，它最终必然表现为授权或禁止、批准或不批准、通过或不通过的二元结果。所谓过滤机制，意味着被审查机构认可的内容可以获得通过，那些不被认可的内容或者被"完整拦截"（整部影片被禁止），或者进行删减之后影片才能得以通过（部分内容被禁止）。第三，中国电影审查的根本属性是一种意识形态管理，以意识形态、价值观与道德观等软标准为核心，兼顾硬标准的要求。所谓软标准，即以意识形态、价值判断和道德判断为标准，强调的是影片主题、人物行为背后的动机是否合乎特定的意识形态、价值观和道德标准。所谓硬标准，即以"可见"的影像与"可闻"的声音为考察目标，以其对视听感官的刺激程度为判断标准，遵循的是"露不露""说没说""有没有"的原则，所以称之为硬标准。第四，中国电影审查具有泛政治化的特点。在中国的特定政治体制中，政治与道德历来有着密切的关联。主导意识形态与主导伦理之间存在高度的统一性和整合性，道德内容相应地也具有了政治意义，电影审查中对道德的审查有可能成为一种泛政治化的审查。审查制的泛政治化主要表现在，高度强调影像与现实之间的对应性。被审查的对象不仅是政治和道德，那些有可能影响现实社会秩序及其思想基础的内容都将被禁止，例如血腥暴力、黑帮犯罪、神鬼迷信等往往受到更为严格的限制。并且审查体制关注的不仅是影像内容的道德判断本身，同时更为关注的是影像内容与社会现实的对应关系，及其可能产生的对社会稳定、政府形象的负面影响。

总体来看，中国电影审查是在国家层面通过行政管理方式来完成的一种意识形态管理。它以禁止机制为前提，以事先限制为手段，以意识形态、价值观与道德观等软标准为核心，兼顾性与暴力的视听呈现等硬标准要求，具有泛政治化的特征。当前中国的电影控制，不论是国家审查的主体特征，还是审查形式的手段特征，都相当清晰地表明了我国对于电影内容的高度重视程度，这也是与新中国成立以来电影在意识形态及文化中的定位相一致的。

二、中国电影为什么要分级

由于中国目前实行的是电影审查制度而不是分级制度，其实际的审查标准就是要求任何一部电影都要达到"老少咸宜"的程度，即从"8岁到80岁"都能看。这实际上给创作者增加了很大的难度，整部电影必须同时照顾所有年龄段人的欣赏能力和水平；可是任何一部电影都有其针对的对象，有其想要倾诉的对象，有一个它偏重的观众群，而且不同的年龄段观众会对电影有着不同的理解力，并非每一部都是"老少咸宜"的。

首先，由于我国电影分级制度还尚未确立，上映的影片被强行付诸于审查标准之下，其中表现电影色彩或者完善欣赏质感的暴力和色情被要求减少到最低状态，以维持社会的和谐纯净，使得传统的道德观念不被腐蚀，但却使电影人的创作灵感和电影表现力受到了极大的限制。有种说法是电影分级就是要为情色开通行证，其实这种说法是片面地、局限地理解了电影分级。拿美国 MPAA① 的分级来说就很好理解了，在一定意义上说，我国要求的电影创作都在不遗余力的附和着 G 级的标准，痛苦地和标准打着擦边球。但关键是我们不能只要求创作"拖家带口老少皆宜"式的 G 级电影，这样的电影拓展面过于狭窄，像好莱坞影片的级别还有 PG 级、PG13级、R 级等这类的电影我们也要创作也要欣赏。所以说分级是拓展

① 美国 MPAA 分级制：G 级，大众级，任何人都可以观看；PG 级，辅导级，该级别电影中的一些内容可能不适合儿童观看；PG-13 级，特别辅导级，建议 13 岁后儿童观看；R 级，限制级，建议 17 岁以上观看；NC-17 级，17 岁以下（包括17 岁）禁止观看。

电影发展种类的多元化、多样化，而绝不是有些声音所质疑的电影分级制度只是在给情色电影亮盏绿灯。对于情色电影我们当然不能提倡，完全照搬美国的分级模式我们也不能认同，而要结合中国的国情来建立分级制。因为我国现行的电影审查制度自身所存在的缺陷在一定程度上已经掣肘了电影的创作与发展，电影的创造性思维被困在"审查"的深井里，只会将电影创作流水线一般地刻成一种模子，这不仅造成了我国电影内容形式的单一，也已经影响了中国电影业的发展。

其次，由于我国电影分级制度还尚未确立，不能全面而完善地保护不同年龄阶段的观众的权利。从理论的角度讲，成年观众群体的观影范围应该是比较宽泛的，对于此类主体的观影权利不能与未成年人的权利等同。比如说 2007 年李安导演的《色戒》。这部荣获第 44 届台湾电影金马奖最佳影片奖、第 64 届威尼斯国际电影节最佳影片金狮奖的优秀电影，无论是在故事情节还是电影画面上都是面向成人观众的影片，在国内上映时却被家长式的审查制以一刀切的方式同化为一部"老少咸宜"的影片。这既破坏了成年观众应看到的连贯的故事情节，又没有在充满阴暗、暴力、恐怖的故事情节里完全地保护未成年人。如果建立电影分级制可以对一些不适合未成年人观看的影片提前作出判断，方便影院的监管，同时也方便家长或者监护人携少年儿童观影时对相关影片作出判断与取舍。这样就既可以保全成年人观影的权利，也可以保护未成年人不受侵害，也可以避免出现类似小学生集体观看描写暴力、色情或其他内容的影片的尴尬场面。据报道，2002 年 10 月 21 日，在无锡人民大会堂中厅观看参展"金鸡百花电影节"的台湾影片《二月十四日》的观众，全是来自无锡市黄泥小学的 7 岁到 14 岁的小学生。影片内容涉及了少年心理自闭、少女初夜、同性恋等情节，明显不适合小学生观看；而电影院的工作人员则表示，影片都是由提供片源的中国影协负责审片，并没有提出对观众有哪些具体限制。

自 2003 年政协委员王兴东首次向政协会议提交关于电影实行

分级制度的提案以来，电影分级的呼声始终未曾中断过。新浪网曾为此进行过一次调查，近九成人赞成电影实行分级。国内现在电影分级的观点主要有：（1）电影分级可以保护广大青少年和未成年人免受暴力、性等成人内容的负面影响；（2）电影观众趋于多元化，电影产品也应该多样化，相应的市场法规也应当细化，"老少咸宜"已不适合时代的要求；（3）为了参与国际市场的竞争，国内电影产品也应该分级，这样才能和国际接轨；（4）电影分级制可以更好地发挥电影创作者的创造性和想象力。但目前对电影分级认识的一个误区，就是认为电影分级等于色情，认为电影分级制会导致色情片的合法上映。实际上，我们呼唤电影分级只是在倡导一种更加制度化法制化的管理，希望有具体明确的标准最大限度地排除电影管理中的人治色彩，使电影行业管理也可以做到真正的依法行政，以法律促进中国电影的振兴，在保护青少年不受污染的同时，尊重和保障电影创作者的权利。分级制并不是在为色情和暴力开绿灯，由于电影"可能包容罪恶"，对电影任何国家都不可能做到放任自流，世界上没有完全不受限制的自由，电影在享受表达自由的同时，由于其公共媒介的属性也应该承担起一定的社会责任，不能不照顾到公共利益，实行电影分级制后，电影审查制度不会消失，我们拒绝毫无意义的色情。

三、中国电影为什么难分级

（一）从我国电影审查制度的意识形态属性来看，放弃"禁止"功能的可能性不大

以美国为代表的电影分级制完全放弃了禁止功能，理论上讲，没有任何一部影片会因其内容被禁止上映。分级委员会甚至连删剪

的权力也已放弃，它所做的只是给影片贴上不同级别的警示标签。那些实行审查与分级并行制的国家和地区，其禁止功能或者仅剩下象征意义，或者也已经相当微弱（如英国、澳大利亚、韩国、中国香港等）。从审查到分级，意味着基本上要放弃对影片的禁止功能，而中国所实行的国家电影审查制度，其基本属性首先是一种意识形态管理，它的首要功能是确保主导意识形态和主导伦理在思想文化领域的主导和核心地位，这与西方电影内容控制以道德为焦点存在本质区别。禁止手段是审查制度的核心功能，从此意义上看，目前我国转而施行完全放弃禁止功能的分级制的可能性并不大。

（二）电影分级可能与中国现行的法律体系相冲突

社会上有声音呼吁，中国可以实行审查与分级并行制，即先通过审查，再进行分级，这样可以分别照顾到成人与儿童各自的利益。事实上，不论是"辅导级"电影还是"限制级"电影，都可能与中国现行相关法律法规存在冲突。所谓"辅导级"或"限制级"电影，意味着除了可供儿童观看的低分级影片之外，可以存在主要面向成人的高分级内容。具体来说，通常指更多的、更具刺激性的性、暴力以及神鬼灵异等内容。在分级体系下，这些内容至少应该得到比目前的审查标准更宽容的对待。然而事实是，按照中国的现行法律，这些内容即使是以成年人为目标进行生产和传播也是要受到严格控制的。在我国的传播法体系中，不论是作为国家基本法律的《刑法》《未成年人保护法》，或是由国务院颁布的《关于严禁淫秽物品的决定》《治安管理处罚条例》，以及其他关于音像制品、电影、出版物、广播电视等内容的行政法规，以及国家广电总局、国家新闻出版总署的系列部门规章当中，与"限制级"内容相似的出版材料都属于应被严厉查禁的淫秽、色情出版物，其生产与传播都属于要受到法律制裁的违法行为。那么，在可能的"辅导级"或"限制级"分类办法中，如何将那些包含更多性、暴力以及神鬼灵异内容的专供成人观看的影片与法律禁止的淫秽色情出版物相区别？在操作层面，要做到这一点十分困难。

（三）"审查"与"分级"的文化特征存在极大差异，目前缺少建立分级制的土壤

"审查制是规范文化的产物，其内在文化逻辑是集体本位、伦理中心，强调的是等级性、权威性，对媒介与现实的关系持反映论和决定性态度，而分级制是多元文化的产物，其内在文化逻辑是个体本体、快感中心，对大众性、犯禁性持宽容态度，强调娱乐媒介与现实之间的假定性和游戏性。支撑分级制生存的基本元素大多与规范文化之间存在不可协调的矛盾。"[①] 在目前电影制作中，具有明显犯禁性倾向的类型片，如灾难片、黑帮片、恐怖片、情色片等类型片往往受到抑制。由于对现实与历史的阐释须遵循主流文化的基本要求，因而电影娱乐的游戏性、假定性和虚拟性也不太可能得到充分发挥。中国电影暂时还不太可能出现关于中国历史与现实的天马行空的纵横想象，不太可能出现对主流与权威的嘲弄和颠覆，不太可能出现百无禁忌的欲望宣泄与快感满足。这是由两种文化的内在矛盾决定的。

四、对"审查制"向"分级制"过渡的思考

中国目前的电影行业有其自身特点，自上文分析来看"分级制"不适宜一蹴而就。其他国家的电影分级制度大多是由电影审查制度演化而来，民主法治的社会环境、轻松自由的电影创作环境和

---

① 詹庆生："审查还是分级？——中国电影的管理困境与转型难题"，载《电影艺术》2012 年第 2 期。

成熟发达的电影市场等因素是促成电影分级制度形成的前提条件。我国目前的环境还不足以满足上述条件，如果盲目照搬国外的电影分级制度，只会使得电影行业更加混乱。例如，我国在 1992 年就曾试行过电影分级制度，但由于分级比较模糊（仅规定了"少儿不宜"和"老少皆宜"这两个级别）且没有相应的法律相配套运行，因此使得"少儿不宜"的分级迅速成为片商宣传电影的噱头，从客观上也确实使得暴力色情电影依靠着不成熟的分级制而泛滥，因此在试行不久即被叫停。经过几十年的发展，我国电影行业已经取得了空前的进步，但完全废除电影审查制实行电影分级制的条件仍不成熟。不过现在处在制度变革的有利时机，通过对电影审查制的改革从而推动我国电影分级制的促成是完全可行的。现存的电影审查制度严重束缚着我国电影事业的发展，制度改革变得迫切且必要，因此我国电影管理制度的改革应以制定《电影法》或《电影促进法》等相关法律为契机，改革电影审查制度，完善审查主体、审查标准、审查程序等各环节，为日后促成电影分级制铺平道路。

具体来说，我国电影审查制度改革应当把握以下原则。

第一，简化我国电影审查程序，提高行政效率。

在娱乐时代之下，新闻媒体力量庞大，一部电影在筹备阶段就可能被曝光，而一部内容被曝光的电影是不能吸引到足够观众的，因此电影需要在尽量短的时间内排片上映。而我国的电影审查程序十分烦琐，提交的材料众多，申请许可的时间漫长，对于电影的顺利发行上映很不利。而在隔海相望的韩国，2013 年官方对电影送审方式做出改革，电影送审评级方可以从网上向韩国电影分级机构递交分级申请，大大简化了电影分级的程序，使得现在韩国电影送审评级者只需五分钟就可完成评级申请。

因此，我国电影审查制度应当简化不必要的程序，例如对剧本的备案或审查（无论是一般题材还是特殊题材）程序可以取消，我国对电影的双重审查太过严格且行政行为重复，浪费行政资源，而且对电影剧本的备案或审查有事前限制的嫌疑，有违宪法对公民表达自由的规定和著作权法关于保护作品完整的规定。审查机构完全可以通过对成片的审查或分级从而对电影内容进行规范，因此对剧本的备案或审查可以废除，只在成片环节进行审查或分级。比如在2014年4月1日实行的《关于试行国产电影属地审查的通知》就是一大进步，该通知中规定在全国范围内试行省级广电部门对普通影片实行初审的制度，节省了送审方的成本，节约了审查时间。

第二，提高电影审查制度中公众参与程度。

目前我国电影审查委员会和复审委员会中的委员大多是年长的行政官员，且任免须经中宣部的同意。委员会人员年龄职业构成单一，且人事任免不具有独立性，因此我国的电影审查机构人员任免制度改革应当扩大公众参与力度。扩大公众参与可以从两个地方入手。其一，扩大电影审查委员会和电影复审委员会的人员数量、年龄范围和职位范围。我国目前的审委会36人，复审委员会有14人，且大多为年龄较大的行政官员，人员成分构成单一，影响了审查意见的公信力。我们可以借鉴香港地区的成功经验，香港电影的分级机构由250人构成，不仅人数众多，且包含了各年龄段的人群，包含了各个工作职位的人群，而且有家长代表的参与，对青少年的保护也得以体现。并且香港政府有关部门会定期进行民意调查以确定当下观众的观影尺度，从而对分级的原则进行调整。比如说可以增加电影审查委员会和复审委员会的人数，并涵盖更广泛年龄范围和职业范围的成员，并且增加一定数量的家长代表。其二，在审查程序中建立听证制度。听证是行政法一项重要的制度，意在保护行政相对人的权利，弥补行政相对人与行政主体之间不平等的地位。听证程序在国家广电总局有关部门的主持下进行，参与人员包括电影的制片方、主创人员以及观众群体、审查委员。审查委员会在对电影评级时，可以依职权通过听证制度赋予电影送审方陈述申辩的权利，对电影内容发表意见，进行解释和阐述。在送审方不服审查委会的审查意见时，送审方也应有权依申请提起听证，表述意见并要求审查委员会说明做出审查意见的理由，以维护自己旳权利。

第三，明确规定我国电影审查标准。

随着时代的发展，我国电影审查机构应当及时转变思想，由过去主要依靠行政强制手段管理电影的管理者逐步转变为多用较温和的行政指导手段规范我国电影行业的服务者、引导者。我国现在的电影审查标准意识形态性审查过于严格而其他方面显得过于宽松，且标准模糊不易把握，使得电影审查机构有巨大的自由裁量权，因此我国应当制定内容均衡，言词明确的审查标准。例如我国可以试行意识形态性题材的电影和其他题材的电影相分离的制度：意识形态性题材的电影继续实行严格的电影审查制度，而其他类型的电影可以放松审查制度并试行分级制。但是在规定意识形态性题材电影的范围时，必须严格明确，不能模棱两可。

例如试行分级可以分为：

普通级	"老少咸宜"，所有年龄观众都可观看
指导级	12岁以下少年儿童，需在家长指导下观看
辅导级	18岁以下青少年，需在家长陪同下观看

这样意识形态题材电影与非意识形态题材电影审查相分离，对意识形态性题材电影继续严格审查，对非意识形态性题材电影放松审查试行分级制度，不仅可以有效保护我国社会主义核心价值体系，保护电影从业者在非意识形态题材电影领域的创作自由，也可以使青少年得到更有效的保护，同时作为对"分级"的一次试水，为今后完全过渡到分级制提供经验。

五、结语

电影分级制就是对电影生产和电影管理的一种模式，是将电影按照内容表现的性质分成不同的级别，以适应不同年龄层次的观众观赏。从这里我们可以看出，电影分级不是针对内容的好坏对电影进行分类，而是对于不同的内容进行分类。这样既能够满足人们日益增长的精神文化需求，又可以促进电影创作的活力。但是我们还需要认识到，电影分级并不意味着审查的消失，而是一种审查变形，其评定的标准也不会降低。根据我国目前的国情，由审查制直接过渡到分级制的时机并不成熟，土壤并不丰沃，但是旧有的审查制又已经阻碍了我国电影行业的发展，由审查制走向分级制也是势在必行。所以，如何顺利地由审查制迈向分级制，全盘推翻的革命怕是不行，只能循序渐进，改革现有的审查制，为分级制的确立开山辟道。

中国电视剧制播分离体制的问题与趋势

——以韩国制播合一体制为参照

闫缓缓　向　可①

【内容提要】 制播分离的电视剧制作体制与我国市场环境相适应，但在推行过程中却不断暴露出资金不足、人才缺乏、动力激励不够、节目质量不高、产业链开发不足等问题。本文运用对比研究的方法，以中韩两国电视节目制作的差异为视角，透视我国制播分离体制的现状与问题，并借鉴吸收韩国在制播体制上的有益经验，为我国未来制播分离体制的进一步完善提出可行性建议。

【关键词】 电视剧　制播分离　韩国　制播合作

我国自 20 世纪 90 年代开始实行广播电视节目制播分离的政策，在不断地探索中经历了简单的制播分离到半市场化的制播分离，再到今天的市场化的制播分离的曲折过程。实践证明，这一政策在与我国的市场环境相适应的同时，也存在着诸多问题，从而严重限制了我国电视剧产业的进一步发展。韩国采取的"制播合一"的电视剧制作体制，为我国突破当下制播分离的瓶颈提供了有益参考。

---

① 闫缓缓，华东政法大学文化产业管理专业 2014 级研究生；向可，华东政法大学社会主义法制教育与传播专业 2014 级研究生。

一、中国电视剧制播体制分析

（一）"制播分离"体制的政策来源

中国电视剧的生产在所有的电视节目类型中主要以"制播分离"为主。

1996 年，国家广电总局发布《广电部关于〈认真贯彻党的十四届六中全会精神进一步加强和改进广播影视工作的意见〉》，指出，为进一步深化广播影视的各项改革，适当引入竞争机制，除新闻节目外，可逐步实行电视节目的制作与播出相对分开的体制。[①]

1997 年，国务院第 61 次常务会议通过并颁布的《广播电视管理条例》第 31 条规定："广播电视节目由广播电台、电视台和省级以上人民政府广播电视行政部门批准设立的广播电视节目制作经营单位制作。广播电台、电视台不得播放未取得广播电视节目制作经营许可的单位制作的广播电视节目。"另一方面提倡影视艺术生产体制的改革，实行电影故事片生产单位许可制度，允许省会市以上电视台、电视剧制作单位和电影发行放映单位拍摄影片，以广泛吸纳资金，调动参与电影生产的积极性。同时推动电视台与电影厂各种形式的联合，进一步促进影视资源合理配置和优化，促进影视创作生产向规模化、集约化方向发展。

1999 年，国务院办公厅转发信息产业部和国家广电总局《关于加强广播电视有线网络建设管理的意见》，提出"无线有线合并，网台分营"，开始在系统内公开讨论广播电视制作与播出分离的问题，明确了广播电视制播分离改革走向。同年，国家广电总局在上

---

① 哈艳秋、苏亚萍："我国广播电视制播分离研究"，载《现代传播》2010 年第 10 期。

海召开全国广播影视系统内部管理改革座谈会，明确提出"推进除新闻类节目外的其他广播电视节目播出与制作的分离，逐步发挥市场机制对广播电视节目制作的基础作用"，由此制播分离正式作为行业管理指导意见被明确提出。① 以上政策方案的陆续出台，将制播分离体制正式引入广播电视行业。

之后在对制播分离进行市场化探索的过程中又相应出台了若干政策，2009 年 8 月底，国家广电总局下发了《关于认真做好广播电视制播分离改革的意见》，这是第一次专门针对制播分离改革发布的指导性文件，标志着制播分离改革进入了快速发展期。得益于这些具体改革意见的出台，广播电视行业推进制播分离改革有了明确的政策保障和指导思路。

（二）"制播分离"模式的现状

我国广播电视节目制作的制播分离模式经历了从简单的制播分离到半市场化的制播分离再到今天的全市场化的制播分离的曲折过程。

1. 简单的制播分离

中国电视最初的制播分离多采取简单的制播分离模式，在这种模式下，电视台作为投资方，把节目委托给制作公司进行制作并支付制作费。播出平台和制作方只是委托制作关系，责权利明晰，关系简单。但是，制作公司由于只单纯承担节目制作功能，收入主要来自制作费盈余，为增加利润，制作公司将不得不节省制作成本，从而影响节目质量。同时，制作方并不参与广告招标及市场化运作，节目创新的动力不足。

---

① "全国广播影视系统内部管理改革座谈会纪要"，载《广播电影电视决策参考》1998 年第 8 期。

2. 半市场化的制播分离

随着制播分离体制的不断发展，节目生产的市场化程度不断提高。在半市场化模式下，由制作方负责投融资进行节目生产，电视台以该节目部分的贴片广告时段或植入广告的经营权限作为支付手段交给制作方经营。制作方从贴片广告和植入广告中获取收益。与简单的制播分离模式相比，节目制作方有了进行市场化操作的空间。制作方与播出方的利益诉求一致，必须做好节目，以节目质量吸引广告商，有利于节目制作质量的提升。但由于这种模式并不能实行完全市场化的操作，播出方和制作方虽有合作但也存在竞争和矛盾，由于播出方的强势地位，其不可能把黄金时段和频道交给民营制作公司。同时，这种模式盈利模式单一，利润空间小，并不能最大限度地激发制作方的积极性。

3. 市场化的制播分离

近两年来，随着民营制作公司的不断壮大以及观众对节目质量的要求不断提高，应该还有一个原因，那就是互联网播出平台的竞争，电视台为提高收视率不得不寻求新的制作模式，于是出现了更加市场化的制播分离模式。在这种模式下，由投资方负责节目的生产、制作、广告招商等整个经营流程，播出方只负责最后的审核、播出。双方签订合同，以收视率为考量对收益进行分成，进行市场化运作的主体为投资方。2012 年浙江卫视和灿星制作公司制作的"中国好声音"就是运用了这种模式。

这种模式使投资方和制作方获得了极大的市场化操作空间，为了提高收视率，吸引广告商，获取最大的广告收益，投资方和制作方将在节目质量上狠下功夫，寻求更好的节目方案与播出方合作。目前这种模式是市场化程度较高的电视台与民营制作公司合作的主流模式，使得节目数量和质量都有较大提升。但这种模式也造成了节目同质化现象严重，为追求收视率，各家公司宣传炒作手段新招百出，造成市场混乱。此外，电视节目版权和衍生产品开发问题不能很好解决，限制了中国电视产业链的发展。

（三）"制播分离"体制中存在的问题

"制播分离"体制虽然带来了中国电视剧市场的空前繁荣，但也暴露出来许多问题。

1. 节目评估体系缺乏，造成生产盲目性

在现有的制播分离模式中，多是由投资方和制作方将节目方案报给电视台审核，而播出方多以收视率为指标评定节目且缺乏统一的评价标准；同时"制播分离"后，社会制作机构独立承担制作任务，电视台只负责购买和播出。制作机构与电视剧的受众市场难以建立直接的联系，对受众市场的需求缺乏灵敏的反应。为此制作方为规避市场风险多选择社会热点题材，造成电视剧生产的盲目性，容易"扎堆"和"撞车"。现实中，制作公司盲目跟风，使得电视剧总产量供大于求，同质化现象严重，造成资源浪费，精品匮乏，中国电视剧市场呈现出总量绝对过剩与精品相对不足的局面。

2. 投资主体单一，造成融资盲目性

在当前的几种制播分离模式中，一些高成本高投入的项目一般的投资主体难以承担，多由实力雄厚的广告代理公司进行融资。广告代理公司进行融资一方面使得广告招商和植入广告更易获取，融资便利，但是另一方面由于能够有实力进行投资的广告代理公司屈指可数也带来了一些问题。

首先，少数几家广告代理公司和节目制作公司的思维习惯和资金规模有可能使得制播分离活力不足；其次，投资主体的身份单一也造成了制播分离中的投入资金来源单一，对社会化资金的吸纳的

不足使得节目制作资金存在一个透明的天花板，无法有大的突破。①
同时，民间制作公司资质良莠不齐，短视和非理性投资造成大量粗
制滥造的电视剧。

3. 节目版权归属不清，限制产业链延伸

节目版权归属问题是制播分离模式下的一个难点问题。按照通
行规则，制作方和播出方各拥有一半的版权，使得一个版权有了多
种形式，如果没有合理的合同约束机制，很可能在后续的产品开发
中产生版权纠纷。目前由于操作节目的主体都在投资方或制作方，
进行延伸品开发也是由投资方和制作方承担，但由于一半的版权属
于电视台，制作方和投资方要想拿到授权进行延伸产品开发，也必
须面对电视台作为体制内机构层级繁多、手续烦琐的问题。②

4. 制播双方地位不平等，"制播"无法真正"分离"

"制播分离"后，电视剧制播双方地位不平等的现象仍然没有
改变，电视节目制作仍然处于买方市场。由于电视台垄断了播出平
台，制作方将节目制好后，只能依赖电视台购买和播出，播什么不
播什么完全由播出方决定。这使制作公司的议价能力受到极大的限
制，在电视剧交易中处于不得不迎合播出方要求的劣势地位，市场
交易只能在保障播出方利益的前提下进行，制作方和投资方承担着
较大的风险。再加上，我国目前的电视节目审查制度和评价体系不
明确，缺乏公开透明的审查标准，这对广播电视行业健康与良性交
易市场的形成造成极大阻碍。

---

① 喻国明、姚飞："项目制公司：电视节目制播分离的可行性模式探讨——基于操
作层面的运营模式设计"，载《现代传播》2014 年第 3 期。
② 同上。

二、韩国电视剧制播体制分析

（一）"制播合一"的生产方式

长期以来，韩国电视剧生产制作主要采取"制播合一"模式。在政府主导的条件下韩国的电视剧制作市场，电视剧资源与市场基本由三大电视台垄断，社会独立制作机构很难在电视剧市场中分得一杯羹。"这种以三大电视台为投资主体的电视剧制作方式，有效地避免了因为过度竞争而加大竞争成本的风险。为电视台在大规模制作、基础设施投资以及资深作家、专业人员和导演的培养上提供了充足的资金支持。这种操作方式由于可以使有限的资本被用于扩大化再生产而不是被内耗在本国的竞争中，可以使三大电视台有实力制作高质量的电视剧而不必担心过大的竞争压力。"[①]

韩国的"制播合一"生产模式与其电视台数量少、国内市场需求小的现实相适应，对韩国电视剧产业的繁荣发展起到了积极的促进作用；但这种"制播合一"的制作模式也存在一定的弊端。"制播合一"的制作模式是靠政府的强制性意愿和一些行政措施来推动的，有违自由竞争的市场规则，使得电视剧市场缺乏灵活性，因此韩国政府也开始倡导电视剧的生产与运营逐步实行"制播分离"。但是由于巨大经济利益的诱惑，管理体制的运行惯性等，制播分离的政策在三大电视台的实际认可度与执行度都稍显欠缺，当前的韩剧制作仍以沿用传统的制播一体模式为主。

[①] 朱春阳："美、英、韩三国电视剧产制模式比较分析"，载《电影评介》2006 年第 11 期。

（二）边写边拍边播的生产方式

与"制播合一"体制相适应，由于制作方不用担心播出风险问题，韩国电视剧生产主要采取"边写、边拍、边播"模式，并以周播剧的形式播出。这就使得电视剧制片方可以根据观众的反映适时调整电视剧的内容及剧集长度，以获得最大的收视率和经济效益。另外，由于"制播合一"的制作体制，韩剧由电视台制作完成后可以直接在电视台播出，不存在发行环节，完全规避了播出风险，因此，制片人可以将全部精力投入到电视剧的制作过程中。

而我国在制播分离模式下，主要采取先写、再拍、再播的生产方式，三者之间完全分离。电视剧制作好、审查完之后，必须经过发行环节才能进入电视台播放。由于国产剧产量很高，一般的电视剧想要进入全国著名频道的黄金时段播出，难度较大，这就导致电视剧的发行成本较高，如果电视剧无法播出，则会造成巨大的经济损失，大大增加了电视剧制作的风险。另一方面，由于中国地域广大，电视频道太多，黄金时段几十个频道都在播出电视剧，但优秀电视剧数量有限，有时甚至造成多个台同时播出一部电视剧（仅仅是播出的集数前后不同）的状况。这就造成电视频道资源及人力物力财力的浪费，致使整体生产效率低下，同时也使得电视剧同质化问题严重。另一方面，编剧与市场和观众严重脱节，难以对社会热点及观众反应做出及时的反映与回馈。

同时，在这种生产方式中，由于制作过程紧促，编剧的能力将直接决定拍摄的效果，因此编剧的角色举足轻重，在剧组的地位很高，这一点不仅刺激编剧们不断创作出高质量的优质剧本，同时也吸引了更多人从事编剧行业。而中国采用的先写后拍的生产方式中，导演和演员经常会对剧本进行二次创作，导致编剧地位尴尬、权益无法保障，限制电视剧质量提升。

（三）"PD 合一"的生产机制

韩剧制作多采用"P（制作人）D（导演）合一"①的机制，即制片人和导演由同一人兼任。这种生产机制是与韩国的制作体制紧密相关。如前文所述韩剧的制作主要是由三大电视台及其下属制作公司完成的，因此，制片人可以不必考虑电视剧的投融资以及保证日后顺利销售等关键问题，使制片人可以将大部分的精力投入到导演工作中。而且，相对于"PD 分开"的生产机制，制片人更具独立性与权威性，有效地规避了因制片人与导演间存在分歧而导致的内耗问题，在提高制片效率、缩减成本的同时，确保了韩剧的高质量。

三、国产剧制作体制的改进对策及未来发展方向

中韩电视剧产业采取不同的制作播出体制，与各自的国情相适应，不能一概而论到底哪一种体制更好，两者各有利弊。但是我们依然可以从韩国电视剧制作的"制播合一"为主，"制播分离"为辅的制播体制以及"边写、边拍、边播"的生产方式中吸取值得借鉴的内容，以改进国产剧生产制作体制中存在的一些问题。

（一）寻求"制播合作"

"制播合作"就是制播双方在市场的作用下，充分认识各自需求后所做出的共同选择，是制播双方共同利益诉求的体现。首先"制播合作"是制作方降低风险，减少生产盲目性的需要。电视剧

---

① "PD 合一"，P 是英文 Producer 的简写，D 是英文 Director 的简写，即制片人和导演由同一人担任。

一般初始投资较大，制作机构承担着巨大的投资风险，资金压力大，单凭电视剧制作公司或制片人有限的资金，很多时候难以满足电视剧制作的需求，市场风险较大。为拓宽融资渠道，减少投资风险，谋求与播出方的合作是制作方的必然选择。一方面，播出机构的前期投入可以降低制作机构的投资风险，为电视剧的播出提供保证，从而提高销售的针对性；另一方面，与制作机构相比，播出机构对市场和受众的把握更为直接和准确，在电视剧创作、策划阶段能够倾听播出机构的意见，可以大大减少电视剧生产的盲目性。

其次，"制播合作"是播出方掌握优质电视剧资源、赢得竞争的需要。全国已有 19 个中央级和 37 个省级卫视频道，共计 56 个卫星电视频道。不断增多的卫视频道，在扩大观众收视范围、丰富人民文化生活的同时，覆盖的趋同化也加剧了卫视之间对收视率和广告资源的争夺。在这种背景下，各电视台若想在激烈的竞争中脱颖而出，寻求与制作机构的深度合作，介入上游制作领域，尽早占有高品质的电视剧资源，就成为竞争的必然选择。

同时，"制播合作"也是提升电视剧质量、繁荣电视剧市场的必由之路。制作方与播出方分别居于电视剧产业链的上下游，一部优质电视剧的生产离不开制播双方的共同努力和倾心打造。制作机构需要来自播出机构更多的支持和更加多元化的合作。播出方在把握题材选择、观众收视需求方面有制作机构所没有的优势，没有播出方的指导，制作方只能闭门造车，难以创作出符合广大观众需求的电视剧精品。

现阶段已有许多电视台包括视频网站等播出渠道，在进行"制播合作"的实践。播出方以前期投资、自制剧、订制剧等形式介入上游制作环节。对于任何产业而言，为减少交易成本、提高竞争能力、实现规模经济和范围经济，会趋向集中，形成大的产业融合。相信随着制播双方合作的进一步深入，可以预料，"制播合作"将成为中国电视剧产业未来的发展方向。

以 2014 年初国内视频网站爱奇艺出品的自制灵异剧《灵魂摆

渡》为例，"该剧自上线以来便收获好评无数，被称为'国产良心剧'。根据2014年3月底豆瓣华语电视热度排行显示，该剧高居榜首，创造了由坚挺口碑带来的网络播放奇迹，逆袭同期电视台播出的《大丈夫》《一仆二主》等收视冠军剧而成为最大热门，上线四周网络播放量便突破4亿。在排行榜的十部作品中，包括《灵魂摆渡》在内的网络自制剧就占了三部，自制剧发展之迅猛、进步之神速令人刮目相看。"①

（二）试行"边写、边拍、边播"的生产方式

将电视剧的剧本按照一个完整的艺术作品来创作已经不适合现在的市场环境，竞争的加剧需要把剧本的创作与观众的喜好紧密快速地结合，才能赢得更高的收视率和市场份额。韩国电视剧"边写、边拍、边播"的生产方式是与韩国"制播合一"的体制相适应的。因此国产剧要在尝试制播合作的基础上也可试着采取这种生产方式。

四、结语

中韩两国不同的市场环境造就了不同的电视剧生产制作体制，但韩国电视剧生产的"制播合一"体制在新媒体时代为中国电视剧产业提供了可供借鉴的市场环境。借鉴韩剧"制播合一"的成功经验，在"制播分离"的基础上逐步推行"制播合作"，充分利用各方优势，打造电视剧市场产业链，是当前我国繁荣电视剧市场的必由之路。

---

① 新华网，"《灵魂摆渡》逆袭冠军剧　超越传统电视剧成大热门"，http：//news. xinhuanet. com/ent/2014 - 04/01/c_126339434. htm，访问日期：2014年4月1日。

电视剧广告播出的政府规制与建议

汤六狼①

【内容提要】 本文以电视剧插播广告为实例，阐述新时代背景下中国电视剧广告播出背后的经济学思维对电视剧行业从制片到放映等各个环节的影响。着重以电视剧插播广告的禁止和业界要求恢复为要点，分析政府规制与市场机制结合的必要性，并提出政府规制方面的相关建议。

【关键词】 文化经济学　电视剧产业　插播广告　鲍莫尔定律　政府规制

一、引言

2011 年 11 月 28 日，广电总局下发《〈广播电视广告播出管理办法〉的补充规定》，决定自 2012 年 1 月 1 日起，全国各电视台播出电视剧时，每集电视剧中间不得再以任何形式插播广告。时隔三年，2015 年 8 月 17 日，中国电视剧制作产业协会（简称电视剧协会）上书新闻出版广电总局，提出"关于加强电视剧市场工作的几点建议"，明确提出"要求恢复电视剧中插播广告"等多项议题，

---

① 汤六狼，华东政法大学文化产业管理专业 2014 级研究生。

引发电视台、制片行业及电视观众的广泛关注。一石激起千层浪。电视台、制片方、电视观众广告商等均从自身利益出发表达出不同的声音和观点。基于此，本文将从由广电总局禁止电视剧插播广告到业界要求恢复电视剧插播广告的过程出发，厘清原因并分析其影响，来探讨如何实现电视台、制片行业良性发展，并确保普通电视观众的利益。

二、电视剧广告存在形态概述

目前，中国电视剧广告的播出总体可分为两大类，一类是电视剧植入广告，另一类是电视剧插播广告。

插播广告也有新式旧式之分。旧式插播广告是指在电视、电影、广播等节目的播出过程中，中断节目的播出，转向播放商业或者公益类型的广告等内容的广告形式。随着移动互联网的发展，出现了推出新型的插播广告。新型插播广告是在移动应用里以半屏或全屏大图方式展现广告，可控制广告展现的时间和界面的新型移动广告。[①] 显然，就目前我国电视剧广告的播出形式而言，大都采用旧式插播，而新式插播则更多地运用于移动手机终端、电脑等新媒体中。

植入式广告又称隐性广告、软广告，是指将产品或者品牌及其具有代表性的视觉符号甚至服务内容策略性地融入电视剧、电影或者电视节目，通过场景的反复再现，使观众留下对产品或品牌的印象，继而达到营销的目标。[②] 这种广告的植入不是生硬的将其置入电视剧当中去，而是将其作为道具、背景，也可适当地融入电视剧

---

① 百度百科：插播广告定义。
② 张金海："广告主青睐隐性广告"，载《广告大观》2005 年第 5 期。

台词、情节发展中去，以春风化雨的方式将所广而告之的商品或服务品牌等告知电视观众。

与电视剧插播广告相比，电视剧植入广告比插播广告更具有明显的优势。第一，与内容的密切相关性更迎合受众的收视心理。在一定程度上，植入式广告具有强制性，观众不能像对待插播广告那样通过切换频道避开，放弃植入广告的同时也必将放弃对电视剧剧情的了解。所以植入式广告已成为电视剧中不可或缺的一部分，观众在感知、接受自己感兴趣的内容的同时，不知不觉地接受了其中的广告信息，进而产生一定的认知反应、情感反应与行为反应，达到良好的传播效果。第二，传播手段具有隐蔽性，能够成功规避广告政策的限制。① 植入式广告不同于独立的插播广告片，它不占据特定独立的广告时段，虽然其目的同插播广告一样，也是进行商品或品牌的宣传推销，但是它与电影、电视剧、节目是一个密不可分的整体，因此，植入式广告可以规避种种对于广告内容、时长、数量等进行限制的政策。

在我国，由于体制的影响，我国电视剧商业化进程较晚，最初的电视剧商业广告播出从 20 世纪 80 年代开始。随着市场经济的不断发展，我国在电视发展体制的转变，电视台获得的财政支持越来越少，越来越多地依靠电视台自身的运作经营来生存下去。电视台的广告收入成为其得以继续生存的重要因素。所以，插播广告开始大量出现在电视剧的播出当中。不同电视台根据自身影响力的大小制定了一系列的广告定价策略、播出政策规定等。

插播广告这种中断——播放——再中断——再播放的方式影响了电视观众对于电视情节的整体性和连贯性的要求，所以长久以来备受电视受众的诟病。但插播广告的播出时间、频率、数量在商业化的促使下更加泛滥。虽然电视剧兼具艺术性和商业性，但由于特

---

① 陶忻玥："从'广告限播令'看电视剧植入式广告的未来"，载《经营方略》2010 年。

殊的历史原因，在我国，电视剧具有特殊的社会作用。可以说，我国观众对于电视剧的期望不只是从中得到娱乐，更是希望某部电视剧既有观赏性，更有艺术性和思想性，而插播广告的增多打破了这一平衡，使众多电视剧流于表面的肤浅观赏。也使得电视剧电视台面临过度商业化的质疑。

从 2012 年起，广电总局规定每集电视剧中间不得再以任何形式插播广告。届时电视广告更多地以植入的方式呈现在电视观众的面前，并促使电视广告播出方式由独立广告片转向植入广告转型。

植入广告的兴起就在于它具有强制性和隐蔽性，而这种特性一方面规避了广电总局的政策法规的要求，另一方面植入广告的播出并不会引起观众的强烈反感，能达到良好的传播效果，同时也不会破坏电视剧本身的思想性、艺术性和观赏性。植入广告想要取得良好的效果必须在电视剧场景、对白、剧情、形象等方面做到无缝对接，不能生硬植入，同时也要在频率和数量上做到适可而止，否则同样会像插播广告一样得到适得其反的效果，引起电视观众的反感。

三、电视剧播出广告存在的经济学分析

从经济学角度来看，电视剧是一个必须借助于人、财、物等各种资源的投入才能够获得的满足人们精神需求的产出，在很大程度上需要依赖于技术系统和产业结构才能完成其再生产的循环流转，这使得电视剧和很多工业社会的产品一样不可避免地受到一般经济规律的影响和制约。为了电视剧制作和放映当中的经济要素的合理循环，电视剧播出过程中播出广告便应运而生，这为电视剧播出广告的存在提供了存在的合理土壤。

同样，根据"鲍莫尔原则"，类似于"演出艺术的生存命中注

定地依赖于一些外部财源的投入，主要采用公共或私人资助的形式（补助、基金、赞助等）"。① 一定程度上，电视剧也属于演出的艺术，因而从根本上必然会"显示电视剧的经济特征"；但电视剧经济由于"大众接受的很大不确定性"而天生的脆弱性也是显而易见的。鉴于此，在电视剧兴起的 20 世纪 80 年代，电视剧插播广告为电视剧经济在某种程度上提供了一种相对可靠的经济来源保障。在市场经济的大环境下，电视剧插播广告一方面能获得一定的经济收入刺激电视剧行业自身的良性发展，另一方面亦能减轻国家财政负担。

若埃尔·奥格罗认为，一条电视商业链所要制作的并不是电视节目，而是一个观众群。节目所代表的不过是产生观众群的手段。接下来，这一观众群，或者说是进入这一观众群的方式，又被卖给广告。广告的每分钟定价是根据节目所吸引的观众数量及其类型（年龄、性别、习惯、社会职业等级，等等）来决定的。观众的消费倾向越强，站内广告的获利越多。②

然而，随着电视剧行业中制作放映等环节市场化程度越来越高，电视台以及广告商、制片方等更加注重电视剧插播广告所带来的经济效益，而忽视普通电视观众的权益，从而导致电视剧插播广告乱象丛生。并引发电视剧生产制作播出等各环节中的恶性循环。

（一）电视台播剧打政策"擦边球"，威胁电视台长远发展

广电总局禁止电视剧中间以任何形式插播广告，加之电视行业本身受到互联网等新媒体的挤压，各级星级卫视及地方电视台便做出相应对策，即将电视剧中间原来插播的广告置于电视剧播出之前和之后或剧与剧之间。并且广告播出总时长大于之前的总时长。"电视台为了挤占播出时间，在播剧时故意删减片头、片尾，使得

① 杨远婴：《电影理论读本》，世界图书出版公司 2012 年版，第 526 页。

② ［法］若埃尔·奥格罗："电视连续剧经济学——基本原则"，曹轶译，载《世界电影》2013 年第 4 期。

制作机构和电视剧从业人员的合法署名权被剥夺"，① 将所受的影响和损失转嫁给制片方，同时也使众多电视观众的基本权益受到侵害。

（二）电视台"疯狂"的插播广告引起观众的反感，导致观众流失

电视受众这一群体是电视台争夺的对象，在电视台与制片方、广告商之间利益博弈的过程中，他们的利益又往往被忽视。电视观众在电视媒体、新媒体等广告的合围之中显示出越来越强烈的反感情绪和逆反心理，使他们逐渐对电视广告形成抵抗和免疫力。也迫使众多年轻观众放弃电视这一传统媒体，而纷纷转向互联网等新媒体。

（三）电视台与制片方"收视对赌"，获取虚假收视率

"收视对赌"是指电视台和制片方商谈价格时签订的妥协方案。原本是电视台在购买电视剧作品与制作公司产生较大价格分歧时，双方在讨价还价过程中产生的"妥协方案"。例如电视台预估体系认为某部作品应该为 50 万元一集，而制片方则认为合理价格应为 80 万元。协商无效，就进行"收视率对赌"，先定一个基准价，如果收视率高了，则加钱；反之则减钱。由于收视率跟电视台的广告收入有着直接关系，一些电视台出现了卫视在跟电视剧片方商谈购剧时，一边在明面上签着"对赌协议"；另一边塞给片方一张广告公司的名片，暗示可以找广告公司购买收视率。而一些广告公司受到利益的驱使，便会通过操纵、污染收视机构样本的方法，制造虚假收视率。以制造虚假收视率的方式自欺欺人，无异于自掘坟墓。

---

① 中国电视剧制作产业协会："关于加强电视剧市场工作的几点建议" 2015 年 8 月 8 日。

（四）对提高我国电视广告效率产生消极作用

目前，我国的电视广告水平还比较低，地方台更是如此，由此所导致的问题主要是广告节目的"粗""泛""滥"和商家投入广告的盲目性。在这种情况下，由于电视观众对于电视广告的屏蔽和反感，商家广告投入与传播很大程度上达不到预计的理想效果。消费者在感到自己的权益受到侵害之后，对商家的广告产生逆反心理，以致出现拒绝购买广告中出现的一些产品的做法。以此而言，超过适当规模的电视剧插播广告使其传播效果递减甚至产生恶性反应，导致电视台及广告的资源浪费，同时还扰乱了电视台广告播出的正常秩序。

鉴于电视剧插播广告背后所包含的各方利益博弈及产生的不良反应，新闻出版广电总局应发挥政府规制作用，遏制电视剧行业及电视剧广告行业的恶性循环，以确保其健康有序的发展。

四、电视剧插播广告的政府规制与建议

公共经济学派与自由经济学派一直是经济学体系中针锋相对的两大经济学流派。公共经济学派主张政府这只"看得见的手"在经济发展中起主导作用，从而形成国家干预主义；自由经济学派主张市场这只"看不见的手"在经济发展过程中发挥主导作用，从而形成自由放任主义。"看得见的手"表现为政府规制，"看不见的手"表现为市场机制。从世界范围内来看，任何一种产业，都需要政府规制与市场机制的共同参与，二者不可偏废。市场机制可以调节政府规制的失灵，同时，政府规制可以调节市场机制的失灵。

2012 年国家广电总局禁止电视剧播出时以任何形式插播广告便是对电视剧广告行业播出的一次政府规制。电视剧制作生产协会会长尤小刚从电视剧行业自身利益出发，直言插播广告是"国际惯例"，然而不能因为"国际惯例"就不考虑中国当前实际，就忽略电视观众的正当利益诉求。

规范电视剧插播广告是一项复杂而系统的工程，涉及政府、电视台、广告投资商、制片方、观众等方面的利益。各方针对当前情况都有责任也有义务作出深刻反思。针对当前我国电视剧发展的实际，借鉴国外先进经验，一方面应建立电视剧广告播出监管的长效机制，形成自己的广告监管模式；另一方面，也要针对目前电视剧制作生产协会的建议作出正面合理回应，对症下药解决时长、内容、方式等具体问题。通过政府的科学规制实现电视剧播出经济效益和社会效益的共同进步。

（一）确立电视剧广告以植入为主、以插播为辅的播出模式

电视剧植入广告的发展虽然晚于插播广告，但是植入广告以其独特的优势和特征迅速在电视剧广告市场中占据不小的份额。随着我国电视剧植入广告发展的日臻完善，它更能在电视台、观众、制作方之间达成一种利益的平衡，既能留住观众又能留住广告。同时，适度放开电视剧插播广告的尺度，但是在播出的时长、数量、质量等方面必须做出严格规定，电视台和制片方更应将优质的广告片呈现在电视观众面前。新闻出版广电总局更应发挥监督审查职能，坚决禁止电视台、广告商、制片方继续"粗""泛""滥"的广告投放与播出之路。

（二）将依法行事作为各方的行为准则。对于政府相关职能部门而言，做到令行禁止

严格按照"限广令"规定对电视台制片方等进行监督审查，而不应将规定打折执行。对制片方而言，制片机构应该运用好《著作权法》这个武器，将更改删除自己署名权的电视剧播出机构告上法

庭。而不应说服新闻出版广电总局废除过去出台的规定，要求电视台把广告仍然放入每集电视剧的中间而不是片头片尾，以维护自己的署名权。更不应以牺牲电视观众利益的办法，把电视台转嫁在他们头上的压力再转嫁到电视观众头上。

（三）引导电视剧广告业转变经营思路，积极谋求与新媒体合作

与传统的广告播映模式相比，互联网时代新媒体的广告策略为电视剧广告的转型提供了新的参考和出路。互联网视频产品的广告明显区别与传统媒体的广告，能让受众在看广告的同时得到一种乐趣，将广告做出了节目的效果。例如，奇葩说、屌丝男士、万万没想到等互联网产品，即便是明显的广告植入，也没有激起受众的厌恶情绪，因为其把广告做成了节目一个不可或缺的组成部分。最根本的是广告内容的制作精良，迎合了受众的观看需求，使受众想去看广告。总之，创新广告形式和提高节目质量，才是传统电视行业永久的生存之道。

五、结语

电视剧广告的播出模式从独立插播广告到植入广告再到与新媒体结合这一历程，基本形成了电视剧广告发展的轨迹和思路。伴随着新媒体的兴起和发展，电视剧广告行业并不会消失，而会在与互联网等新媒体的融合中获得新发展。切勿再走电视剧插播广告的老路，否则只会获得短期效益而忽略长远发展。

文化遗产·
保护

……

复杂科学视域下的文化遗产
保护政策与法规研究

杨　璇①

【内容提要】 随着社会的发展，文化遗产需要得到保护和传承的观点逐渐被认可。一系列文化遗产保护政策得以出台，形成了我国文化遗产保护政策体系；但是文化遗产的多样性、差异性导致了文化遗产保护政策的复杂性。复杂科学强调用动态的、发展的眼光看待事物本身的复杂性，这与文化遗产保护政策体系在当代的变化发展不谋而合，因而复杂科学对当今文化遗产保护政策研究具有指导意义。本文首先分析复杂科学视域下的文化遗产保护，分析导致文化遗产保护具有高度复杂性的影响因素，然后论述基于复杂科学的文化遗产保护政策系统，最后从复杂科学的视角探讨优化文化遗产保护政策的途径。

【关键词】 文化遗产　复杂科学　政策研究

一、文化遗产保护的复杂性

文化遗产（cultural heritage），是指那些凝聚了特定时期精神文明建设成果的物质设施以及与之相配套的社会制度形态和思想意识

---

① 杨璇，华东政法大学文化产业管理专业2014级研究生。

基础。主要表现为物质形态，但也有丰富的非物质形态。一般认为，文化遗产具有多元价值属性。首先，文化遗产是一种特殊的公共资源，除了具有一般公共物品和公共资源的性质外，还具有文化价值。文化遗产所具有的文化价值可以转化为经济价值，例如文化遗产可以通过旅游、观赏等方式被人们消费。其次，文化遗产具有世界或国家范围内的资源唯一性、不能重现性、不可再生性，这就意味着文化遗产是一种特殊的不可再生的稀缺资源。因此，保护文化遗产具有非常重要的意义，不仅有利于当代，也是重要的文化传承。

复杂性科学（complexity sciences）或复杂性研究（complexity researches）兴起于 20 世纪 80 年代，是系统科学发展的新阶段。现代科学技术的发展表明，不能把复杂性全部归结为认识过程的不充分性，必须承认存在客观的复杂性，按照事物本来的复杂面目去认识和把握研究对象。对于文化遗产保护政策体系来说，由于文化遗产保护的复杂，这一政策体系具有与生俱来的复杂性，而正是由于文化遗产保护的复杂性，所以在制定相关政策的时候必须充分考虑到这一点，因而文化遗产保护政策体系也必然是一个复杂系统。

文化遗产保护系统是指一定范围内（全球、某个国家或机构）与文化遗产保护相关的各种单元构成的系统。它并不是一个具体的物质系统，不具备真实的边界。它可大可小，变化多样，且易受外界的影响，是一个开放的复杂系统。

虽然现在关于复杂性的定义并不统一，但有一些特征是被学者共同认可的，例如复杂系统具有多层次性，是不稳定的、多样的、开放的、趋向动态平向等。

（一）西利尔斯对复杂系统特征的研究内容

（1）复杂系统拥有数目巨大的组分，系统因规模增大而变得愈趋复杂。

（2）组分间存在复杂的相互作用。

（3）复杂系统一定是开放系统，且与环境相互作用。

（4）系统必须远离平衡，存在持续的能量流维持系统的组织。

（5）复杂系统不仅在时间中演化，而且形成路径依赖。

（6）任何组分个性都无法预知自己的行为会对整体产生怎样的影响，组成个体间的相互作用形成复杂性。

（二）开放的复杂巨系统所具有的特征

钱学森指出开放的复杂巨系统具有以下四个特征：

（1）系统是"开放的"，系统本身与系统外部环境存在交换，包括物质、能量和信息的交换。

（2）系统包含很多子系统，成千上万甚至是上亿万，所以是"巨系统"。

（3）系统的种类繁多，有几十、上百甚至几百种，所以是"复杂的"。

（4）综合以上三个特征，整体系统之间的系统结构是多层次的，每个层次都表现出系统的复杂行为，甚至还有作为社会人的复杂参与。

（三）分析文化遗产保护复杂性的成因

本文依据钱学森复杂巨系统理论的四个特征对文化遗产保护复杂性的成因进行了如下分析。

1. 来自开放环境的复杂性

文化遗产环境系统是由自然环境和人类社会经济环境两大相互联系又相互作用的系统组成的独特、复杂多变的开放性系统。以大运河遗产为例，这一遗产涉及沿线 8 个省市 27 座城市的 27 段河道和 58 个遗产点；河道总长达到 1011 公里，这就使得它具有了时间和空间上的不同维度。大运河作为一条水系，它的状况与沿途的自然环境有不可分割的关联；而沿途的城镇和人类活动又对它产生重要的影响。

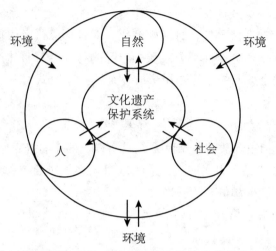

图1　文化遗产保护系统与环境之间的复杂关联示意图

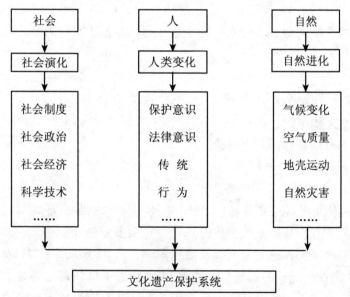

图2　文化遗产保护系统与外界的关联

2. 来自庞大规模的复杂性

中华民族有着悠久的历史和优秀的文化传承，这也就毫无疑问地意味着，中国拥有丰富的文化遗产。2014 年 6 月 25 日，随着第 38 届世界遗产委员会大会闭幕，中国共计拥有 47 项世界遗产，其中世界文化遗产 33 项，世界自然遗产 10 项，文化和自然双重遗产 4 项。遗产总数名列世界第 2 位，仅次于意大利的 50 项。中国还拥有世界非物质文化遗产 28 项，其中急需保护的非物质文化遗产 6 项。此外，中国还拥有国家级、省/自治区/直辖市级和县、自治县、市级等不同级别的众多文化遗产。

3. 来自于多样差异的复杂性

根据 2005 年国务院《关于加强文化遗产保护的通知》的分类，文化遗产首先应该划分为物质文化遗产和非物质文化遗产。现行《文物保护法》根据文物的存在形态又细分为可移动文物和不可移动文物。我国《非物质文化遗产法》列举了 6 种非物质文化遗产的基本表现形式：（1）传统口头文学以及作为其载体的语言；（2）传统美术、书法、音乐、舞蹈、戏剧、曲艺和杂技；（3）传统技艺、医药和历法；（4）传统礼仪、节庆等民俗；（5）传统体育和游艺；（6）其他非物质文化遗产。

4. 来自不同保护方式的复杂性

物质文化遗产具有具象的物质形态，一般强调对文化遗产的静态保护，强调其原真性和不可复制性，侧重对被保护遗产的修复、维护和展示。非物质文化遗产通常表现为精神、思想、技艺、知识等抽象形态，强调对文化遗产的活态保护，强调其传承和发展，侧重对传承人的保护、培养，以及知识、技艺的传承和传播。但这些区别并不是绝对的。物质文化遗产与非物质文化遗产之间往往存在着无法割裂的相互依存关系，物质文化遗产也是一定精神、思想、技艺、知识的反映和固化，而非物质文化遗产也需要通过一定的物质载体表现出来。

二、文化遗产保护政策与法规的复杂性分析

（一）文化遗产的法律定义

从国际法律文件来看，"文化财产"（cultural property）是最早的相关表述。根据联合国教科文组织 1954 年发布的《武装冲突情况下保护文化财产公约》，即《海牙公约》，1970 年发布的《关于禁止和防止非法进出口文化财产和非法转让其所有权的方法的公约》中使用的都是文化财产，"文化遗产"一词仅在内容中偶尔出现且不具有具体的法律意义。直到 1972 年，联合国教科文组织才在《保护世界文化和自然遗产公约》中正式采用了"文化遗产"一词。

此后，文化财产、文化遗产、文物等用语在相关国际组织的法律文件中交替使用，并且"文化遗产"的使用率逐渐提高。21 世纪以来，"文化遗产"已成为相关国际法律文件的主要用语。

（二）我国文化遗产政策与法规的演变

清末变法之际，中国就已经有了文化遗产立法的萌芽。1906 年清政府设立民政部，拟定了《保存古物推广办法》，并通令各省执行。1908 年颁布的《城镇乡地方自治章程》将"保存古迹"作为值得褒扬的善举列为城镇乡的"自治事宜"。1914 年 6 月 14 日，北京政府大总统发布了《限制古物出口令》。1916 年 10 月，内务部公布了《保存古物暂行办法》。

1923 年 10 月，《中华民国宪法》第 24 条规定，"关于文化之

古籍、古物，及古迹之保存"事项由国家立法并执行，或令地方执行之，省不抵触国家法律范围内，得制定单行法。这为制定文化遗产保护法提供了宪法依据。

1924 年，内务部又拟定了《古籍、古物及古迹保存法（草案）》并提交国务会议。虽然并未成为正式的法律，但这是第一次将文化遗产保护法正式提上立法议程的尝试，在我国文化遗产法发展历史中具有重要的意义。

1928 年南京国民政府内政部颁布了我国历史上第一部用于文化遗产保护的行政法规——《名胜古迹古物保存条例》。1930 年 6 月 2 日，南京国民政府公布了第一部正式的文化遗产保护法《古物保存法》，这标志着中国的文化遗产法发展进入了新阶段，从此文化遗产保护有了权威的法律依据。

此后又相继出台了一批保护文化遗产的法规，如《古物保存法细则》《中央古物保管委员会组织条例》《采掘古物规则》《古物出口护照规则》《外国学术团体或私人参加采掘古物规则》，初步建立起了文化遗产保护的法律框架。新中国成立后发布了一系列的保护文化遗产的命令、指示和通知，形成了许多保护文化遗产的政策和方针，对文物保护工作起到了很大的作用，但其侧重不可移动文物的局限和法制不健全的不足也是显而易见的。

1982 年 11 月 19 日，《中华人民共和国文物保护法》颁布实施，自此，我国对物质文化遗产的保护开始走上法制化的轨道。此后又经过了 2002 年、2007 年两次修改。2004 年中国加入了联合国教科文组织《保护非物质文化遗产公约》，2011 年颁布和实施了《中华人民共和国非物质文化遗产法》。现已形成了以宪法和民族区域自治法为基础所确立的基本法律依据和准则和专门性的物质与非物质文化遗产保护的法律、法规和规章共同构成的文化遗产保护法律体系。

（三）文化遗产保护政策与法规的复杂性

文化遗产保护的政策与法规体系是将对其保护的相关政策与法

规相互联系而构成一个完整的系统。从静态方面，即政策与法规的相关程度来看，所有与文化遗产保护有关的政策与法规，均为该体系的构成要素；从动态方面，即政策与法规的作用过程来讲，其制定、决策、执行以及监控和调整的整个过程构成了这个体系的动态运行。

1. 法律结构的复杂性

文化遗产保护法律结构指保护文化遗产的法律层次组成。目前世界范围内，文化遗产保护法律是国际法和国内法组成的有机整体，呈现出一种复合状态。不论是国际法还是国内法，都存在文化遗产保护的单行法，例如国际法《关于保护可移动文化遗产的建议》，澳大利亚、意大利的《可移动文化遗产保护法》，我国的《中华人民共和国非物质文化遗产法》等。从内容条文来看，相关法律法规的具体规定也不尽相同。《保护世界文化与自然遗产公约》《海牙公约》等是针对整个文化遗产保护而言的，《中华人民共和国文物法》包含了不可移动与可移动文化遗产（文物）的保护。而在一个国家内部，对于文化遗产保护的政策与法规又有国家级、省级、市县级之分。

2. 法律内容的复杂性

一方面，文化遗产内容的复杂性直接导致了文化遗产保护政策与法规内容的复杂性，按照不同的文化遗产分类标准有不同的遗产保护政策与法规。如对可移动文化遗产和不可移动文化遗产的保护政策、法规是不一样的，而对物质文化遗产和非物质文化遗产保护的政策法规又是不一样的。另一方面，由于文化遗产本身具有的动态性，文化遗产的内容会随着自身保存状况、社会政治经济环境、遗产保护观念等因素的变化而发生变化，与此相对应的文化遗产保护政策与法规的内容也在不断变化和调整中。比如法国就对历史文化遗产保护、对艺术品的进出口法案前后进行了十五次修订，使之日益完善。

3. 文化遗产保护政策与法规复杂性的根源

从演变过程上看，法的产生是人类社会发展的产物。"法不是从来就有的，也不是一开始就具有完全成熟的形态，它经历了一个长期渐进的形成和发展过程。"从总体上看，法律演变具有从低级形态向高级形态、由简单形态到复杂形态的普遍规律。从世界范围来看，由于不同国家、不同地区对文化遗产的认识、接受的时间、程度的不同，各自形成了不同的文化遗产保护体系，也就形成了制定文化遗产保护政策与法规的差异性，这造成文化遗产法律演变的复杂性。

法律并不是超越社会、孤立存在的本体，法律的发展与社会、经济、政治、文化、自然条件密不可分。法律和法律之间也有关系，法律和它们的渊源，和立法者的目的，以及作为法律建立的基础的事物的秩序也有关系。由于这些可变因素的影响，法律的演进在不同的地域会有不规则的变化，呈现出局部有序而整体无序的复杂性状态。文化遗产保护政策与法律自然也逃脱不开这一规律。

文化遗产保护法律在形成过程中受到遗产概念深化的影响非常大。最早的遗产保护主要是针对古建筑物纪念碑的保护，20 世纪30 年代后逐渐扩大到艺术品，60 年代末扩大到自然遗产；20 世纪末，遗产概念扩大到了"人类口头和无形文化遗产"。随着"遗产"概念的扩大，遗产保护的领域也在扩张，保护对象的扩张要求法律需要辐射的范围也随之扩大，这就造成了文化遗产保护法律的复杂性。此外，随着社会经济、政治、科技等可变因素的发展，法律传播的复杂性也日益增加，由此产生的区域或者国家法律上的差异也随之日益显现。

三、文化遗产保护政策与法规优化建议

（一）进行整体性保护

对于具体整体性保护的非物质文化遗产项目的保护，尤其是文化生态保护区的建设，其政策和法规的制定应考虑到整体保护的原则。各个行政区域应形成保护的合力，统一各行政区的保护政策内容，实现对当地非遗保护工作的统一规划。依然以大运河遗产为例。大运河集航运、灌溉、防洪、排涝、调水等功能于一体，担负南水北调、北煤南运等重要职责，其保护管理问题涉及文物、水利、交通、环保、建设、规划和国土等多个部门。其中防洪问题由水利部门负责，航道管理由交通部门负责，文化遗产保护由文物部门负责，水质控制与环保部门有关。因此必须对这些部门进行整体性考虑，每一个部门都是这个系统的一部分，不可分割。

（二）加强各层次子系统的合作

以地方政府和文化行政部门为例，各级部门要坚持"保护为主、抢救第一、合理利用、传承发展"的方针，根据本地域的自身情况，主动对中央宏观政策加以阐发，形成针对性强、适合地域性文化遗产的保护政策，推动地方文化遗产保护工作的顺利进行。如我国《非物质文化遗产保护法》规定：县级以上人民政府应当将非物质文化遗产保护、保存工作纳入本级国民经济和社会发展规划，并将保护、保存经费列入本级财政预算。各级政府应遵循其精神，在对本地区进规划时考虑到当地经济社会发展与非物质文化遗产保护的关系，并将其置于整个地区发展规划当中，对于保护所需管理机构的设置、经费的划拨、人才的引进与培养、传习场所的提供等方面都有具体规划。

（三）树立动态平衡的理念

针对目前我国文化遗产保护政策和法规存在的不足，主要是层级关系上不完善、不明晰的现状，一方面需要通过加强中央与地方政策的联动性，通过不同层面政策的归置，统筹文化遗产保护宏观、中观和微观三个层面政策的一致性。大运河遗产本身的发展变化是一个不断受自然、政治、社会、经济等外部环境影响，又反过来推动促进中国的经济文化发展的历史过程。这个过程具备了时间和空间的特征，因此它过去一直、现在正在以及将来都处于变化发展中，因此不能用以往的静态的思路去解决问题，必须看到它是一个动态的过程，只能为趋向动态平衡而努力。

（四）发起自下而上的文化遗产保护

借鉴台湾的古迹保存经验，引入"自下而上""社区参与""再利用和活化"的社区总体营造，发动起民间的力量，让文化遗产保护从由政府"自上而下"式的霸权，转变为地方自发和民间团体主导的态势，寻找地方导向型和内发型的发展策略，使得保护和地方的特色文化产业结合起来，社区文化活动强调"本土化"，注意发挥社区的自然人文优势，突出地域特色，以和社区认同产生协同效应，不仅能充分挖掘地方的物质或非物质文化遗产，而且还能充分调动民间的积极性和能动性。

附　　录

一、中国拥有的世界文化遗产 (33项)

1. 明清皇宫 Imperial Palaces of the Ming and Qing Dynasties in Beijing and Shenyang [北京故宫（北京），1987.12；沈阳故宫（辽宁），2004.7]

2. 秦始皇陵 Mausoleum of the First Qin Emperor（陕西，1987.12）

3. 敦煌莫高窟 Mogao Caves（甘肃，1987.12）

4. 周口店北京人遗址 Peking Man Site at Zhoukoudian（北京，1987.12）

5. 长城 The Great Wall [北京，1987.12；辽宁九门口长城（水上长城）2002.11]

6. 武当山古建筑群 Ancient Building Complex in the Wudang Mountains（湖北，1994.12）

7. 拉萨布达拉宫历史建筑群 Historic Ensemble of the Potala Palace，Lhasa（西藏，1994.12 大昭寺，2000.11；罗布林卡，2001.12）

8. 承德避暑山庄及其周围寺庙 Mountain Resort and its Outlying Temples，Chengde（河北，1994.12）

9. 曲阜孔府、孔庙、孔林 Temple and Cemetery of Confucius and the Kong Family Mansion in Qufu（山东，1994.12）

10. 庐山国家公园 Lushan National Park（江西，1996.12）

11. 平遥古城 Ancient City of Ping Yao（山西，1997.12）

12. 苏州古典园林 Classical Gardens of Suzhou（江苏，拙政园、网师园、留园和环秀山庄，1997.12；艺圃、藕园、沧浪亭、狮子

林和退思园，2000.11）

13. 丽江古城 Old Town of Lijiang（云南，1997.12）

14. 北京皇家园林——颐和园 Summer Palace，an Imperial Garden in Beijing（北京，1998.11）

15. 北京皇家祭坛——天坛 Temple of Heaven：an Imperial Sacrificial Altar in Beijing（北京，1998.11）

16. 大足石刻 Dazu Rock Carvings（重庆，1999.12）

17. 皖南古村落——西递、宏村 Ancient Villages in Southern Anhui - Xidi and Hongcun（安徽，2000.11）

18. 明清皇家陵寝 Imperial Tombs of the Ming and Qing Dynasties［明显陵（湖北）、清东陵（河北）、清西陵（河北），2000.11；明孝陵（江苏）、十三陵（北京），2003.7；盛京三陵（辽宁），2004.7］

19. 龙门石窟 Longmen Grottoes（河南，2000.11）

20. 青城山和都江堰 Mount Qingcheng and the Dujiangyan Irrigation System（四川，2000.11）

21. 云冈石窟 Yungang Grottoes（山西，2001.12）

22. 高句丽王城、王陵和贵族墓葬 Capital Cities and Tombs of the Ancient Koguryo Kingdom（吉林，辽宁；2004.7.1）

23. 澳门历史城区 Historic Centre of Macao（澳门，2005）

24. 殷墟 Yin Xu（河南，2006.7.13）

25. 开平碉楼与村落 Kaiping Diaolou and Villages（广东，2007.6.28）

26. 福建土楼 Fujian Tulou（福建，2008.7.7）

27. 五台山 Mount Wutai（山西，2009.6.26）

28. 登封"天地中心"历史建筑群 Historic Monuments of Dengfeng in "The Centre of Heaven and Earth"（河南，2010.8.2）

29. 杭州西湖文化景观 West Lake Cultural Landscape of Hangzhou（浙江，2011.6.29）

30. 元上都遗址 Site of Xanadu（内蒙古，2012.7.6）

31. 红河哈尼梯田文化景观 Cultural Landscape of Honghe Hani Rice Terraces（云南 2013.6.22）

32. 丝绸之路：长安—天山廊道的路网 Silk Roads：the Routes Network of Chang'an – Tianshan Corridor（陕西、河南、甘肃、新疆，2014.6.22）

33. 大运河 The Grand Chanal（北京、天津、河北、山东、河南、安徽、江苏、浙江，2014.6.22）

二、中国拥有的世界自然遗产（10项）

1. 黄龙风景名胜区 Huanglong Scenic and Historic Interest Area（四川，1992.12）

2. 九寨沟风景名胜区 Jiuzhaigou Valley Scenic and Historic Interest Area（四川，1992.12）

3. 武陵源风景名胜区 Wulingyuan Scenic and Historic Interest Area（湖南，1992.12）

4. 云南三江并流保护区 Three Parallel Rivers of Yunnan Protected Areas（云南，2003.7）

5. 四川大熊猫栖息地——卧龙、四姑娘山和夹金山 Sichuan Giant Panda Sanctuaries – Wolong, Mt Siguniang and Jiajin Mountains（四川，2006.7）

6. 中国南方喀斯特 South China Karst（云南、贵州、重庆，2007.6.29；广西，重庆、贵州，2012.6.22）

7. 三清山国家公园 Mount Sanqingshan National Park（江西，2008.7.7）

8. 中国丹霞 China Danxia（贵州、福建、湖南、广东、江西、浙江，2010.8）

9. 澄江化石遗址 Chengjiang Fossil Site（云南，2012.7.6）

10. 新疆天山 Xinjiang Tianshan（新疆，2013.6.21）

三、中国拥有的世界文化自然双重遗产(4 项)

1. 泰山 Mount Taishan（山东，1987. 12）

2. 黄山 Mount Huangshan（安徽，1990. 12）

3. 峨眉山风景区及乐山大佛风景区 Mount Emei Scenic Area，including Leshan Giant Buddha Scenic Area（四川，1996. 12）

4. 武夷山 Mount Wuyi（福建，1999. 12）

四、中国拥有的世界非物质文化遗产(34 项)

1. 昆曲（2001. 5）

2. 古琴艺术（2003. 11）

3. 新疆维吾尔木卡姆艺术（2005. 11）

4. 蒙古族长调民歌（2005. 11 与蒙古国联合申报）

5. 中国传统桑蚕丝织技艺（2009. 10）

6. 南音（2009. 10）

7. 南京云锦织造技艺（2009. 10）

8. 宣纸传统制作技艺（2009. 10）

9. 侗族大歌（2009. 10）

10. 粤剧（2009. 10）

11. 格萨（斯）尔（2009. 10）

12. 龙泉青瓷传统烧制技艺（2009. 10）

13. 热贡艺术（2009. 10）

14. 藏戏（2009. 10）

15. 玛纳斯（2009. 10）

16. 花儿（2009. 10）

17. 西安鼓乐（2009. 10）

18. 中国朝鲜族农乐舞（2009. 10）

19. 中国书法（2009. 10）

20. 中国篆刻（2009. 10）

21. 中国剪纸（2009.10）

22. 中国传统木结构营造技艺（2009.10）

23. 端午节（2009.10）

24. 妈祖信俗（2009.10）

25. 中国雕版印刷技艺（2009.10）

26. 呼麦（2009.10）

27. 京剧（2011.11）

28. 中医针灸（2011.11）

29. 羌年（2009.10 急需保护的非物质文化遗产）

30. 黎族传统纺染织绣技艺（2009.10 急需保护的非物质文化遗产）

31. 中国木拱桥传统营造技艺（2009.10 急需保护的非物质文化遗产）

32. 新疆的麦西热甫（2011.11 急需保护的非物质文化遗产）

33. 福建的中国水密隔舱福船制造技艺（2011.11 急需保护的非物质文化遗产）

34. 中国活字印刷术（2011.11 急需保护的非物质文化遗产）

非物质文化遗产的知识产权保护模式小探

吴文琪①

【内容提要】 随着国际潮流的影响及人们法制观念的加强，非物质文化遗产的保护问题在当今社会显得愈发重要。2011 年我国《非物质文化遗产法》的颁布和施行，意味着我国非物质文化遗产的保护工作正式进入了有法可依的阶段。但是，目前我国法律对非物质文化遗产的保护并不完善，《非物质文化遗产法》主要侧重于行政保护手段，部分法律条文也缺乏具体的操作性；在涉及侵权纠纷问题时，仍然需要依赖于其他法律。这也就意味着，我国目前尚缺乏一套完备的适用于保护非物质文化遗产的法律体系。本文的论述重点主要集中在知识产权保护制度上，希望通过讨论各项知识产权制度对非物质文化遗产的适用，寻找到一项适用于非物质文化遗产保护的法律制度。

【关键词】 非物质文化遗产　知识产权　保护模式　权利主体

对非物质文化遗产的立法保护，在国内外已逐渐得到重视，国际上对此也早已有了相关立法。在日本，非物质文化遗产又称"文化财"。1950 年日本政府颁布的《文化财保护法》，首次以法律形式确定了本国非物质文化遗产的范围，这一法律的颁布，在一定程度上推动对国际上非物质文化遗产的立法保护。联合国教科文组织

---

① 吴文琪，华东政法大学文化产业管理专业 2011 级本科生。

2003 年颁布了《非物质文化遗产公约》，对各缔约国的责任和义务作出了约定。我国于 2011 年颁布《非物质文化遗产法》，从非物质文化遗产的范围、保护方法和法律责任等方面一一予以明确。我国各省市出台的地方性非物质文化遗产保护条例，也对当地非物质文化遗产的传承和保护起到了一定作用。

但是，应该意识到，我国非物质文化遗产领域的法律法规还有许多不到位的地方。例如，《非物质文化遗产法》中并未对侵犯非物质文化遗产的法律责任作出明确规定，刑法中也没有相关罪名，相关法律之间的衔接不够完善；对于涉及知识产权的内容，法条中并没有作出明确规定，只能依附于其他法律。非物质文化遗产中蕴含着丰富的文化内涵和民族信仰，而这些无形的财富与当前我国知识产权客体存在一定的交集，因此运用知识产权体系来保护非物质文化遗产，是目前看来较为合适的一种方法。但是，我国目前尚未制定相关法律，为非物质文化遗产提供知识产权方面的保护。国内许多学者已对这一问题展开研究，针对非物质文化遗产领域的知识产权立法提出了自己的独到见解。

传统的知识产权可分为著作权、商标权和专利权，将这些法律适用在非物质文化遗产领域，有一定的可取之处，但其中的弊端也不可避免。例如，对于传统民间文学艺术作品，运用著作权法进行保护，通过赋予权利人一定的人身权利和财产权利，不仅可以维护权利人自身的利益，也有利于保护一个地区或民族的文化情感，从而激发人们对保护非物质文化遗产的积极性。对于活态性较强的非物质文化遗产，运用专利权法、商标权法进行保护则更为合适。但是，这些法律在制定之初都并未将非物质文化遗产纳入到保护范畴内，因此当中的许多规定对于非物质文化遗产来说并不合适，如权利保护期限较短、权利主体不明确等。除此之外，著作权法、商标权法、专利权法三者分立的状态，也不利于非物质文化遗产的整体保护。因此，制定一套专门适用于非物质文化遗产的知识产权法律，是十分有必要的。

我国已在著作权领域制定了《民间文学艺术作品著作权保护条例（征求意见稿）》，虽然目前尚未正式出台，但从内容来看，已经有了一定突破。专利权法、商标权法也可以在此基础上制定细化的行政法规，以满足当前对非物质文化遗产的保护需要。然而从长远的角度来看，在知识产权体系中构建一套专用于非物质文化遗产保护的法律分支，兴许是可以尝试的方向。不仅如此，完善各相关立法之间的衔接、加强政府与民间组织的合作，都可以对非物质文化遗产的发扬和传承起到一定的作用。只有不断完善非物质文化遗产领域的立法，坚持民事法律保护与行政指导并重，才能为我国非物质文化遗产的保护和发展提供更为有效的帮助，令我国的优秀传统文化不断地传承和发扬光大。

一、非物质文化遗产的知识产权保护现状

（一）著作权保护现状

根据我国《著作权法》第3条的规定，著作权的客体主要包括文字作品、口述作品、音乐、戏剧、舞蹈艺术作品、美术作品、建筑作品、电影作品和以类似摄制电影的方法创作的作品、计算机软件等。结合我国《非物质文化遗产法》中对"非物质文化遗产"的定义可知，非物质文化遗产与著作权的客体存在部分重合，即能够用著作权来进行保护的非物质文化遗产，主要集中在传统民间文学和艺术方面。对于部分传统技艺、医药以及民俗，因其活态性较强，不适用著作权保护，对于这部分非物质文化遗产的保护，在后文中再进行论述。

1. 权利主体
对于一般意义上的作品来说，其著作权属于作者，这一点并无

异议。但是，非物质文遗产具有地域性和活态性，不同于一般的著作权客体，因此在著作权主体的权利归属上，产生了一些争议。非物质文化遗产是一个地区在长期历史发展中凝聚而成的智力成果，是经过世代传承下来的，其最初的创始人往往是一个群体，无法确定单独的作者。那么在发生权利归属争议时，该由谁来行使诉讼权利？根据我国现有的法律法规，此问题不难找到答案。国家版权局2014年公布的《民间文学艺术作品著作权保护条例（征求意见稿）》中第5条规定："民间文学艺术作品的著作权属于特定的民族、族群或者社群。"同时第15条第2款规定："使用民间文学艺术作品发生纠纷的，著作权人的代表可以以著作权人的名义依法提起仲裁或者诉讼；国务院著作权行政管理部门指定的专门机构可以以自己的名义依法提起仲裁或者诉讼，并及时通知著作权人的代表。"这就意味着我国在行政法规上为民间文学艺术作品的著作权确定了集体权利，在发生侵权纠纷时，特定的民族、族群及其代表或是相关的专门机构可以作为合法的诉讼主体。目前公布的《民间文学艺术作品著作权保护条例（征求意见稿）》虽然只是征求意见稿，但其代表了我国目前对民间文学艺术作品进行著作权保护的立法方向，因此是具有说服力的。

2. 权利内容

依照知识产权理论，著作权可分为人身权和财产权。在著作人身权方面，署名权和保护作品完整权是两项重要的权利。《民间文学艺术作品著作权保护条例（征求意见稿）》是对著作权法的细化，在保护民间文学艺术作品上更加具有针对性。该条例第六条规定："民间文学艺术作品的著作权人享有以下权利：（一）表明身份；（二）禁止对民间文学艺术作品进行歪曲或者篡改；（三）以复制、发行、表演、改编或者向公众传播等方式使用民间文学艺术作品。"根据该规定，民间文学艺术作品可以享有署名权、保护作品完整权等人身权利。在2001年赫哲族乡政府诉《乌苏里船歌》

侵权案中，歌唱家郭颂在中央电视台演唱了歌曲《乌苏里船歌》，该曲是在赫哲族民间曲调基础上改编而成的，主办方却对外宣称郭颂是词、曲作者。经审理，法院判决被告中央电视台和演唱家郭颂今后在使用《乌苏里船歌》时，应当注明"根据赫哲族民间曲调改编"①。这是关于民间文学艺术作品署名权纠纷的典型例子，也为今后处理类似的纠纷案件提供了参考意见。

在著作财产权方面，民间文学艺术作品同样享有复制权、发行权、表演权、改编权等财产权利。在当今社会，民间文艺作品面临的一个较大问题就是改编权。我国《著作权法》中对作品的改编权做了规定，著作权人可以允许别人在自己作品的基础上进行改编，创造出具有独创性的新作品，并依照约定或法律规定取得报酬。但是此规定落实到非物质文化遗产领域，却存在许多问题。长期以来，由于相关法律的缺失以及法律意识淡薄，许多人误以为民间文学艺术作品属于"公有领域"，是全社会共同的财富，利用该类作品进行改编创作无需经过任何人的同意。这对于民间文艺作品的发源地和传承人来说非常不公平。2014 年公布的《民间文学艺术作品著作权保护条例（征求意见稿）》考虑到了这种情况，对民间文学艺术作品的改编权作出了明确规定。该条例第 8 条第 1 款规定："使用民间文学艺术作品，应当取得著作权人的许可并支付合理报酬，或者向国务院著作权行政管理部门指定的专门机构取得许可并支付合理报酬。"这就意味着在一般情况下（除法定许可的情况外），任何人使用民间文学艺术作品进行改编创作都需要经过著作权人的同意，并支付一定报酬。这在很大程度上保护了著作权人和作品发源地的合法利益。

此外，在民间文学艺术作品的传承过程中，记录者、整理者也起到了很大的作用。因非物质文化遗产具有无形性和地域性，需要

---

① 张革新："《乌苏里船歌》案若干法律问题评析"，载《法学杂志》2014 年第25 卷。

有人对该民间文学艺术作品进行记录和整理。基于展现原貌而记录、整理而成的作品，记录者和整理者在其中极少加入自己的创造，所以他们并不属于真正的作品著作权人。但由于部分民间文学艺术作品濒临失传，或是因传承人地处偏远地区，记录者、整理者在记录过程中付出了很大劳动，他们所作出的努力应该得到承认和保护，在法律上同样应当享有表明身份和取得报酬的权利。这一点在《民间文学艺术作品著作权保护条例（征求意见稿）》也已经得到重视。该条例第 12 条规定："记录者在搜集、记录民间文学艺术作品时应指明口述人、表演者身份。记录者应当与口述人、表演者等就劳务报酬问题进行协商。使用记录者搜集、记录的民间文学艺术作品，应当指明口述人、表演者和记录者身份。"可见，记录者所享有的权利已经在法律上得到了承认。

利用著作权对非物质文化遗产进行保护，还会涉及保护期的问题。我国著作权法规定，著作权人的发表权及财产权的保护期为作者终生及其死亡后 50 年，截止于作者死亡后第 50 年的 12 月 31 日①。但对于许多非物质文化遗产来说，其传承的过程已经远不止 50 年，如果适用《著作权法》所规定的保护期，对非物质文化遗产是非常不利的。国务院在制定相关行政法规时已经充分考虑到了这一点。《民间文学艺术作品著作权保护条例（征求意见稿）》中第 7 条规定："民间文学艺术作品的著作权的保护期不受时间限制。"这一规定突破了《著作权法》对保护期的限制，对于保护非物质文化遗产将会起到很大作用。

3. 邻接权

对于一些活态性较强的非物质文化遗产，如传统戏剧、舞蹈，很难考证具体的创始人，其传承人一般为表演者，在表演过程中通常只是将戏剧和舞蹈进行再现，并未在其中加入自己的创作。因

---

① 1990 年《著作权法》第 21 条（2010 年修正）。

此，传统戏剧和舞蹈的表演者不能算是非物质文化遗产的著作权人，对于这一类传承人的权利，可以适用邻接权制度中的表演者权来进行保护。著作权法中规定的表演者权主要包括表明表演者身份权、保护表演形象不受歪曲权这两项人身权和其他四项财产权。因此他人在使用这一类传统戏剧、舞蹈时，应当指明表演者的身份，而表演者也有权通过许可他人传播自己的表演活动，获得一定的报酬。这对于保护传统戏剧、舞蹈之传承人的利益，具有重要的意义。

4. 著作权保护模式的不足之处

在非物质文化遗产的分类中，适用著作权进行保护的主要是民间文学艺术作品，包括民间文学、音乐、戏剧、曲艺、舞蹈等。它们的一个共同特点是都具有外在的表现形式，能通过一定的传承人进行展现，也能够通过一定的形式固定下来。但是，另外一些非物质文化遗产如传统民俗、手工技艺，具有较强的活态性，往往不能脱离传承人而单独存在。它们最精华的部分不在于所展现出来的成品，而是蕴含在这其中的技艺、思想或信仰。这部分非物质文化遗产无法通过一定的形式进行展现和传播，因此也无法享有相应的著作人身权和财产权。因此对于这部分不具备一定表达形式的非物质文化遗产，仅依靠著作权法是不够的，还需要结合其他的法律来进行综合保护。

（二）专利权保护现状

1. 权利主体

我国专利法规定："两个以上单位或者个人合作完成的发明创造……申请专利的权利属于完成或者共同完成的单位或个人。"第9条规定："同样的发明创造只能授予一项专利权。……两个以上的申请人分别就同样的发明创造申请专利的，专利权授予最先申请的人。"从以上法条中不难看出，对于一项发明创造，原则上只能由发明人本人享有。但是就非物质文化遗产来说，一些传统民间工艺由于产生的年代久远，最初的发明创造人也难寻踪迹；加上当时人们的法律意识不强，许多发明人因此从未将自己的发明创造申请专利。经过长时间的传承和演化，掌握这项民间工艺的人可能是一整个地区或民族的传承人。而我国专利法并未规定专利权可以属于一个群体，因此这些传承人在申请专利时可能会遭遇到一些阻碍，这使得部分非物质文化遗产不能够获得专利权保护，在发生侵权纠纷时也很难获得法律保障。因此笔者认为，基于非物质文化遗产的特殊性质，非物质文化遗产专利申请人的范围应当区别于一般发明创造的申请人，其申请专利的权利和专利权都应当属于特定的民族或族群。

2. 权利内容

专利权保护模式，主要适用于我国《非物质文化遗产法》中所规定的"传统技艺、医药和历法"，以及联合国《非物质文化遗产公约》中规定的"有关自然界和宇宙的知识和实践"。这几类非物质文化遗产由于其活态性较强，适用专利权模式对其进行保护，相较于其他法律模式来说更为合适。针对目前我国非物质文化遗产经常遭遇盗用和侵权的情况，可以在专利权制度下，运用适当的方法对这些非物质文化遗产进行保护。

利用专利法中所规定中的"现有技术"，可以防止他人擅自利用非物质文化遗产进行生产盈利的行为。我国《专利法》第22条第2款和第5款分别规定："新颖性，是指该发明或者实用新型不属于现有技术；也没有任何单位或者个人就同样的发明或者实用新型在申请日以前向国务院专利行政部门提出过申请，并记载在申请日以后公布的专利申请文件或者公告的专利文件中。""本法所称现有技术，是指申请日以前在国内外为公众所公知的技术。"由于有的非物质文化遗产已经流传了数百年甚至更长时间，一些手工技艺经过世代传承，已经不再是秘密。此时如果有人剽窃该非物质文化遗产进行盈利活动，不仅会侵害传承人的利益，也会损害到发源地人民的情感。而此项"现有技术"的规定，将会使部分利用非物质文化遗产进行盈利的产品丧失新颖性，从而无法获得专利授权。这在一定程度上对公共领域内的非物质文化遗产起到了保护作用。

用"现有技术"进行保护非物质文化遗产的出发点固然是好的，但在专利审查过程中仍然会遇到一些问题。由于我国现存的非物质文化遗产数目庞大，且大多数是通过口头和行动方式进行传承，在国内少有书面记载。因此一项产品在专利审查过程中，即使存在盗取非物质文化遗产的行为，审查员也很难根据现有资料来判断。这就容易为不法之人提供了法律漏洞，将一些流传多年的非物质文化遗产据为己有而获取经济利益。我国也开始逐渐意识到这个问题，并于 2011 年开始建立"中国传统中药专利数据库"，将专利法实施以来被授予专利的传统中药进行收录，这就为今后的专利审查提供了便利。对于其他一些领域的非物质文化遗产，也可以借鉴该做法，积极建立各类非物质文化遗产数据库，防止不当的专利授予行为发生。

3. 专利权保护模式的不足之处

尽管运用专利权对部分非物质文化遗产进行保护更加合适，但是，由于非物质文化遗产本身的特殊性，现有的专利法框架并不能完全适用，还存在许多不足之处。

首先，根据专利权理论，授予发明和实用新型专利权的三个重要条件，是新颖性、创造性和实用性。但是，非物质文化遗产是长期历史发展过程中传承下来的，大部分已经为人们所熟知，属于现有技术，因此这部分非物质文化遗产并不具备新颖性，无论是作为发明、实用新型还是外观设计，均不能被授予专利权。另外，从创造性的角度来说，非物质文化遗产的传承和演变是个较为漫长的过程，而我国《专利法》第 22 条第 3 款规定："创造性，是指与现有技术相比，该发明具有突出的实质性特点和显著的进步，该实用新型具有实质性特点和进步。"这与非物质文化遗产本身的特点是相矛盾的。因此，由于非物质文化遗产自身的特殊性，运用专利权进行保护还存在许多亟待解决的法律障碍。

其次，专利权的保护期限较短。《专利法》第42条规定："发明专利权的期限为二十年，实用新型专利权和外观设计专利权的期限为十年。"但是，非物质文化遗产是历史发展过程凝结而成的智慧结晶，是全国人民共同的宝贵财富，若只有10－20年的保护期，对于非物质文化遗产来说是非常不公平的。因此，若借鉴《民间文学艺术作品著作权保护条例（征求意见稿）》的做法，在专利法的框架下制定专门适用于非物质文化遗产的行政法规，对非物质文化遗产的保护期限作出特殊规定，也许会使非物质文化遗产的专利权保护渠道更加顺畅。

第三，从专利申请到维持的过程中，权利人需要缴纳较多的费用。我国《专利法实施细则》第93条规定："向国务院专利行政部门申请专利和办理其他手续时，应当缴纳下列费用：（一）申请费、申请附加费、公布印刷费、优先权要求费；（二）发明专利申请实质审查费、复审费；（三）专利登记费、公告印刷费、年费；（四）恢复权利请求费、延长期限请求费；（五）著录事项变更费、专利权评价报告请求费、无效宣告请求费。"各种项目的收费，对于部分贫困地区的申请人来说是一笔不小的负担，这也间接阻碍了部分非物质文化遗产传承人寻求专利保护的途径。

此外，由于一些非物质文化遗产地处偏远地区，当地人们的法律意识较为淡薄，申请专利所需的材料和手续对他们来说是一定的难题。正因此，我国目前为非物质文化遗产申请专利的人并不在多数。这也是非物质文化遗产保护中需要考虑的一个现实问题。

（三）商标权保护现状

我国现行的商标法中并未涉及非物质文化遗产的相关内容，但在最近几年的实践中已有先例。例如，铜梁火龙是重庆市铜梁县境内的一种以龙为主要道具的民俗舞蹈，2004 年国家商标总局核准了铜梁县高楼镇火龙文化服务中心注册"铜梁火龙"商品商标的申请，该商标注册的核定服务项目为文娱活动、组织表演、演出、节目制作、录像等①。再例如，"全聚德烤鸭"1999 年被国家工商总局认定为我国第一例服务类驰名商标，2006 年入选北京市非物质文化遗产名录。由此可见，利用商标权对非物质文化遗产进行保护是可行的，尽管我国商标法中未对此作出明确规定，但是从理论上来看，商标法的部分内容是适用于非物质文化遗产保护的。

1. 权利主体

根据我国商标法的规定，商标注册的申请人是公民、法人或其他组织。而非物质文化遗产具有民族性、集体性，其权利主体应为所有发源地人民。但在现实中，权利人的数目是庞大且不特定的，若要求所有的权利主体去申请注册商标，明显不合实际。因此，在制定政策法规时应当明确权利行使的主体，由该主体代替众多权利人行使商标注册的权利。从前面所述的"铜梁火龙"的案例中可以看出，在实践中，非物质文化遗产发源地政府所设的文化站也可以作为权利行使的主体，代为行使商标注册的权利。

如果注册的是证明商标或集体商标，则权利主体可以为团体、协会或其他组织。我国《商标法》第 3 条规定："本法所称集体商标，是指以团体、协会或者其他组织名义注册，供该组织成员在商事活动中使用，以表明使用者在该组织中的成员资格的标志。本法所称证明商标，是指由对某种商品或者服务具有监督能力的组织所控制，而由该组织以外的单位或者个人使用于其商品或者服务，用以证明该商品或者服务的原产地、原料、制造方法、质量或者其他

---

① 陈华文："关于新时期非物质文化遗产保护与开发的思考"，载《浙江师范大学学报（社会科学版）》2007 年第 3 期。

特定品质的标志。"而《集体商标、证明商标注册和管理办法》第四条则对此作出了更细化的规定："申请以地理标志作为集体商标注册的团体、协会或者其他组织，应当由来自该地理标志标示的地区范围内的成员组成。"由此可见，非物质文化遗产发源地的人民才是真正的权利主体，但在进行商标注册时会遇到一些阻碍，若是采用集体商标和证明商标的保护方法，在权利行使过程中则会相对容易一些。

2. 权利内容

根据商标注册人的身份和商标所起的作用，可视性商标可分为普通商标、集体商标和证明商标。[①] 而非物质文化遗产具有集体性、地域性，且权利主体不特定，较符合集体商标和证明商标的注册要求，因此可以比对地理标志，将非物质文化遗产注册为集体商标或证明商标。但是，有了集体商标和证明商标，也不代表可以随意行使权利，应该注意一些问题。《集体商标、证明商标注册和管理办法》第17条规定："集体商标注册人的集体成员，在履行该集体商标使用管理规则规定的手续后，可以使用该集体商标。集体商标不得许可非集体成员使用。"第20条规定："证明商标的注册人不得在自己提供的商品上使用该证明商标。"这就对集体商标和证明商标的使用作出了一些限制，防止商标权利人对已注册的商标进行滥用。这些措施对保护非物质文化遗产是有利的。

另外，我国商标法第42条第1款规定："转让注册商标的，转让人和受让人应当签订转让协议，并共同向商标局提出申请。受让人应当保证使用该注册商标的商品质量。"这意味着在注册了商标之后，商标权作为一种私权，一般情况下可以进行转让和许可。但是，对于一些具有鲜明民族性和地域性的非物质文化遗产来说，随

---

① 王迁：《知识产权法教程（第三版）》，中国人民大学出版社2011年版，第352页。

意进行转让或许可他人使用，可能会造成商品或服务来源的混淆，丧失商标的地区识别性和品质标记性的本质，从而淡化人们对非物质文化遗产的印象。① 这会严重侵害到发源地人民的利益和情感。因此，对于这一类非物质文化遗产，法律应当作出明确界定，不准许商标权人随意转让或许可他人使用。而对于一些没有民族特征、处于公共领域的非物质文化遗产，则可以按照商标法规定，准予其进行商标的合法转让与许可。 .

3. 商标权保护模式的不足之处

在知识产权制度下，利用商标权对非物质文化遗产进行保护，相较于著作权模式和专利权模式有许多优势。一方面，注册商标可以更有效地保护非物质文化遗产的活态性。前面的论述中已经提到，著作权保护模式适用的非物质文化遗产类型主要是民间文学艺术作品，对于一些活态性较强的、不能以一定稳定形态展现出来的传统文化，则不具备保护能力。而专利权模式虽然对此可以进行保护，但是专利权的保护期短、申请和维护费高，且有"新颖性""创造性"的条件限制，对部分非物质文化遗产来说门槛过高。而利用商标权进行保护则可以避免这些问题，即使非物质文化遗产流传的时间过久，也不妨碍其申请注册商标。另一方面，将非物质文化遗产作为商标进行注册，可以充分开发其中的商业价值，权利人可以通过对商标的转让、许可，获取一定的经济利益，也有利于提高非物质文化遗产的知名度。

然而，任何一种保护制度，都难免存在一定的局限性。商标权保护模式虽然有许多优点，但是对于非物质文化遗产而言，比经济效益更重要的是蕴含在其中的文化和精神内涵。商标权保护模式虽然能为权利人赢得一定的经济利益，但在商业活动中人们很容易本

---

① 孔晓玉：《非物质文化遗产的知识产权保护研究》，西北大学 2008 年硕士学位论文。

末倒置，将追求利益置于首位，而忽略了其根本目的是传统文化的保护和传承。因此，在对非物质文化遗产进行商标保护时，要将保护传统文化的目的放在首位，防止一些地方为了追求利益而形成的商标垄断或其他不当行为，真正地做到保护和传承非物质文化遗产。

二、对非物质文化遗产的知识产权保护模式的客观分析

（一）可行性

从权利客体来看，知识产权区别于物权的重要特征，在于知识产权的客体不是有形的物质，而是智力成果或商誉等非物质性客体①。而非物质文化遗产的特征也在于其无形性、活态性，从这个角度来看，非物质文化遗产与知识产权客体有部分重合，运用知识产权制度来保护非物质文化遗产，在法律上是可行的。从宏观上看，将非物质文化遗产纳入到知识产权的客体中进行保护，具有许多优点。

1. 文化传承的切实需要

国家对非物质文化遗产进行保护，根本目的在于对其中所蕴含的精神文化内涵进行传承和发扬。一方面，非物质文化遗产是一个地区的人民长期凝聚而成的智力结晶，运用知识产权制度进行保护，对挖掘其中的文化内涵更有利。另一方面，虽然我国已针对非物质文化遗产保护出台了《非物质文化遗产法》，各地也制定了相

---

① 王迁：《知识产权法教程（第三版）》，中国人民大学出版社 2011 年版，第 3 页。

应的保护条例，但从整体来看，这些法律法规对非物质文化遗产的保护主要体现在行政方面，即政府运用公权力对非物质文化遗产进行保护和指导。但是，非物质文化遗产所涉及的利益主体主要集中在发源地及其原住民，以及利用非物质文化遗产从事相关活动的外部人员。根据知识产权法理论，知识产权属于私权，主要调整平等民事主体之间的财产关系，且这种关系建立在等价有偿、意思自治的私法原则之上。① 非物质文化遗产所涉及的权利就属于私权，而政府依靠行政手段进行调整和干预，难免存在一定的局限性，无法调动民间保护的积极性。因此，运用知识产权制度进行保护，赋予权利主体以精神权利和财产权利，有利于发源地人民积极行使自己的权利，更好地促进非物质文化遗产保护和传承工作的顺利进行。

2. 促进地方经济发展的必然要求

尽管非物质文化遗产中蕴含着丰富的精神文化内涵，但在市场经济迅速发展的今天，非物质文化遗产如果没有通过任何的运作来创造经济价值，则很容易被人们所遗忘。如果整个社会形成了这样的价值观，会使许多传承人丧失保护和传承非物质文化遗产的积极性。此时通过知识产权制度，赋予发源地人民和传承人相应的知识产权，通过行使自己的权利获得一定的经济报酬，一方面可以充分调动权利人的积极性，有利于非物质文化遗产保护和传承工作的开展；另一方面也可以提高地方知名度，促进地方经济发展，反过来也可以有更多的资金投入，用于非物质文化遗产的保护和传承。综上，运用知识产权制度进行保护，既有利于非物质文化遗产的传承，也是顺应市场经济发展的需要，响应了国家近年来关于"大力发展文化产业"的号召。

---

① 王迁：《知识产权法教程（第三版）》，中国人民大学出版社2011年版，第12页。

（二）局限性

对于非物质文化遗产来说，在现有的法律体系中用知识产权制度来进行保护是较为合适的。但是，我国现有的知识产权制度并非专门为非物质文化遗产量身定制，知识产权的客体与非物质文化遗产也并非完全重合，因此在一些方面，不可避免地出现了法律空缺。

1. 权利主体难以确定

非物质文化遗产具有地域性、民族性的特征，权利主体是广泛而不特定的，这在适用知识产权制度进行保护时，就会遇到许多问题。前文已经论述过，我国目前只针对著作权制定了《民间文学艺术作品著作权保护条例（征求意见稿）》，其中对民间文学艺术作品的著作权权利主体进行了明确规定，但是在专利权、商标权方面，仍然没有相应的法条来规定非物质文化遗产的权利主体。目前司法实践中都将权利主体认定为发源地人民，但目前这种认定仍然是依赖于其他法律中的宽泛规定，这对于非物质文化遗产非常不利。一旦发生侵权纠纷，权利人的合法权利将可能得不到有效保障。因此在现有的知识产权制度下，制定较为细化的行政法规，对非物质文化遗产的权利主体进行明确规定，应该是今后完善知识产权制度的一个方向。

2. 保护期限不足

非物质文化遗产是我国的宝贵财富，已经流传了数百甚至是数千年。对于非物质文化遗产的保护应该无期限地延续下去，将我国的传统文化传承并发扬光大。但是，根据我国著作权法和专利法的规定，著作财产权的保护期为 50 年，发明专利权的保护期为 20 年，实用新型和外观设计专利权的保护期为 10 年，无论非物质文化遗产适用哪一类型的保护，都将会面临保护期限不足的问题。

2014 年国务院在制定行政法规时也考虑到了这个问题，在《民间文学艺术作品著作权保护条例（征求意见稿）》中明确规定了"民间文学艺术作品的著作权的保护期不受时间限制"，这对著作权法是一个较大的突破，有利于非物质文化遗产的保护工作。专利法亦可以在此基础上进行借鉴，将非物质文化遗产与普通专利产品的保护期区别开来，对非物质文化遗产进行特殊保护。

3. "割裂式"保护不利于整体发展

传统知识产权主要可分为著作权、专利权和商标权。其中著作权主要保护非物质文化遗产中的民间文学艺术作品，专利权则适用于活态性较强的传统技艺和科学实践，商标权可适用的范围则更宽泛一些。由于三种权利的不同性质，适用的非物质文化遗产的种类也不同，这就容易造成著作权、专利权、商标权各自"分而治之"的情况。这种割裂式的保护方式，很难形成对非物质文化遗产整体而全面的保护，难以做到既保护文化内涵，又充分挖掘其中的利用价值，这对于非物质文化遗产的整体发展并无益处。因此，在知识产权制度下应当建立起特殊的适用于非物质文化遗产的保护模式，实现对非物质文化遗产的整体、全面的保护。

三、对完善我国非物质文化遗产
知识产权保护模式的设想

（一）完善现有知识产权制度

1. 在现有知识产权框架内制定细化的保护措施

我国现有的知识产权制度主要由著作权、专利权和商标权构成，经过几次修订，法条所规定的内容逐渐趋于完善，目前已基本建构起知识产权制度的框架。但从另一个角度来看，现有知识产权框架中涉及非物质文化遗产的法律法规非常少，对非物质文化遗产的保护仍然只能依靠现有著作权、商标权和专利权的一部分进行适用，对于大部分的非物质文化遗产，法律没有明确规定的保护措施，在发生侵权纠纷时，相关权利人的合法利益得不到保障。这就需要国家在今后对知识产权制度进行一定的完善，在现有框架内制定更为细化的保护措施，用于非物质文化遗产的保护。

我国目前尚未正式出台的《民间文学艺术作品著作权保护条例（征求意见稿）》，是目前知识产权领域较为细化的一部行政法规。该条例中明确规定了民间文学艺术作品的著作权归属、诉讼权利主体以及作品保护期限问题，对现有著作权法而言是一大突破。但是，专利法、商标法迄今为止并未出台更为细化的保护条例。笔者认为，在今后的立法方向中，可以比照《民间文学艺术作品著作权保护条例（征求意见稿）》，对以下方面进行细化。

（1）对专利法的细化。第一，要明确专利申请的主体。对于非物质文化遗产来说，专利权的主体仍然属于发源地人民，但在行使权利时，可以由专门的管理机构代为行使。第二，非物质文化遗产的专利保护期应适当延长。第三，在对非物质文化遗产进行开发和利用时，可给予相关开发人员以相应的专利权，该举措有利于提高这部分人员对非物质文化遗产的进行研究、创新的积极性，促进非物质文化遗产的可持续发展。第四，对于非物质文化遗产新颖性、创造性的认定，应当区别于一般专利产品新颖性、创造性的认定标准。若确实无法认定其新颖性的，也可以利用"现有技术"的规定进行保护。第五，非物质文化遗产申请和维持专利的费用可以适当降低，或由政府进行一定补贴，减少权利人的经济负担。

（2）对商标法的细化。第一，同专利法一样，要明确注册商标的主体。对非物质文化遗产商标注册的主体应当属于发源地人民，相关的文化管理机构可以代为行使商标注册的权利。第二，对于地域性、民族性较强的非物质文化遗产，不允许权利人进行商标许可和转让。

2. 建立非物质文化遗产专用保护制度

为了更好地保护非物质文化遗产，目前较为可行的措施是在现行著作权法、专利法、商标法基础上，制定细化的行政法规，对非物质文化遗产进行专门保护。但从长远的角度来说，制定一部专门用于非物质文化遗产知识产权保护的法律，也许是未来可以尝试的立法方向。前文已经论述过，对于非物质文化遗产来说，知识产权制度是相比之下较为合适的一项保护制度。运用知识产权制度进行保护，不仅可以更好地发扬和传承非物质文化遗产，也可以有效地促进经济发展。因此，在现有知识产权框架内，通过制定专门的法律，对民间文学艺术作品、传统科技、技艺等非物质文化遗产进行分类保护，弥补著作权法、商标法、专利法"分而治之"所造成的保护空缺，对非物质文化遗产会起到更有利的保护作用。

（二）注重各相关立法之间的衔接

1. 非物质文化遗产法与知识产权制度的衔接

《非物质文化遗产法》第44条规定："使用非物质文化遗产涉及知识产权的，适用有关法律、行政法规的规定。对传统医药、传统工艺美术等的保护，其他法律、行政法规另有规定的，依照其规定。"对于涉及知识产权的非物质文化遗产，该法律中并没有具体的措施，而是将其指向其他法律和行政法规。但是，我国目前并没有专门的针对非物质文化遗产知识产权的法律可以直接适用，这就需要在知识产权制度和《非物质文化遗产法》中完善相关的规定，使二者能够衔接起来。例如，在《民间文学艺术作品著作权保护条例（征求意见稿）》正式出台后，遇到涉及民间文学艺术作品的著作权问题，即可适用《民间文学艺术作品著作权保护条例》中的相关规定。商标法、专利法领域也应当针对非物质文化遗产制定更为细化的法律或行政法规，今后在涉及该领域的权利纠纷时，则可以直接适用该法律或行政法规的规定。

此外，《非物质文化遗产法》第7条规定："国务院文化主管部门负责全国非物质文化遗产的保护、保存工作；县级以上地方人民政府文化主管部门负责本行政区域内非物质文化遗产的保护、保存工作。县级以上人民政府其他有关部门在各自职责范围内，负责有关非物质文化遗产的保护、保存工作。"笔者认为这一条也应与著作权法、专利法、商标法等做好衔接，在法条中应对负有非物质文化遗产保护责任的各相关部门及其职责予以明确，包括在申请专利、注册商标时可以代替权利人行使权利的有关机构、发生侵权纠纷时可以代为进行仲裁、诉讼的相关部门和机构等。

2. 非物质文化遗产法与刑法的衔接

《非物质文化遗产法》第42条规定："违反本法规定，构成犯罪的，依法追究刑事责任。"但是，在我国刑法中，并没有与非物质文化遗产相关的罪名可以直接适用。在非物质文化遗产保护工作中玩忽职守、滥用职权涉及犯罪的，尚可以依据刑法第九章"渎职罪"定罪；但在涉及非物质文化遗产的侵权问题时，仅可以类推适用刑法第3章第7节"侵犯知识产权罪"中的侵犯著作权罪、假冒专利罪等罪名。而非物质文化遗产涉及我国的历史文化传承，甚至包含一些民间不可外传的技术秘密，其重要性理应区别于一般产品。若仅依据侵犯知识产权罪中的罪名来定罪，有失妥当。因此，笔者认为可以在刑法中增设相关的罪名，用于追究侵犯非物质文化遗产的犯罪分子的刑事责任。

（三）辅以必要的行政保护措施

1. 加强对非政府组织的支持与协助

国际上非物质文化遗产的保护主体，主要可分为政府机构、非政府组织、媒体和企业四大类。在我国，非政府组织的保护是一大弱项，目前尚未得到有效解决。根据财政部的消息，2014 年中央财政实际下达文化遗产保护资金 88.43 亿元，比 2013 年增加 11.1 亿元，增长 14.35%，其中安排国家非物质文化遗产保护专项资金 6.63 亿元①。从该数据中可以看出，国家对非物质文化遗产的财政投入在逐年增加，但从当中无法得知有多少资金用于补贴非政府组织的日常保护活动。事实上，非政府组织的保护活动与政府机构是相辅相成的，国家在制定相关法律和行政法规的同时，也应加大对非政府组织的政策支持和财政补贴力度，让非政府组织在开展保护活动时能更加顺畅。《非物质文化遗产法》第 36 条规定："国家鼓励和支持公民、法人和其他组织依法设立非物质文化遗产展示场所和传承场所，展示和传承非物质文化遗产代表性项目。"对于这一类展示和传承非物质文化遗产的民间组织或个人，政府经审查后可以给予相应的资金补助，用于传承活动的顺利开展。同时第 10 条规定："对在非物质文化遗产保护工作中做出显著贡献的组织和个人，按照国家有关规定予以表彰、奖励。"对于这一类作出贡献的民间组织和个人，给予一定的表彰和奖励，能够更有效地提升非政府组织对非物质文化遗产保护的积极性。

此外，政府还可以与非政府组织开展合作，共同举办与非物质文化遗产相关的特色活动，对列入各级非物质文化遗产代表性名录的传统文化进行宣传，普及相关法律政策，提升民众对非物质文化遗产的认识及保护意识。

2. 对濒危非物质文化遗产的临时紧急保护

"保护为主、抢救第一、合理利用、传承发展"，是我国非物质

---

① 张艳："在中国非遗保护工作中非政府组织是弱项"，http://www.ihchina.cn/show/feiyiweb/html/com. tjopen. define. pojo. feiyiwangzhan. ZhuanTiBaoDao. detail. html?id = 348de820 – 45dc – 4544 – 8f89 – d92c1f024893&classPath = com. tjopen. define. pojo. feiyiweb. zhuantibaodao. ZhuanTiBaoDao（中国非物质文化遗产网，转载时间：2014 年 12 月 2 日）。

文化遗产保护工作的指导方针。这一方针体现出了我国政府对非物质文化遗产保护工作的态度，对一般的非物质文化遗产以保护为主，对濒临消失的非物质文化遗产则需要进行紧急抢救。我国目前对非物质文化遗产的保护工作主要以行政保护为主，尽管当前已设立国家非物质文化遗产保护工作专家委员会、中国非物质文化遗产保护中心，各省市也设立的省级保护中心、地方保护机构，但由于非物质文化遗产数目庞大，专业人员相对不足，因此在非物质文化遗产保护过程中应当分清轻重缓急，对于濒临消失的非物质文化遗产的保护要先于其他项目进行。对于以下几种紧急情况：（1）因传承人病危或者由于申报时间过长使非物质文化遗产在没有得到国家确认时有遗失危险发生时；（2）因文化遗产传承环境的改变可能导致非物质文化遗产失传时；（3）因为外国或者其他组织的抢注行为可能导致非物质文化遗产流失时，① 政府可以采取紧急措施进行临时保护。也就是说，在不及时抢救会使非物质文化遗产遭受不可挽回的重大损失时，即使没有获得上级主管部门的批准，有关部门也应当立即针对该非物质文化遗产制定临时性的措施，争取将非物质文化遗产的损失降至最小。这是对"抢救第一"原则的体现。

四、结语

我国是个历史悠久、文化资源丰富的国家，非物质文化遗产是全国人民的共同财富。随着时代的发展，非物质文化遗产也在不断面临着侵权和失传等问题，故对非物质文化遗产的保护刻不容缓。加强非物质文化遗产的法律保护，需要从多方面入手，坚持民事与

---

① 孔晓玉：《非物质文化遗产的知识产权保护研究》，西北大学 2008 年硕士学位论文。

行政并重的保护措施。在民事方面，运用知识产权制度来保护非物质文化遗产，是目前较为合适的一项制度。由于现有的知识产权制度并非专门为非物质文化遗产而制定，因此存在许多法律无法涉及的领域，与其他法律的衔接也并不完善。为此，应该在现有著作权法、专利法、商标法的基础上制定更为细化的行政法规，与非物质文化遗产法、刑法等相关法律做好衔接，并逐步在知识产权框架内建立起非物质文化遗产的专项知识产权制度，形成更加完善的知识产权保护体系。在行政方面，政府也应逐步加大财政投入，对各级政府及非政府组织给予专项资金支持，并坚持"保护为主、抢救第一"的保护方针，不断加强对非物质文化遗产的保护力度。只有坚持民事保护与行政指导并重，充分给予非物质文化遗产权利人行使权利的自由，并通过法律法规进行一定的调整和干预，才能真正地做好非物质文化遗产的保护工作，让中国的传统文化不断传承并发扬光大。

浅议文化遗产的刚性保护

——以澳门"文化遗产保护法"为鉴

卢　莹①

【内容提要】文化遗产是人类文明发展中留下的宝贵财富，随着经济发展及全球化，文化遗产正日益遭受侵蚀，各国在开展保护工作中均意识到须以立法方式对文化遗产的保护及开发加以规范，确保文化遗产的有效保护和持续利用。近期澳门特区发布并实施"文化遗产保护法"，为内地立法完善具有一定参考与借鉴价值。

【关键词】文化遗产　刚性保护　澳门文化遗产保护立法

引　言

文化遗产是人类文明发展历程的见证，是先辈留给世人的宝贵财富，具有不可再生及脆弱性。为减少年久腐变所带来的破坏，以及社会、经济发展引起的进一步恶化，各国纷纷开展文化遗产保护工作，以确保能有效保护和持续利用祖辈留下的丰富资源。1972年，联合国公布《保护世界文化和自然遗产公约》，以维护、增进和传播文化遗产保护工作的专业知识，促进各国和各国人民之间的

---

① 卢莹，华东政法大学人文学院辅导员。

合作，为合理保护和恢复全人类共同的遗产作出积极的贡献，包括提供经济、科学和技术力量。

我国世界遗产总数已稳居世界第二，申遗成功带来了荣誉，亦带来新的挑战。为使文化遗产的保护能遵守《保护世界文化和自然遗产公约》的要求，履行相关义务，让我国的文化遗产永葆魅力和传承发扬，保持各个城市独特的面貌，社会上存在着一种共识——认为有必要为文化遗产保护构筑刚性的法律框架。近年来，我国引进了一系列相关国际法，并于 2002 年修订了《中华人民共和国文物保护法》、2011 年公布了《中华人民共和国非物质文化遗产法》，2005 年国务院发布了《关于加强文化遗产保护的通知》、国务院 9 个部委局联合发布了《关于加强和改善世界遗产保护管理工作的意见》等，以期构筑以基本法为基础，以行政法规或地方规章为配套的多方位文化遗产保护规范体系。

尽管当前我国取得了不少发展和成就，但实践中亦存在诸多问题，如立法过于笼统，不够明确，缺乏可操作性等等。在这一点上，我国澳门地区走在了前列，本文拟在简单分析文化遗产保护意义的基础上，通过对澳门"文化遗产保护法"的介绍、分析，以求对我国文化遗产保护立法提供参考与借鉴。

一、文化遗产保护的意义

在研究如何更好地构筑文化遗产之刚性保护体系前，本文拟先探讨文化遗产保护的意义。在国家社会稳定、经济迅速发展的背景下，文化作为城市综合实力的重要组成，其竞争力决定城市的竞争力，文化遗产是提升城市文化软实力的重要因素，是城市发展的资本，而文化遗产保护对于以旅游服务为主要经济来源的城市来说尤为重要。

（一）塑造城市个性

文化遗产的保护对塑造城市个性、保持城市独特面貌而言，极其重要。在经济发展及全球化浪潮中，各地城市面貌和文化愈加趋于一致，千篇一律的高楼大厦与商业购物中心已很难让人分辨各个城市，文化多样性正在日益消失。在这种背景下，人们开始追求文化差异性，而藉由文化遗产来建构独特的地方文化正是能突出城市独特价值的重要方式。

文化多样性在经济发展影响下的同一化趋势以及人们对本民族文化的日益漠视，对其他文化的敌视和排斥所造成的文化弱置现象和认同危机时所作出的基于法律理念的回应。

（二）促使城市确立文化自信

一个城市若能成功申遗，不仅可以确立城市的文化自信，改变居民对本地文化漠视的不良现状，还能促使居民踊跃地参与其中，从而在外地游客来旅游时充分展现，本地居民当以包容的态度接受外地游客自身的文化，在交流互动中进一步传播本地特有的文化，推进城市健康发展。正如澳门专家认为，申遗成功让原本有一定文化自卑感的澳门人，透过来自外界的肯定提升了文化自我认同，大大增强了澳门人的文化归属感。[1]

（三）启发人们开发更具特色的文化产业

一个城市的历史文化是该城市独特性的体现，是当地旅游业中不可缺少的元素，因此结合城市特定的文化遗产，开发相应的文化创意产业，有利于促进经济多元化，构建休闲旅游中心。

在保护历史文化遗迹的同时，应充分挖掘当地丰富的历史文化资源，凸显文化因素在旅游产业中的核心价值作用，发展宗教文化

---

[1]　苏宁："生活在世界文化遗产中"，载《人民日报》2014 年 1 月 16 日。

旅游、商务文化旅游等特色文化旅游项目，考虑外地游客多样性需求，开发多元的文化创意产品，创新开发具有当地特色的文化产业。

另一方面，文化遗产所在地可以结合自身条件，有选择地发展电影电视产业、数字休闲娱乐产业等文化创意产业，建设小规模、高精度的文化创意产业基地，培育一批具有竞争力的创意文化企业和相关文化经纪机构、代理机构等文化中介组织，促进产业向规模化、网络化、品牌化、规范化方向发展。[①]

由此可见，文化遗产的保护不仅提高一个城市的文化地位，成功的申遗则促进城市形象走向多元化。

二、澳门"文化遗产保护法"

在紧随社会进步、经济发展的背景下，澳门政府于 2013 年颁布第 11/2013 号法律——"文化遗产保护法"，并于 2014 年 3 月 1 日开始实施。该法是澳门特区政府因应履行相关国际公约的要求及本地经济发展蓝图的考虑，制定的一部新法律，共计 10 章 118 条。该法覆盖范围极为广泛，包括不动产、动产、考古遗产、非物质文化遗产以至古树名木的保护，涉及业权人以及一般市民大众等多方的利益及权益，具体操作涉及主管工务、规划、市政等范畴的多个公共部门。

（一）设立文化遗产委员会
法律设专章对文化遗产委员会进行规定，根据第 16 条规定，

---

① 赵峥："城市历史文化遗产保护和开发研究——以澳门为例"，载《城市》2009年第 9 期。

该委员会是澳门特区政府的咨询机构，委员会由政府代表、建筑、规划、历史、文化领域的专家或学者，以及公认具有能力的社会人士组成，负责根据"文化遗产保护法"的规定就向其征询意见的事项发表意见，以促进对文化遗产的保护。

（二）建立文化遗产评定程序和标准

这是对自 1992 年起沿用二十多年的文化遗产保护清单的一次检讨、修订，包括对不动产、动产两个领域的评定。

1. 不动产

不动产文物包括纪念物、具建筑艺术价值的楼宇、建筑群及场所四大类①，为鼓励公众参与保护，法律赋予澳门居民提出评定建议权，而最终发起评定程序的权力属于文化局②、其他公共部门或不动产所有人③。

评定程序在 12 个月内必须完成，以保障所有权人的权益，在评定期间，须就评定建议进行公开咨询，已经启动评定程序，目标物将被视为待评定的文化遗产，为防止其在此期间的保存状况受到破坏，法律规定相关行政部门必须马上中止有关发出不动产的规划条件图、土木工程准照及工程判给程序，即使是已经发出的有关准照或判给，也会中止效力。上述的中止在工程计划与保护文化遗产互相兼容且获文化局正式后将可取消。为加强阻吓力度，不遵守上述规定而实施的工程均属违法，违法者将不获发进行新建筑建设的工程准保，有关部门也将责成其重建或拆除，恢复中止时建筑物的

---

① 参见澳门特别行政区第 11/2013 号法律"文化遗产保护法"第 5 条"定义"、第 17 条第 2 款。

② 文化局为澳门特区主要的文物保护执行部门，一方面致力于建筑的修复、记录和研究工作，另一方面对原有法令进行修订研究，参见澳门特别行政区文化局网站简介 http：//www. icm. gov. mo/cn/，访问日期：2015 年 10 月 8 日。

③ 参见澳门特别行政区第 11/2013 号法律"文化遗产保护法"第 19 条"发起程序"。

原状或承担有关的费用。①

法令亦规定，为了对被评定的不动产进行更全面、有效的保护，在属于必要、不可或缺的情况下，文化局可为被评定的不动产设立缓冲区。同时可指明缓冲区内非建筑区域，须完整保存的不动产、不得拆除的不动产、楼宇的体量、形态、街道准线、高度、色彩等。② 而缓冲区范围内判给、发出新建筑工程或任何工程、工作的准照均受文化局具约束力的意见约束。此外，任何对文化遗产构成破坏的行为，包括非法工程及不按已批准计划进行的工程将被采取行政禁制，而违反有关禁制令的行为人会触犯违令罪，面临刑事检控。

根据"文化遗产保护法"的规定，任何涉及文化遗产或其缓冲区的工程计划必须得到文化局的审核批准，然而，基于文化遗产的外延性，缓冲区以外的建筑计划有可能影响到文化遗产的景观。该法有条文进一步保护具重大价值的文化遗产，特别约束可能产生巨大影响的工程，即有导致被评定的不动产或其缓冲区破损、毁坏或价值降低风险的公共或私人工程、文化局可对其有关规划条件图及工程计划发表具约束力的意见，同时为保护因该工程而可能受损的被评定不动产，法律规定公共部门应在本身职权范围内采取可将影响减至最低的必要及适当措施，而发出涉及"澳门历史城区"、被评定的不动产或缓冲区的正式街道准线图或规划条件图，须事先取得文化局具约束力的意见。③

此外，为了防患于未然，及早发现影响文物安全的潜在危险，法律第 39 条规定，应允许文化局相关人员进入被评定或待评定的不动产查验，并实施经其查验后认为属必要的工程或工作，如未能

---

①　参见澳门特别行政区第 11/2013 号法律"文化遗产保护法"第 45 条"中止和修改工程准照或计划"。

②　参见澳门特别行政区第 11/2013 号法律"文化遗产保护法"第 3 章第 3 节"缓冲区"。

③　参见澳门特别行政区第 11/2013 号法律"文化遗产保护法"第 44 条"产生巨大影响的工程"。

开展或完成，文化局可促成强制实施，且不动产所有人需尽社会义务，由其承担工程费用。但考虑到文物建筑的修复有别于一般工程，具一定专业技术要求，且修复文物相对一般建筑所需费用较多，因此，当其无经济能力或构成过度经济负担时，可向文化局申请支持。

为更具针对性地保护"澳门历史城区"，履行申遗的保护承诺，以及符合联合国教科文组织对世界文化遗产所提出的要求，"文化遗产保护法"用独立篇章条文①及制度来规范相关保护工作，订定"澳门历史城区"保护及管理计划和局部计划。为了对其文化遗产及空间特征加以完好保存，该计划包括景观管理监督、建筑限制条件、城市肌理的维护措施及改造限制、建筑修复准则，以从建筑空间上进行规范和管理。任何性质的城市规划，均须遵守该项计划的规定，以确保"澳门历史城区"能得到全面而有效的保护。

此外，"文化遗产保护法"第35条对涉及文物建筑的广告、招牌的张贴或设置，建筑物外立面的附加结构物、设备物，以及对"刻画、涂鸦"这种破坏文物建筑外观的情况作出相关规定，这一规定填补了原有法例存在的疏漏。

2. 动产

对于具有独特价值，或反映本地文化内涵，或作为历史建筑的组成部分，和不动产共同见证其历史变迁的动产，"文化遗产保护法"第58条亦有规定，对于评定的动产，该法仅限于公共部门持有的动产。法律规定公共部门须按文化局发出的清单式样及指引，向该局提交具重要文化价值的动产的清单，并每年向文化局提交保养及使用状况报告②，而动产的暂时出境须由监督文化范畴的司长

---

① 参见澳门特别行政区第11/2013号法律"文化遗产保护法"第4章"澳门历史城区"，第50－57条。

② 参见澳门特别行政区第11/2013号法律"文化遗产保护法"第64条"保存"第3款。

许可①。

对于地下文物，法律规定在澳门进行任何考古工作，均须经文化局许可②；而在澳门发现的考古文物，均属澳门特区所有③。由于在楼宇建造、道路工程或城市水电设施工程的施工过程中，均可能有考古发现，因此法律规定如因挖掘或进行其他工作而发现任何考古物或考古以及、如铭刻、钱币或具考古价值的其他对象时，有关的工程或工作须立即中止，以避免对这些考古遗产造成破坏，并且须于 24 小时内，将有关的发现通知文化局、土地工务运输局及其他相关部门④，如出现侵吞或破坏考古物的情况，则可能承担刑事责任。

（三）将非物质文化遗产纳入保护对象

除了有形的文化遗产，澳门当地亦容纳着不同的文化、宗教以及生活习俗，这些非物质文化遗产和居民的日常生活息息相关，是澳门文化不可分割的组成部分，而且极具独特价值，作为一个中西文化并存的区域，"澳门历史城区"保存了昔日中、葡以及其他国籍居民在同一块土地上生活的集体记忆，有多项被列入非物质文化遗产名录。法令第 71 条列举了非物质文化遗产的范围，主要包括传统及口头表现形式，包括传承非物质文化遗产所使用的语言；艺术表现形式及属表演性质的项目；社会实践、宗教实践、利益及节庆；有关对自然界及宇宙的认知、实践；传统手工艺技能。因此，为使非物质文化遗产得到良好的保护并薪火相传，"文化遗产保护

---

① 参见澳门特别行政区第 11/2013 号法律"文化遗产保护法"第 65 条"出境"。
② 参见澳门特别行政区第 11/2013 号法律"文化遗产保护"第 67 条"考古工作"。
③ 参见澳门特别行政区第 11/2013 号法律"文化遗产保护"第 69 条"考古发现物的所有权"。
④ 参见澳门特别行政区第 11/2013 号法律"文化遗产保护"第 68 条"考古发现"第 1 款。

法"规定文化局应制定非物质文化遗产的管理指引①，非物质文化遗产传承人定期向文化局提交报告②，为非物质文化遗产的弘扬和传承提供坚实的基础。对于已列入《非物质文化遗产名录》的项目但无法传承时，监督文化范畴的司长经咨询文化遗产文员会的意见后，可将之除名。

（四）将古树名木纳入保护范围

对于品种珍惜、年代久远或具纪念意义的树木，因其见证历史变迁，属于珍贵的自然或文化资源。因此，"文化遗产保护法"规定《古树名木保护名录》及对其加以保护③。这些树木的所有人或其他物权权利人，应将可能导致树木受到破坏或损害的情况立即通知文化局或民政总署，以便及时对其作出保护。如有需要时，可要求具职权维护树木的公共部门提供技术支持。同时，除属维护的情况外，禁止拔除、砍伐或以任何方式毁损古树名木。

（五）制定奖励、优惠、支援和处罚制度

新法律设立专章用以加强鼓励措施，为文化遗产的保护、修葺提供支持④，同时亦对破坏文化遗产的惩罚措施作专门规定，构建完善的配套保障体系。

为表彰在保护文化遗产方面有突出贡献者，"文化遗产保护法"设有建筑设计奖、保养和修复文化遗产奖、保护非物质文化遗产

---

① 参见澳门特别行政区第 11/2013 号法律"文化遗产保护法"第 73 条"特别义务"第 2 款。

② 参见澳门特别行政区第 11/2013 号法律"文化遗产保护法"第 81 条"非物质文化遗产传承人的义务"第 1 款。

③ 参见澳门特别行政区第 11/2013 号法律"文化遗产保护法"第 10 章第 106 条"古树名木"。

④ 澳门特别行政区第 11/2013 号法律"文化遗产保护法"第 8 章"奖励、优惠和支援"。

奖、弘扬文化遗产奖[1]以鼓励大众对文物保护工作的参与和支持。同时，对于被评定的不动产及位于其缓冲区内的不动产有条件享有市区房屋税、所得补充税及职业税、印花税等的税务优惠及税收豁免[2]。

"文化遗产保护法"规定文化局及其他主管的公共部门负责为保护属文化遗产的财产提供支持[3]，尤其是为内部结构保养状况良好的被评定的不动产进行外观保养工程。此外，经文化遗产委员会同意后，文化局将视实际情况对保护具文化价值的不动产的工程提供财政或技术支持；就被评定的不动产的保护工程计划发表技术建议和意见；对已列入名录的非物质文化遗产项目有关的传承及推广活动，提供财政或其他性质的支持。

对于违反"文化遗产保护法"相关规定者，法律中亦订明处罚制度[4]，其中刑事制度包括不法迁移罪、不法出境罪、毁坏考古物或考古遗迹罪等；行政处罚制度则涵盖被评定的财产所有人违反其相关义务，拆除被评定或待评定的不动产，违反张贴或装置任何宣传品的文化局约束性意见，违反各项通知义务，违反有关保护古树名木的规定等方面。

三、评价及借鉴

相较于澳门以往的文物保护法令，新颁布实施的"文化遗产保护法"有着先进的文化遗产保护理念、更细致的保护规定，是澳门

---

① 参见澳门特别行政区第 11/2013 号法律"文化遗产保护法"第 83 条"奖项"。

② 参见澳门特别行政区第 11/2013 号法律"文化遗产保护法"第 8 章第 2 节"税务优惠及税收豁免"。

③ 参见澳门特别行政区第 11/2013 号法律"文化遗产保护法"第 8 章第 3 节"支援"。

④ 参见澳门特别行政区第 11/2013 号法律"文化遗产保护法"第 9 章"处罚制度"。

文物保护史上的里程碑，对澳门文化遗产保护工作的持续健康发展有着积极意义。①

该法不仅将物质与非物质文化遗产同时列为保护范畴，更订立条文鼓励公众参与其中，明确公众享用文化遗产的权利，此外，在文化遗产的评定程序中，澳门居民可向文化局提交评定具重要文化价值的不动产的建议，② 再一次体现了公众参与的精神。法律同时亦规定居民的义务，即任何人不得侵犯文化遗产的财产完整性，不得协助以法律不容许的方式将有关财产移离澳门特别行政区。任何人都应防止属文化遗产的财产破损、毁坏或灭失，任何人均有义务弘扬文化遗产，在不影响其权利的前提下，按其所能力推广、提供分享渠道和丰富文化遗产所呈现的文化价值。③

除了上文提及的亮点以及肯定之处可供借鉴外，笔者认为这部法律亦有其不足，是在构建内地文化遗产保护刚性网时须避免之处。

（1）法律条文对不动产规定较多，动产涉及较少，且仅限公共部门持有的动产。作为中西方文化交融 400 余年的历史特区，澳门具有独特价值的动产不在少数，这些动产不仅反映当地的文化内涵，亦是当地历史的见证者，然而相对于历史建筑保护而言，法律对动产的保护略显单薄。法律第三章为"被评定的不动产"，设有 4 节 33 条；第四章"澳门历史城区"亦是对历史建筑不动产的保护，共有 8 条条文；而第五章"被评定的动产"有 8 条条文；第六章"考古遗迹"仅有 4 条。单从法条数量就可看出立法对二者的偏重。此外，对于不动产与动产的评定程序及配套制度等方面，法律对不动产的评定规定较为详细，共有 4 节规定，分别为"评定"

---

① 张鹊桥："澳门文化遗产保护的回顾及展望——从'文物保护法令'到'文化遗产保护法'"，载《城市规划》2014 年第 38 卷增刊。

② 参见澳门特别行政区第 11/2013 号法律"文化遗产保护法"第 19 条"发起程序"第 2 款。

③ 参见澳门特别行政区第 11/2013 号法律"文化遗产保护法"第 10 条"保存、维护和弘扬文化遗产的义务"。

"评定程序""缓冲区""被评定的不动产的制度"（具体内容上文已有提及，此处不再赘述），而对动产的规定则相对较为简单，尽管法律规定对不动产所定的制度经作出适当配合后，适用于被评定的动产，但在具体操作中究竟是哪些不动产所定制度以及何为"适当配合"，未规定相应指引，这就可能导致缺乏一定执行力。

（2）法律对博物馆相关制度未有涉及。澳门自回归以来，在文化遗产保护方面一个突出的表现就是对可移动文化遗产的保护——博物馆的建设，截至 2008 年底共有 20 家博物馆，私营 4 家、公营 16 家，尚有 3 家在筹办中，均为公营，由政府建设。① 然而占据大多数的公营博物馆又分属不同政府部门主管，这就涉及统一管理的问题。尽管法律在第 14 条 "公共部门的一般义务"中提及各公共部门在维护和弘扬文化遗产方面应相互合作，也确立了文化局在保护文化遗产工作方面的主导地位，但实际工作中难免会出现各自为政的局面，且法律对不合作行为并未规定相应惩处措施，故此种原则性的法条实际效力将受影响。

此外，根据国际经验，对文化遗产管理采取注册管理与分级管理相结合的办法。澳门"文化遗产保护法"对不动产、动产、非物质文化遗产都采取拟定清单的方式开展保护工作，但对于分级管理则仅局限于不动产，法律规定不动产保护的区域范围，有历史城区、历史城区缓冲区、待评定的不动产及缓冲区，根据划分的范围和级别采取不同的保护方式。至于动产方面，法律并未涉及。法律第 60 条列举了被评定的动产范围，共有 15 项，相应的博物馆馆藏文物种类就会非常丰富，若实行分级保护、设置藏品档案将便于管理。

（3）作为一部文化遗产保护法，施行保护工作的主体并未完全成为法律规范的对象。保护工作离不开普通市民的支持，但更有赖

---

① 傅玉兰："从国家文化遗产保护管理战略背景看澳门'文化遗产保护法'的修订"，载《博物馆研究》2009 年第 1 期。

于专业人员的投入。一方面法律规定普通市民对文化遗产保护都有自己应尽的义务，另一方面法律对相关公共部门专业人士的职业素养涉及有限，法律第 8 条在列举文化遗产保护政策内容时提及"开展专业技术人员及专业技工的专业培训"，作为一般规定，该项条款可谓高度概括，有待进一步细致规范以完善之。因为工作人员水准的高低将对文化遗产的保护和开发起决定性作用，不仅须具有较高的职业素养、深厚的知识涵养，更须有开拓、奉献精神，对文化遗产保护理论、文化运营等具有创新思维，以提升保护与开发的水准。

文化遗产保护离不开政府的坚定决心以及社会上下高度的保护意识。在制定文化遗产保护的相关法令时，要充分契合当地需要，考虑遗产所在地的精神内涵，亦应具有前瞻性，体现国际文化遗产保护的未来发展趋势。政府应加大宣传，使文化遗产保护的理念深入人心，整个社会上下齐力，贯彻落实法律内容，使立法意图切实得到执行，各政府部门通力合作，各方群策群力参与文化遗产保护工作，使历史长存、文化永续。